主编／指文号角工作室　　　著／孙晓翔

关注海域局势·了解海战历史·传承海洋文化

海战事典

MOOK
▶004
修订版

← 回忆日德兰 ⚓

U0747089

吉林文史出版社
JILINWENSHICHUBANSHE

图书在版编目（CIP）数据

海战事典. 004, 回忆日德兰 / 孙晓翔编译. —— 长春：吉林文史出版社，2016.6
ISBN 978-7-5472-3179-1

Ⅰ. ①海… Ⅱ. ①孙… Ⅲ. ①海战－战争史－世界－通俗读物 Ⅳ. ①E19-49

中国版本图书馆CIP数据核字(2016)第128966号

HAIZHAN SHIDIAN HUIYI RIDELAN（XIUDINGBAN）

海战事典004：回忆日德兰（修订版）

原著 / 【德】乔治·冯·哈瑟　【德】莱因哈德·舍尔　【英】约翰·杰利科
编译 / 孙晓翔
责任编辑 / 吴枫　特约编辑 / 冉智超
装帧设计 / 周杰
策划制作 / 指文图书　出版发行 / 吉林文史出版社
地址 / 长春市人民大街 4646 号　邮编 / 130021
电话 / 0431-86037503　传真 / 0431-86037589
印刷 / 重庆大正印务有限公司
版次 / 2019 年 1 月第 2 版　2019 年 1 月第 1 次印刷
开本 / 787mm×1092mm　1/16
印张 / 13　字数 /204 千
书号 / 978-7-5472-3179-1
定价 / 69.80 元

海洋，人类光荣与梦想的战场。从不列颠到美利坚，一个个大国一次次不停验证着"谁拥有海洋，谁就拥有整个世界"这个亘古不变的真理。21世纪是海洋的世纪，我们正在积极发展海上贸易、维护海上权益。因此，了解海上战争的历史，洞悉海上博弈的玄机变得十分必要。《海战事典》是军迷们了解海战及海洋军事文化的宝典，希望该系列读物能够刊载更多精彩文章展现海洋文化的魅力。

——军事科普作家，江泓

作为新中国第一代人民海军军官后代的我，从小生活在著名的军港小城——旅顺口。这里的每一处遗迹都是海上战争为这座小城铭刻的深深印记，它们牵动人们对这个国家、这个民族关于海洋意识与海洋权益的深刻思考。前事不忘，后事之师，每一个中国人都不会也不该再次忽视海洋。但如何才能真正汲取历史的教训，又如何才能探寻到一条正确的走向深蓝之路？我相信，《海战事典》这本看上去很普通的书，一定会成为一扇打开历史记忆的窗，一座连通过去与未来的桥梁，人们可以通过它，找寻到自己的答案。

——中国海军史研究者，张义军（旅顺口）

一个拥有漫长海岸线的国家必须要对海洋投以足够的关注，曾在海洋上发生的交流、冲突和战斗恰恰是对历史经验的一次次总结，它们从未随涛浪平息，而是形成并发展成为中华民族海洋意识觉醒的基石。《海战事典》正是一本海洋历史的索引，是一个了解海上往事的渠道。

——海军史、海军舰船研究者，顾伟欣

"无海权如人无手足"。古往今来，为了将主权延伸至海洋，以获得更多的控制力，很多国家都建立了强大的海军，他们既谱写过壮丽的海战诗篇，也创造过传奇的海洋故事。《海战事典》正如沧海拾珠，将这一段段精彩的历史连串汇集至一处，相信每一位读者在阅读后，都会大呼精彩过瘾。

——资深军事编辑，刘晓

即使21世纪已被广泛称之为"信息的时代"，人类最广泛选择定居、发展生产的地域仍然是各大洲的沿海地带，联结其间的繁忙海上航线仍然需要强大海军的护卫。《海战事典》为广大海军爱好者精彩描绘历史上发生于洋上之激烈搏杀，希望启发更多国人关心我国海洋权益之保护。

——指文《军鉴》工作室主编，潘越

目录

1　　译序

4　　**基尔和日德兰**
　　　乔治·冯·哈瑟

84　　**斯卡格拉克战役**
　　　莱因哈德·舍尔

124　**日德兰海战**
　　　约翰·杰利科

186　译后记

译序

　　人类以海洋为舞台的战争已经绵延数千年。如果以海战的技术方式作为标准，大体可以划分为四个时代。而每个时代都会推出自己的英雄和典范。例如，萨拉米斯海战标志着古典时代海上战争的巅峰。在这个时代，海战以舰船为基本战斗单位，以撞击作为主要交战手段。雅典海军正是借此粉碎了波斯帝国的野心。但是随后，罗马人改变了游戏规则。他们利用"乌鸦"吊桥装置，充分发挥了自己的步兵优势，从而将海战变成了海洋上的步兵肉搏战。凭借此种技术改进，罗马人消灭了宿敌迦太基人。但是直至一千多年之后，西班牙人才在爱琴海上的雷班托岛附近，将此种作战方式推向顶峰。在此之后，技术发展再次峰回路转。随着火药和大炮的普及，水兵手中的轻兵器迅速贬值。海战再次回归到以舰船为基本单位的模式。只不过这一次，古老的撞击战术被新兴的火炮所取代。海战变成了舰船之间以高度机动性为基础，以火炮为主要攻击手段的搏杀。正是凭借此种技术革新，伊丽莎白女王的御前海盗德雷克，打败了西班牙无敌舰队。雷班托的余晖终于在英吉利海峡落幕。英格兰一跃成为世界海洋的主人。此后三百年间，人类的经济、技术水准都大为提高。特别是工业革命的出现，使得战舰从依赖风力驱动的木头，变成了依靠蒸汽驱动的钢铁。但是依靠大舰巨炮决胜负的海战模式，仍然一如既往，终于在 1916 年的日德兰海战达到了顶点。

　　日德兰海战堪称人类海战史上最具历史意义的转折点。在此之前，几乎所有的海战，都体现为军舰与军舰之间，士兵与士兵之间的正面对抗。除了拜占庭舰队利用希腊火暗算阿拉伯舰队以外，人类的海战史总是充斥着一种壮烈与荣耀的气氛。交战双方就像古典时代的贵族武士，带着荣誉走向战场，直面对手，一决胜负。然而在日德兰的战场上，海军航空兵第一次参与到大规模的舰队对抗行动中来，从而预示了一个崭新时代的到来。海战将从军舰与军舰之间的对抗，演变为海洋上的空中战争和空地较量。身形渺小的飞机，取代了海面上的庞然大物，占据了战争舞台的中心，犹如手持弹弓的大卫打败了巨人哥利亚。日德兰海战的历史意义就在于此。它是传统海战时代的一场盛大葬礼，同时也是一个全新海战时代的接生婆。

　　百年来，围绕日德兰海战的书籍早已汗牛充栋。而本书的特点在于，从两个层面来呈现这场战役。

　　首先，通过《基尔和日德兰》展现这场战役的战术层面。作者哈瑟中校是德国海军中的炮术专家。他以战列巡洋舰德弗林格号第一枪炮官的身份，参与了斯卡格拉克战役（德国人对于日德兰海战的称谓）。其回忆录的价值在于，从一名身处一线的官兵的视角，观察了战役的全过程。这不仅有利于读者从德国人的视角审视这场海战，更重要的是，它呈现了无畏舰时代海战的技术细节。这些技术细节对于加深对海战的认识和理解，至关重要。

其次，是通过交战双方的两位舰队总司令的回忆录中关于日德兰海战的内容，展现这场战役的战略层面。这两位亲历者，从他们各自的视角，叙述了他们在这场战役中的经历。相信读者在自行比对他们双方的叙述之后，能够对这场战役形成一个较为全面且相对公正的印象。

平心而论，迄今为止所出版的关于日德兰海战的书籍和文章中，堪称优秀者绝不在少数。随着时间的推移和档案的解密，再加上其他各类的资料，当代的历史学家们完全有能力调用成吨的文献档案，来还原这场海战在每一个时间节点上的每一个细节。在此基础上所撰写出来的著作，要比那些历史当事人的回忆录更加全面和准确。

那么，这是否意味着，历史亲历者的回忆录已经因此失去价值了呢？要想回答这个问题，就必须首先弄清楚历史研究的意义和价值究竟在哪里。

在以往数千年的文明发展史上，世界各地的各种不同类型的文明，曾不约而同地将历史视为一种艺术。这种艺术所要表现的，与其说是绝对真实而客观的存在，不如说是为了让社会精英从这种艺术中获取有益的经验教益。没有人会把吟唱着特洛伊故事的荷马视为历史学家。但这并不妨碍人们从他的故事里获得启发。数千年后，远在东方的司马光，更是明明白白地说明了自己撰写历史的目的：鉴古知今，资于治世。也就是说，阅读历史的目的，不是为了那些已经逝去的，而是为了当下仍然存在的。

然而自 19 世纪以来，将历史作为艺术的古老传统逐渐消亡。以至于今天，人们将历史学等同于物理学这样的针对绝对客观世界的研究，希望从中找到类似于牛顿力学定律那样的绝对正确且永恒不变的真理。在这种思想的指导下，历史学正在演变成考古学和考据学。

只要收集到足够数量的史料，人们不难通过堆砌这些史料，来还原某个历史事件的所有细节。但是这样的细致描述，只会受到学院里的专职学者和学院外的少数珍玩爱好者的青睐，而对于千千万万喜欢阅读历史的普通人，却并无多少实际意义。正如一个人，无论他多么细致地研究一个乾隆朝的景泰蓝花瓶，也不可能对那个历史时期有一个整体印象。相反，一个人只需大略阅读几遍《红楼梦》，就能对曹雪芹时代的社会、经济和文化生活有一个大体直观的认知。

阅读历史的目的，在于增进读者对于世界和人性的了解，而不是仅就某个事件本身做无穷无尽的细节考证。前者是历史研究的真谛所在，要求把握整体，认知精髓；而后者只是技术性的考古工作，总是孜孜以求于细枝末节。

正是在这个意义上，这些历史事件亲历者的回忆录的价值才得以凸显出来。因为这些文本反映了当事人在面对那个历史关头时，所表现出的思维逻辑和行为模式。他们的成败功过皆由此引出。对于其中的因果关系的探究与评价，正是后人可以借鉴和学习之处。当然，基于种种个人利益的考虑，亲历者在撰写回忆录时往往也会有意无意地扭曲事实，以便涂抹和洗刷自己。然而即便是这样的歪曲之辞，也有其价值所在。因为鉴别这些虚假信息本身，就能帮助读者从反面了解历史的真相，以及当事人的心态。

另一方面，坐在书斋里的历史学家们只能用廉价的后见之明来还原历史。这虽然有助于解释最终结果，却无助于真正把握其中的过程。所以他们的叙述尽管经常细致入微，但在总体上显得隔靴搔痒。这绝非个人智力不足所致，而是基于一条古老的经验法则：旁观者的后见之明不能代替当事人的亲身体验。

正是基于以上原因，才需要将这些百年前的回忆录翻译出版。坦率地说，百年前的这三位作者，在他们落笔著述之际，他们心目中的读者也仅限于他们所熟悉的那个欧美世界，特别是同时期各国海军界的同仁。他们肯定从未考虑过，有朝一日，他们的著作会在遥远的东方世界面世，去面对一个完全陌生的国度里的读者。而且，当时人们的文风言辞与今天也颇有差异。这些因素使得整个翻译过程中经历了诸多困难。然而无论如何，还是本着尽可能忠实原著的原则，将它们译出。

由于这些回忆录由英德双方人员撰写，而他们对于某些基本概念的认知差异，使得三篇译文在一些细节上有明显的不一致之处。首先，德国海军采用的是中欧夏令时，而英国海军采用的是格林尼治时间，所以德国人的时间记录要比英国人快两个小时。其次，双方采用的距离单位不同。英国舰队司令杰利科习惯于英国人的长度单位码（yard）和英里（mile）。而德国人是公制单位的拥护者，使用米（metre）和海里（nautical mile）。第三，对于自己所指挥的完全以战列舰为核心的舰队，杰利科习惯于将其称为战列舰队（battle fleet），而舍尔则将其称为主力舰队（main fleet）。此外，双方军事条令中的某些术语也不一致。一战时期的德国海军，并未正式采纳"驱逐舰"这个概念。所有小型的以鱼雷为主战兵器的舰艇被统称为鱼雷艇。而按照英国海军的标准，这些舰艇就是驱逐舰。杰利科也是如此称呼它们的。而舍尔则坚持称它们是鱼雷艇。需要强调的是，两篇德国人的回忆录，都是根据现有的英文版翻译而来。其中已经夹杂着某些英国人的称为习惯。例如，哈瑟中校的回忆录中，已经采用了"驱逐舰"的称谓；而舍尔将军的回忆录中，则出现了"英里"的单位。基于遵照原文的精神，这些都被如实翻译。

本书所选取的三篇回忆录，均出版于第一次世界大战结束后不久。然而近百年来却无缘于国人。由于哈瑟中校的回忆录篇幅相对较短，这次得以将其完整译出。这是此书首次以完整译本的形式面对中国读者。至于舍尔和杰利科的回忆录，由于其篇幅较长，当前只能满足于节选其中的片段，而暂时尚无法提供完整译本。这个遗憾恐怕只能留待将来来弥补。

基尔和日德兰

乔治·冯·哈瑟 [1]

---

① 1916 年 5 月 31 日至 6 月 1 日，乔治·冯·哈瑟中校以战列巡洋舰德弗林格号上的第一枪炮官的身份参加了日德兰大海战（德国人称其为斯卡格拉克战役）。他的回忆录不仅揭示了德国人视角中的战役过程，同时也为我们真实展现了无畏舰时代的海上战斗的情景。

→ 前言 ←

我们德国人正面临着残酷的命运。外国列强强迫我们为他们工作。而年轻一代将不得不在这样一个遭受着奴役的国家里成长。我们将看到，盎格鲁－萨克逊人是何等地蔑视我们。甚至像法国和意大利这样——无论在精神、道德和物质领域落后于我们——的国家，也在鼓起他们的勇气，把德国人民视为粗鲁的野蛮人，并认为我们正遭受着罪有应得的惩罚。

我坚信，德国的年轻一代，将不会让这些现象遮蔽住自己的眼睛，以至于看不到事实的真相。勇敢的德国人民——无论老幼——必将看到，即便是在这样一个充满衰败和屈辱的时刻，我们的民族也不会丧失它的内在气质。我们老一辈的责任就在于，帮助年轻人，传授给他们经验，在斗争的道路上给予他们帮助。这其中自然包括，铭记德国人民引以为自豪的历史，追忆那些英雄岁月和事迹。正是这些光辉历史，塑造了这个勇士的国度。

我作为一名海军军官，为祖国服务了22年。这段生涯给了我两种职业经历，即作为一名德国军官的经历和作为一名水手的经历。今天，在国家经历了革命和覆亡之后，这两种职业生涯对我而言，都已宣告终结。回首往昔，我对我的职业生涯深怀感激。我曾经与许多优秀的伙伴们共同生活和工作。他们都是民族的脊梁。无论和平还是战争，他们都愿意将自己的生命和才智奉献给自己的祖国。我尤其感到，与这样一群人在一起，总是令我感到自豪。那种无论是作为一名德国人还是作为一名水手的自豪。

之所以要回顾我往日的职业生涯，是希望借此让年轻一辈也能体会到这种对祖国的自豪感。我们老一辈人就是在这种自豪感之下长大，并为它拿起宝剑，与祖国的敌人战斗。在长达四年的战争中，我们的祖国绝不比任何其他国家差。我们从胜利走向胜利，直至因为遭到背叛，才导致最终的崩溃。

在我这本单薄的书里，我将叙述英德两国之间两次具有历史意义的相遇。

第一次是在战争爆发之前。这次会面充分反映了英德两国当时的融洽关系。而英国如今已成为我们最危险的敌人。

那是1914年6月萨拉热窝事件爆发期间，由乔治·沃伦德中将指挥的一支英国舰队造访基尔港。我被任命为沃伦德中将的副官，随同英国大使和其他一些宾客，居住在英国舰队的旗舰英王乔治五世号上。

7月初，当英国舰队离开后，我立即将这段经历以及期间所获得的印象，全部完整地记录下来。这多亏了我有每日记日记的良好习惯。

第二次历史性的遭遇，就是我们所称的斯卡格拉克战役。作为战列巡洋舰德弗林格号的第一枪炮官，我有幸全程参与了这场战役，并且在摧毁两艘英国战列巡洋舰的战斗中起到了决定性作用。迄今为止，还没有哪位参战者能够在免于审查的情况下，给出对于此次战役的绝对公正的描述。所以我将竭尽全力，基于我个人的观察与经验，力求站在不偏不倚的角度，描述这场战役的整个过程。

但是在我开始讲述这两次历史性遭遇之前，我感到有必要在此提及一个事件。因为这个事件充分反映出，尽管当前的英德两国之间充满了嫉妒与竞争，但是在战前，真正的英国绅士们，总是将德国人视为平等的一员和一个有着亲缘关系的民族。

那是在 1913 年 6 月。

在阿尔巴尼亚海岸外停泊着各国战舰。德国巡洋舰布雷斯劳号的舰长，邀请其他国家的指挥官们，一同进餐。席间，英国海军上将就坐在德国舰长身旁。环绕在他们周围的有意大利人、法国人、西班牙人、土耳其人、希腊人、和阿尔巴尼亚人。举杯祝酒之辞此起彼落。政治则成为人们聊天的中心话题。英国的将军和德国的舰长，先是默不作声地观察着桌边的这些人，然后彼此交换他们对于各国人士的观感。

突然间，英国将军举起酒杯，直视着德国舰长的蓝眼睛。当两个酒杯碰撞之际，将军对舰长俯耳道："我们是两个白人国家。"他们彼此凝视对方，都感到了同样的血脉，两个同样优秀的民族。

这是战前所有德国人和所有英国人的共同感受。

但是现在又如何呢？英国人及其盟友竟敢把我们视为野蛮的匈奴人。一个曾经称赞我们是优秀民族的民族，现在竟然将我们贬斥到了文化层面的最低等级。而这仅仅是因为，我们曾经为了我们的自由与权利、生存与温饱，进行了前无古人的艰苦斗争。

德国人啊！德国的年轻人啊！不要让这些愚蠢和厚颜无耻伤害到你。让我们通过我们每日的言行，告诉我们到敌人，我们并不比任何民族低劣。让我们竭尽所能告诉世界，我们在战争中表现出的侠义，并不比我们的敌人更少。而正是他们，用残忍的手段，迫使我们接受这样的污名。

↦ 基尔周 ↤

1914年5月22日，《泰晤士报》刊载了如下一则消息：

"海军部发表声明，4个战列舰和巡洋舰中队将于下个月巡航波罗的海。期间，它们将访问当地所有重要港口，包括基尔、喀良施塔德、哥本哈根、克里斯钦、和斯德哥尔摩。这些访问活动与以往皇家海军对奥地利、意大利和法国的港口访问活动相类似。目前，奥地利舰队正在访问马耳他。去年夏天，一支俄国舰队访问了波特兰。而一支法国舰队也将在下个月访问波特兰。"

"对波罗的海各港口的访问活动，已经由相关各国政府安排妥当。这些访问活动并没有特殊的政治色彩和国际意义，只是希望借此机会增进友谊。对波罗的海的巡航受到了官兵们的普遍欢迎。因为他们可以借此机会从平时的繁重训练活动中解脱出来，并有机会增长见识。上一次英国舰队在波罗的海的巡航是在1912年夏天。当时，第2巡洋舰中队访问了克里斯钦、哥本哈根、斯德哥尔摩、雷维尔和利耶帕亚。"

接下来是海军部的声明，即在这次巡航活动结束后的舰队的下一步动向：

"由一名海军中将率领的第2战列舰中队：英王乔治五世号、阿贾克斯号、大胆号和百夫长号。由一名海军准将率领的第1轻型巡洋舰中队：南安普顿号、伯明翰号和诺丁汉号。他们将于6月23日至30日访问基尔港。"

英国舰队即将来访的消息，令德国人和整个世界为之振奋。许多人视其为缓和当前政治形势的重要举措。但也有些人将此视为不可避免的冲突到来之前的最后一次试探之举。由于英国舰队即将到来，德国新闻界很快就忙碌起来。而海军也开始就相关的招待工作做准备。

皇帝陛下下令，为两位到访的英国舰队指挥官配备两名德国副官。早在5月初，我就听闻，自己已成为此项任务的候选人。6月初，相关的正式命令下达。

我被任命为乔治·沃伦德中将的副官。而凯尔哈恩上尉被任命为古德诺夫准将的副官。

我曾在英国居住了很长时间。加上我在海外其余地方的活动经历——其中特别是在远东服役时的经历，我总是与英国人保持着友好关系。那些与我年纪相仿的英国海军军官，总是与我特别投缘。我与这些英国人有过长时间的愉快交谈。所以当我听到这项新的任命时，那的确令人颇为愉快和期待。

6月23日，星期二，早上，我与英国驻柏林海军武官亨德森上校一起，登上了一艘摩托艇。随同我们上艇的还有一位领航员。他负责为准备进港的英国军舰导航。我们的摩托艇向基尔港外10英里处的一艘灯塔船驶去，预计在那里与英国舰队汇合。这是个烟雨蒙蒙的日子。海面上刮起一阵轻风。在灯塔船附近，我们首先与另外6艘摩托艇汇合。每艘艇上都搭载着一名领航员，负责引导所有7艘英国军舰进港。当这支小小的舰队刚刚集合完毕，北方的海面上飘来的两排烟雾就进入了我们的视野。英国舰队正以双纵队队形向我们驶来。我们很快就辨认出，走在前面且靠左行驶的纵队由4艘战列舰组成。位置靠后且位于右手边行驶的是由3艘巡洋舰组成的纵队。从我目前所处的接近海平面的角度望去，这些英国战列舰真是令人印象深刻。黑色的浓烟从灰黑色的船体上的烟囱里喷出，以至于两种颜色非常接近。现在，我们的摩托艇正逐渐靠近这些巨舰。

英国舰队旗舰的桅杆上，飘扬着沃伦德中将的旗帜。当我们靠近后，桅杆上又升起了信号旗，命令各舰停止前进，引擎倒转。等到这些船只全部停稳后，7艘摩托艇几乎同时靠上了7艘军舰的船舷。我们靠上了英王乔治五世号的右舷，沿着舷梯登上甲板。该舰的大副高迪尔中校前来迎接我们，并把我们领到沃伦德中将那里。他正和他们的参谋人员待在高耸的舰桥上。在那里，亨德森上校将我和领航员引荐给将军。我以公海舰队司令官和波罗的海军区司令官的名义，欢迎他的到来。同时我还告知这位将军，在他访问基尔的这段时间里，我被任命为他的副官。沃伦德中将随即表达了他的谢意和感激。他立即向我引荐他的参谋人员，包括参谋长布拉德上校、参谋军官斯陶福德中校和参谋军官巴克斯通上尉。

沃伦德中将仪表堂堂，胡须整洁。一副贵族派头的脸上，有着一双蓝眼睛。

他年约五十。头发稍显灰白，为人和蔼，且仍保持着年轻人的活力。在这次访问活动结束之后，我奉命立即起草一份官方报告。其中记录了我对沃伦德中将及其手下参谋人员的观察印象：

乔治·沃伦德中将是一位真正的英国俊杰。为人冷静而果断。由于其个人性格魅力和善于体贴下属，因而在部下中广受爱戴。

当我们驶入港口时，我对其行为处事方式极为惊讶。短促的命令总是伴随着短促的回答。英语似乎特别适合于这种任务。没有任何多余的言辞，但却显示出高度的专业性，俨然就是一位老水兵。将军的听力似乎不太好，但是他的参谋人员都与其配合默契，以至于即便是他们的轻微言辞，也能被将军准确理解。但与其他人交流时，将军就会感到吃力。

当我与沃伦德将军共事时，他特别关心德国海军的诸多状况，包括官兵的生活条件、服役状况以及精神士气等等。此外，他也对我们的无线电和引擎表现出浓厚兴趣，潜艇引擎尤其受到关注。他和他的参谋人员都很自然地习惯于把德国海军与英国海军做对比。将军极为健谈。但是尽管他认识许多德国人，但在我们的谈话中他从不说德语。应他的要求，我将每日德国报纸上关于英国舰队访问的新闻报道，翻译之后呈送给他过目。

体育方面，据说将军非常擅长网球和高尔夫球运动。

当谈及我们的皇帝陛下和亨利王子时，他总是满怀敬意。当时陛下和王子正在为将军夫妇筹办招待会。当这个消息传到将军的耳朵里时，他不胜欣喜。将军总是对所有德国军官都表现得彬彬有礼。对我个人，他总是显示出和蔼和细心。他经常提起，他和古德诺夫准将对于我们配备给他们的德国副官，都深表感激。对于我的表现，他也感到满意。

简而言之，我对沃伦德中将的印象如下：一名深受部下爱戴的杰出人物；聪明且兴趣广泛；拥有年轻人的警觉性。

至于沃伦德将军的参谋长布拉德上校，总是一天到晚忙碌，处理舰队内部的各项事宜。他看上去有些疲倦，但却是一名聪明且精力充沛的军官。

斯陶福德中校是一名炮术军官。头脑聪明，为人坦率，且富有热忱。他对德国人的习俗，以及家庭生活方式，抱有特别的体恤之情。

此外还有舰队主计官海尔威特。他的能力足以胜任此项工作。其工作职责类似于我们德国舰队中的秘书岗位。

6月23日上午9点，我们驶入基尔湾。这样的航行对我绝非陌生。但是此刻我站在一艘英国战列舰的舰桥上。这的确令我兴奋。在海湾入口处，我们曾驶入一片暴风雨中，但为时很短。当我们看到基尔港时，已是阳光灿烂。许多游艇和海军的快艇围绕在我们周围。岸上则是聚集着的黑压压的民众，全都是跑来观看来访的英国舰队的。其中就有亨利王子。他正和沃伦德将军相互挥帽致敬。而他的白色游艇此刻正伴随在我们身边。似乎是为了显示其良好的秩序和精湛的技术，所有英国军舰几乎同时抵达他们各自的泊位。

随后，我们全体与将军共进早餐。将军的餐厅非常宽敞，横跨船体左右两侧。里面镶嵌着桃木地板。他还有一间漂亮的客舱。里面陈列着优雅的白色家具和轻质的地毯。看上去就像一间女士的客厅。这两个房间通常仅供将军的私人幕僚们使用。但是他们通常宁愿待在自己的军官住舱里。至于将军本人，无论是办公室还是私人住舱，都非常宽敞。

早餐丰盛。而将军则忙于与我讨论随后的日程安排。11点钟，他将造访腓特烈大帝号战列舰。随后与亨利王子会面。关于我本人的安排，我要求在访问期间待在英王乔治五世号上，以方便他随叫随到。将军对此极为满意。他把原本安排给大使的一间客舱给了我。这是一个独立的房间，有完整的卧室、更衣室和盥洗室。不幸的是，我并未能享受太久。因为当晚英国大使登舰后，我就搬到了甲板下层的一个舱室里。那里空间还算宽敞，但是闷热不舒服。

在英国舰队访问基尔期间，我始终住在英王乔治五世号上。所以我有机会与英军官兵做广泛接触，观察他们。

除了大使本人以外，这艘船上的客人还包括大使的儿子和沃伦德将军的侄子——年轻的厄斯金勋爵。11点钟之前，我们全体登上将军的"驳船"。那是一艘舒适宽敞的蒸汽动力交通艇，前往公海舰队旗舰腓特烈大帝号。此时，英格诺尔上将率领基尔港内的所有德国海军将领和舰长们，在该舰上等候沃伦德将军的到来。德国军官们采取了一种冷静和有所保留的态度。英国人的表现多少也有些类似。所以，虽然表面上双方礼数周到，但是仍可观察到两国之间紧张的政治关系。

但是在接下来的庆祝活动中，我再未观察到此种现象。两国的年轻军官之间很快就建立了友谊。无论是在球场上还是在餐厅里，年轻的英国军官们很快就与德国人熟悉起来，并且与德国女士们调情嬉戏。我们的一些已婚的海军军官们，还邀请英国军官到家里吃饭，使他们能享受到一个小时的家庭生活气氛。政府为此次庆祝活动分发了大量的免费火车票。很多人都借此机会出门旅行。

每天都有数百人结伴前往柏林和汉堡，以至于留在基尔港的人减少大半。

离开腓特烈大帝号之后，我们全体前往皇家城堡，在那里受到了亨利王子（译注：皇帝威廉二世的幼弟，时任德国海军监察长）及其全家的接见。双方用英语做了亲密交谈。我也参与其中。亨利王子尤其对我在英王乔治五世号上的情况感兴趣。所有来宾都对王子殿下的友善留下了深刻印象。

离开皇家城堡后，我们就返回军舰上。当登上英王乔治五世号甲板时，两位海军武官已在此恭候。他们是英国驻柏林海军武官亨德森上校和德国驻伦敦海军武官冯·穆勒中校。后者特地从伦敦赶回来。他把我拽到一边跟我说：“要小心英国人。战争不可避免。而他们正在磨刀霍霍。这次访问纯粹是来刺探我们，想搞清楚我们的备战情况。无论如何，决不能透露关于我们的潜艇的情况。”

这番话完全证实了我的想法，但还是令我深感吃惊。情况竟然严重到如此地步。在此后的整个访问期间，我都牢记穆勒的忠告。

日后的形势发展证明，穆勒是正确的。甚至早在萨拉热窝事件之前，他已意识到，危险正在逼近。在这方面，德国驻伦敦大使利奇诺沃斯基亲王就比穆勒要大为逊色。

我们只在军舰上待了一小会儿。因为亨利王子马上就要做礼节性回访。很快，他的身影就出现在了海军基地。

当天下午，我和巴克斯通上尉陪伴着沃伦德将军到处参观游览。我们首先去了游艇俱乐部。在那里，沃伦德将军与他的老友萨诺少将久别重逢。他们两人多年前都在远东服役，并结下友谊。整整一个小时，他们共同回忆着昔日共事时的好时光。而我们在一旁喝着香槟作陪。接着，我们又同海军波罗的海基地司令科佩尔上将一起饮茶。然后，科佩尔上将陪同我们一行，前往海军学院前门外的网球场观看比赛。那里正在举办“皇帝杯”网球锦标赛。

当我们终于回到军舰上时，我发现英国驻德大使戈岑爵士已经到了，并入住了我先前住进的那个舒适的房间。在接下来的一周里，我逐渐认识到，戈岑爵士是一位诙谐且友善的人。

他出身于莱比锡的一个出版商家庭，身上的德国渊源要比英国渊源更多。所以他总是对我们这些德国人满怀情谊。

在与大使做短暂交谈之后，我们全体陪同亨利王子前往餐厅。这是正式宴会。所有人皆身着礼服。除了在基尔港的将军们以外，他们的夫人们也受邀出席。此外还有几位霍尔斯泰因本地的贵族。我们被安排在那间装饰着白色家具的房间里，围着八张小桌子吃饭。期间还有乐队伴奏，交替演奏英德两国乐曲。宴会气氛愉快。接近8点钟时，我们再次登上沃伦德将军的"驳船"，前往亨利王子居住的皇家城堡。在接下来的一周里，我们还会多次拜访这里。

直至10点以后，我们才返回到军舰上。在斯陶福德中校和巴克斯通上尉的带领下，我走到了自己的新房间。在那里，我又结识了几位船上的军官。我们聚在一起，喝着威士忌加苏打，度过了一段漫长而愉快的时间。英国军舰上总是为军官们安排两个宽敞的大房间。一个用作餐厅。另一个则是休息室。军官们可以坐在里面的沙发上打牌、下棋和吸烟。在英王乔治五世号战列舰上，这两个房间都被布置得非常舒适。

接下来就是24日的行程，已经安排妥当：上午10点，拜访帝国海军国务秘书；下午1点30分，皇帝陛下的游艇霍亨佐伦号将抵达基尔。一旦游艇下锚停泊，英国舰队司令部所有成员和各舰舰长将集体前往拜访。晚上7点30分，与英国领事共进晚餐。

第二天上午，我和凯尔哈恩上尉陪同沃伦德中将和古德诺夫准将，前往腓特烈·卡尔号战列舰。帝国海军国务秘书提尔疲茨上将已经在这艘战舰的桅杆上升起了自己的将旗。他在舷梯处迎接我们，然后把我们领进他的舱室。他和两位英军指挥官坐在一张小桌子旁。而我们这些年轻军官坐在另外一张桌子旁。相互之间的交谈只使用英语。提尔疲茨上将的英语显然非常流利。沃伦德中将和古德诺夫准将向提尔疲茨上将转达了他在英国海军中的一些朋友的问候。随后，提尔疲茨上将开始谈论德国海军的发展状况。期间，频繁响起香槟酒的碰杯声。我们待了一个半小时，才回到英王乔治五世号上，然后就要准备迎接霍亨佐伦号了。在停泊在基尔期间，英国水兵们显然没有多少日常勤务。他们只需要保持舰船清洁即可。此刻，所有的油漆脱落现象都已得到修补；甲板也被擦洗干净；接受检阅时水兵在船舷边所站立的位置，也已经用细线标出。

霍亨佐伦号游艇准时通过了霍尔特瑙闸门。这标志着基尔运河的拓宽工程结束，正式对公众开放。当然，如果想让战列舰通过运河的话，还有一些额外的疏浚工作需要进行。这些工作目前正在全力以赴进行中。直至7月30日，凯瑟琳号成为第一艘通过运河的无畏级战列舰，正好赶上了开战时间。所以，当舰队于7月底从挪威返航后，英格诺尔上将就可以在威廉港和基尔港两个基地之间调配部队了。尽管拓宽后的运河允许战列舰通行，但前提是，它们在穿越运河前必须清空燃料舱，以减少吃水深度。运河完工之日，就是战争爆发之时。这是我在1911年做出的预言，想不到竟一语成谶。

我始终坚信，大国之间的军备竞赛迟早会导致战争，所以打造一支舰队就意味着必定会在战争中使用它。早在1911年，我就曾对一群汉堡的商人们说过，一旦我们拥有一支公海舰队，就应与英国尽快开战。这支舰队应以两个战列舰中队为核心，辅以战列巡洋舰、轻型巡洋舰和驱逐舰。此外还需要大量的潜艇、海岸防御设施。其中赫尔戈兰岛的防御措施应受到特别重视。到1914年8月1日，基尔运河已经准备就绪。其他的各项备战措施也在进行中。而我所预言的战争已经开始了。汉堡的一位商人曾提及我那具有惊人准确性的预言。我必须承认，当战争爆发时，我的状态并非理想，直至1915年春天才最终令我自己满意。

6月24日，当霍亨佐伦号游艇通过霍尔特瑙闸门时，所有船只鸣放礼炮。一些飞艇环绕在游艇上空。不幸的是，其中一艘飞艇坠毁。指挥官施罗特上尉死亡。

霍亨佐伦号快速从我们身旁通过。皇帝陛下站在游艇的舰桥上。当他看到沃伦德中将时，立即向他挥手致意。身着红色制服的英国皇家海军陆战队官兵在舰尾甲板上鸣放礼炮。当皇帝陛下的游艇通过每一艘船时，这艘船上总会响起三次欢呼声。无论是军舰上还是游艇上，人们相互挥动帽子，欢呼雀跃。这幅景象深深印刻在我的脑海里，从未忘记。

按照程序，英国军官将很快登上霍亨佐伦号游艇。所以我们全都迅速换好制服，做好准备。所有英军舰长都已接到通知。但是此刻，他们还未出现。我们看到，他们都站在各自舰上的舷梯旁，但是还没有一艘交通艇开动起来。见此情景，沃伦德中将很生气。他命令挂出信号旗，让所有舰长来旗舰报到。由于传递信号需要时间，那些交通艇随后开始慢慢开动起来。结果舰长们普遍认为，如果不是特地向他们发出信号，他们原本并不需要登上旗舰。沃伦德将军对此非常不悦。而我必须承认，这些舰长们欠缺主动性的表现，颇令我费解。他们本可以使用速度较快的交通艇前来。但是按照条令，舰长在执行公务时，必须使用他们的专用交通艇。

沃伦德将军自己的交通艇终于把我们带到了霍亨佐伦号游艇旁。这比预定的时间晚了半个小时。皇帝陛下站在上甲板长廊上迎接我们。与往常一样，他神采奕奕，且充满幽默感。与英国人的谈话进行得非常愉快。当我们返回时，所有英国军官都认为今天颇为愉快。

午餐后，沃伦德将军带着我和巴克斯通上尉去迎接他的妻子。马德·沃伦德夫人是一位身材高挑的美丽女性。年纪约 40 岁左右。她是一位典型的英国贵妇。我从一些英文报纸上得知，这位女士是英国上流社会中的一位杰出人物。她拥有一副受过专业训练的好嗓音，是一位知名歌唱家。沃伦德夫人是乘坐汉堡－美洲航运公司的维多利亚·路易丝号邮轮到基尔的，并且此刻仍然待在这艘船上。这艘船是基尔的社会名流在夜晚的云集之地。

当天下午，亨利王子带着他的儿子对英王乔治五世号做了访问。由于要在这艘军舰上召开盛大宴会，我不得不想方设法抽出时间来拟定宴会所要邀请的人员名单，最后是在同事的帮助下才完成此项工作。因为除此项工作之外，我还必须与英国军官们保持频繁接触。而且，我还需要频繁打电话，联络岸上的同事，交换信息。所以有那么几天，我异常忙碌，以至于即便整天美酒佳肴也令我无动于衷。

24 日晚上，英国领事萨托利夫妇邀请我们前往海上温泉酒店进餐。我借此机会与古德诺夫准将及其手下的舰长们拉近了距离。古德诺夫准将尤其给我留下了深刻印象。后来他作为轻型巡洋舰中队的指挥官在战争中发挥了重要作用。他在斯卡格拉克战役中所起的作用，尤其受到了杰利科上将的肯定。

在这次战役中，作为侦察兵力，古德诺夫准将始终与我们的主力舰队保持接触，并及时将我军的动向通报给杰利科上将。

在这个晚上，古德诺夫准将充分展现了自己风趣幽默的一面。而大胆号战列舰舰长丹皮尔上校，则是一位极为健谈的人。他还教会我一首饮酒时哼唱的小调。

大多数英国舰长们看上去都有些疲倦。我认为，主要的原因在于，这些英国本土舰队的军官们，他们的生活方式与我们德国海军军官截然不同。这些人通常要在本土舰队服役两年时间。期间要么待在海上，要么就在英国本土的不同港口停靠。他们很少有机会离开军舰，到岸上居住。而我们的舰船，通常在训练结束之后就返回基地。在不出海的闲暇日子里，军舰上通常只有一名高级军官和两名低级军官值班。大部分军官通常都在岸上与家人居住在一起。这使得德国军官能够获得更好的休息。而英国军官们，首先他们被派往海外服役的机会和次数要比我们多得多。其次，即便他们大多已经结婚，也不可能长时间陪伴家人。他们的家人要么住在港口附近旅店里；要么居住在内地的某处，以至于丈夫只能偶尔回家探望妻子。

由于此种差异，英国军舰上的军官住舱要比德国军舰上的军官住舱更宽敞，更舒适。由于舰上没有暖气供应，大多数军官舱室甚至安装了独立的取暖设备，此外还普遍配备了皮革沙发。舱内布置的家具风格与纳尔逊时代几乎没有多少差别。通常，在完成两年的海上服役期之后，一艘军舰上的官兵就会全体解散。其中少数人会被留在舰上，大多数人则回家享受为期半年的假期。

6月25日，游艇帆船锦标赛开幕。整个基尔湾内一副热闹景象。到处都能看到人们的欢歌笑语。不幸的是，英王乔治五世号战列舰距离比赛起点太远。所以我们无法看清比赛开始阶段的情况。包括外籍参赛艇在内，有许多游艇参加比赛。英王乔治五世号战列舰的南边是公海舰队旗舰腓特烈大帝号战列舰和霍亨佐伦号游艇。北边停泊的都是英国军舰。东边则是维多利亚·路易丝号邮轮。这艘船在两个浮标中间下锚停泊。上午9点，5米和8米级的游艇比赛开始。10点钟是12米和19米级的游艇比赛。15米级别的游艇比赛要等到11点开始。其他游艇的竞赛则是在中午进行。所以这一整天，海湾内都是帆影重重。

25 日一天的行程安排得很满。中午：与公海舰队司令共进午餐。下午有三项活动：首先是出席基尔的体育活动；然后拜访第 2 中队旗舰普鲁士号战列舰；最后前往基尔市长阿赫拉曼博士家。他家的花园里举办了一个聚会。晚上：前往霍亨佐伦号，与皇帝陛下共进晚餐。

但是我们在早上收到了来自海军内阁首脑穆勒上将的通知，得知皇帝陛下将在 12 点造访英王乔治五世号。

12 点整，全船官兵集结在甲板上，等待检阅。而皇帝陛下身着全套英国海军上将制服，登上军舰。他的身后跟随着穆勒上将和他的海军副官冯·派勒斯科男爵。看上去，皇帝的心情颇为愉快。英王乔治五世号上的所有军官们在后甲板列队。他们身旁还有所有其他各艘军舰的舰长们。我和凯尔哈恩上尉则站在一旁。应皇帝陛下的请求，沃伦德中将将这些人逐一向陛下做了介绍和引荐。当介绍到我和凯尔哈恩上尉时，陛下说道："我认识我的军官们。"与往常一样，陛下并未检阅全舰官兵，而是迅速地前往沃伦德中将的舱室。他们在那里聊了一个半小时。期间，他与厄斯金勋爵的对话，甚至要多于与沃伦德将军的交谈。后者穿着苏格兰高地风格的服装。然后，当陛下在舰上的名人访问记录本上签字留念后，他就与各位英国客人做了礼貌告别。

与公海舰队司令英格诺尔上将的午餐，进行得非常顺利。我们在将军的舱房里进餐。小桌子上甚至摆放了鲜花。旁边还有乐队伴奏。我坐在巴克斯通上尉和斯陶福德上校旁边。英格诺尔上将和沃伦德中将分别代表两国海军发表了讲话。沃伦德将军的讲话再次强调了，要巩固英德两国海军的友谊。他提到了自己职业生涯中遇到的多位德国海军同事，特别是老朋友萨诺少将。

下午的日程安排有三项议程。这是个艰巨的任务。只是靠着汽车，我们才能赶上时间表。我们首先乘坐汽车前往基尔的市镇。英国水兵们正在那里参加体育比赛。而围观的市民很快就发现，我们出现在参赛选手之间。沃伦德中将显然很善于同他的部下交谈，就像老朋友之间的谈话，让他的部下告诉他比赛的具体情况。这些体育比赛内容丰富，包括足球赛、射击大赛、拔河比赛和接力赛等等。而我们的人几乎赢得了所有这些比赛。例如，我们及时赶到了拔河比赛的现场，亲眼看到，连续四次，都是我们的水手拽着英国水兵走。

在拔河比赛中,英国人未能赢得哪怕一场胜利。其他的比赛结果也都大同小异,唯独足球场上让他们扳回一城。

德国水兵取得了如此多的胜利,这让我深感惊讶。英国水手中有许多年纪幼小者。仅仅在英王乔治五世号上,就有70名年纪不足17岁的水兵。当然,也有很多老兵。水兵中身材高大者的数量远远不能与我们德国海军相比。我还注意到,英国水兵中有许多看上去很强壮的犹太人。我对此极为震惊。因为在我印象里,犹太人对于航海活动并无多少好感。

从体育活动现场出来后,我们又乘车前往阿赫拉曼博士的住处。不幸的是,此时开始下雨。原本计划在他家花园里举办的聚会,不得不移到室内。我们走进一间大屋子,里面可以饮茶、跳舞和聊天。只待了一小会儿之后,我们就得前往普鲁士号战列舰了。我手里有基尔港司令部签发的通行证,所以汽车畅行无阻。通常情况下,这种通行证只颁发给执行公务的将军们。

普鲁士号的甲板已经经过装饰。舰上的欢迎宴会也已就绪。亨利王子夫妇也出现在船上。为了接待来访的英国人,公海舰队司令下令为每一艘来访的英国军舰配备两名德国军官。德国军舰则接到命令,邀请英国军人登舰参观。所以有许多英国人在德国军舰上受到了热情接待。普鲁士号的情况就是如此。

我向沃伦德将军介绍了基尔的各类社会名流。这个差事几乎占用了我全部时间。我认识的人如此之多,以至于将军用惊讶的口吻问我:"你是不是认识所有人?"

晚上8点,我们在霍亨佐伦号上开始进餐。这是在这艘皇家游艇上举办的最后一次宴会了,也是这艘游艇最后一次显示自己的荣耀。我们聚集在甲板上,皇帝陛下前来欢迎我们。他和我们一样,穿着一身简便的制服。餐桌上摆放着精致的兰花。德国人和英国人紧挨着坐在一起。

没有正式讲话,但是大家的交谈很活跃。我很高兴坐在霍亨佐伦号船长冯·卡普夫上校旁边。他以出色的幽默感著称,且在海军和皇家游艇上的服役记录受到了很高评价。席间菜肴可口。美酒更是上上之选。有一个人特别向卡普夫上校提示道:"这是皇帝陛下在他位于柏林的酒窖中所能找到的最好的佳酿。"我注意到,陛下并未与沃伦德将军有过多的交谈。不幸的是,后者也未主动与陛下说话,而是把大部分时间用在了与英国驻德大使交谈。饭后,我们喝着咖啡，抽着雪茄，漫步在甲板上。气氛轻松愉快。皇帝陛下则与他的所有英国客人们做了交谈。我们注意到，陛下竭力在客人们面前树立起一名和蔼可亲的东道主的形象。

就当前的政治形势和德国的世界观问题，我与丹皮尔上校和休文爵士做了一番有趣的交谈。他们两人都坚持认为，英国无意孤立德国。但是如果战争爆发，那么始作俑者必定是德国，而非英国。

直到很晚，我们才回到英王乔治五世号上。然后，我们又在军官休息室坐了很久。利用这个机会，我与该舰的枪炮官布朗宁中校建立起了友谊。他告诉我许多关于火炮射击的有趣事情，还把我领进他的舱室，向我展示了相关的图表、火炮测试数据以及他所赢得的奖杯。我们都是枪炮军官，所以聊得很深入。英国海军当局完全清楚，枪炮军官在同僚中是多么令人羡慕，而一名合格的枪炮官绝对是一种巨大的职业荣誉。而在德国海军中，枪炮军官的地位就要稍逊一筹。许多雄心勃勃的军人往往会选择成为鱼雷军官。

这对我来说是令人遗憾的。在我看来，这是一个巨大的错误。争夺海上霸主的战斗总是依靠大舰巨炮。而对鱼雷的钟爱，使得我们在这场斗争中，从一开始就显得希望渺茫。丘吉尔在斯卡格拉克战役之后，曾经恰当地指出："一流海权依赖大炮。而二流海权总是寄希望于鱼雷。"

在战争中，我们总是把希望寄托在鱼雷身上。这就意味着放弃了作为一流海权的战斗手段。在战争爆发的最初两年里，无论是英格诺尔上将还是波尔上将，他们都曾有许多机会在远海与敌人作战。但是这些机会都被白白浪费了。只是在舍尔海军上将的领导下，斯卡格拉克战役才成为我们唯一一次在远海上依靠大炮决胜的战役。

布朗宁中校还告诉我，他曾在射击训练中准确命中了 15000 米外的目标。这个距离对我来说显得过于遥远了。然而在战争中，实际交战距离甚至远远超出这个数值。

6 月 26 日，星期五。沃伦德将军应皇帝陛下的邀请，参加到游艇比赛当中。他们乘坐流星号游艇于 10 点 15 分出海。由于我没有随行，所以继续待在英王乔治五世号上，参与预定于下午举办的招待宴会的准备工作。也是在这个下午，帝国游艇俱乐部组织了一场划船比赛。参赛者全是英国舰船上的小艇。

晚上，我们应邀前往海军学院，参加一场舞会。

乘坐流星号的沃伦德将军，直至下午才回来。而我们在爱德华·戈岑爵士的主持下，已经享用了一顿美味的午餐。期间甚至有几位年轻女士作陪。将军显然对上午的游艇出行感到很愉快。因为他所乘坐的流星号——在伯迦斯少将的指挥下——赢得了胜利。

英王乔治五世号上招待宴会现在成为头等大事。基尔的社会名流几乎都来了。他们的邀请函都是经我之手发出的。当然，也有些人因未受到邀请而有所抱怨。沃伦德夫人也为这次宴会做了许多事情。还有几位德国女士帮助她。其中最引人注目的是威斯巴登领主的妻子冯·梅斯特夫人。由于女士们跳舞需要一块宽敞的地方，英王乔治五世号上宽大的甲板几乎全都被占用了。宴会上摆放的五颜六色的茶点全部是从柏林高价购买并运来的。

在宴会上，我结识了布拉西勋爵。这位老绅士是乘坐他的游艇阳光号前来基尔的。他还邀请我去他的游艇参观，并认识了他的两个女儿海伦和玛丽。这位勋爵正在撰写一本关于他乘坐游艇环游世界的书。他的游艇相当古旧，但是宽敞而舒适。几天后，布拉西勋爵还获得了一次奇特经历。他利用游艇上的一艘小艇，成功的潜入了帝国造船厂内的潜艇码头。这里是军事禁区，绝对禁止平民进入。所以布拉西勋爵被一名卫兵逮住了，并在警卫室里待了好几个钟头。直到与一名他认识的德国军官联系上之后，才被船厂经理下令释放。此事可能源于勋爵本人巨大的好奇心。但如此有失体面的举动还是在基尔引起了广泛的不满。甚至皇帝陛下都予以严词谴责。

早在英国舰队抵达基尔时，我就意识到，英国人急切地想要了解我们舰队中的现代化舰船。沃伦德中将曾命我通知英格诺尔上将，他麾下的英国舰船已经做好准备，随时欢迎德国军官上舰参观。他还特别强调，这些战舰对参观者完全开放。

英格诺尔上将随即通

■ 南安普敦号巡洋舰

■ 英王乔治五世号战列舰

过我做出答复，声称他赞赏沃伦德将军的举措。但遗憾的是，他无权采取相对应的举措。根据条令，德国舰船的某些部分是严禁对外开放的。在我将此答复告知沃伦德中将的第二天，他再次派遣我去见英格诺尔上将，表示英国舰船上也有类似规定，范围涵盖指挥塔、鱼雷控制室和无线电通讯室。其他地方都可参观。当然，他并不期望他的军官们看到不该看的东西。

直至 6 月 26 日，我从英格诺尔上将那里接到一封答复信函，同意英国军官参观访问德国军舰，但是必须遵守相关条令。这些条令规定了，绝对禁止外国人参观我们最新式舰船。这主要是指第 3 中队、新式驱逐舰以及所有潜艇。所以真正能开放参观的只有老式的德意志级战列舰。英国人当然不可能从这些旧军舰上找到多少有用的信息。

英国人当然也对他们自己的舰船做了许多准备工作。对前去参观的德国海军军官而言，这些舰船无疑是英国海军中的新军舰。所以在参观时，舰上的一些重要装备，要么已被移除，要么就用木板遮盖起来。英国人对其观瞄和火控系统的保密工作尤其到位。就我个人而言，尽管并未特别提出要求，但是英王乔治五世号上的大部分装备都曾频繁地出现在我的视野里。布朗宁中校甚至带领我仔细参观了舰上的炮塔和弹药库。只有著名的"帕西·斯科特射击指挥仪"始终覆盖着一层神秘面纱。此种装置由英国海军的帕西·斯科特中将发明,安装在指挥塔或者是前桅顶部舱室的内部,用于指挥全舰所有火炮的瞄准和射击。当然,英国人也在向我打听德国海军中的类似装置。但是他们没能从我这里套出什么消息。

26日晚上在海军学院举办的舞会真是精彩极了。舞厅里到处都是鲜花,是我平生所仅见。我们一直跳着舞,直到第二天早上才散去。

6月27日,星期六。中午,我们应邀前往基尔城,赴午餐会。下午,波罗的海基地司令举办了一个花园聚会。晚上,在英王乔治五世号上还有一个聚餐活动,由沃伦德将军夫妇作为东道主。

这天下午1点,我们在新落成的基尔市镇厅里,与英国军官们共进午餐。林德曼勋爵和沃伦德将军先后用英语做了一番发言。沃伦德将军尤其盛赞,这次访问给他留下了深刻印象。除了基尔这座城市以外,还有许多事情令他印象深刻。例如,他描述了在刚刚抵达的那天,负责接待的德国军官们在基尔湾口是如何从摩托艇上登上他的军舰的。将军尤其对我所做出的成绩,给予了特别感谢。当出身基尔的弗里曼上将做了一番关于英国海军的发言之后,沃伦德将军又再次做了发言。这些发言加上人们的用餐时间,使得这顿午餐拖延了很长时间,以至于我们必须乘车赶赴下一个地点,也就是那个花园聚会。

这个花园聚会也很成功。皇帝陛下曾表示要来参加,但最终没有出现。只有亨利王子一家代表皇室出席了聚会。此外到场的还有玛利亚·冯·霍尔斯泰因-格吕克斯堡公主殿下。阿德尔伯特亲王以往每年都会来参加基尔周活动。今年是他首次缺席。此外,皇后陛下和普鲁士皇室的其他成员也没有像往年那样前来。显然,他们并未因英国人的到访而现身基尔。在我看来,这种冷淡的态度源于英国在国际事务中频繁给我们设置障碍。当然,这种态度肯定也没有逃过英国人的眼睛。

今年的花园聚会显得特别轻松惬意。我们饮茶聊天。而年轻人则在大厅中央跳舞。还有一些绅士淑女们在草坪上跳舞。我也加入其中。屋子后面的草坪上铺上了一块巨大的红色地毯。这里摆放着为一些尊贵客人准备的藤椅。

聚会期间,沃伦德夫妇接受了前往霍亨佐伦号进餐的邀请。所以晚上在英王乔治五世号上的宴会,就改由爱德华·戈岑大使主持。这是因为他受到了赴宴的女士们的热烈拥护，所以才担负起宴会主持人的职责。在愉快的晚餐之后，许多客人很快就离开了。但是也有一些年轻的女士们留下来，与我们跳舞。我们先在军舰甲板上跳了一小会儿，然后就全体转移到维多利亚·路易斯号邮轮上。在这艘船上，你可以听到各国语言。基尔周的国际化特征尽显无遗。由于邮轮太过拥挤，根本找不到跳舞的地方，我和斯陶福德上校、巴克斯通上尉又带着一些人回到了英王乔治五世号上，继续跳舞。当最后一名客人离开时，已经很晚了。就这样，我们与英国客人们度过了最后一个欢乐的日子。因为第二天，萨拉热窝事件爆发了。

6月28日，星期天。沃伦德将军夫妇应邀与提尔疲茨上将共进午餐。下午，在皇家城堡举办了一场盛大招待会。晚上，我们与基尔港基地司令官共同进餐。饭后还有舞会。

由于提尔疲茨将军并未邀请我一同赴宴，所以我自己在家里吃了顿平静的午饭。饭后，当我回到英王乔治五世号上后，很快就传来电话声。原来是皇帝陛下的命令："由于奥地利皇位继承人被谋杀，全体降半旗。同时在主桅上升起奥地利旗帜。"沃伦德将军和戈岑大使也立即从霍亨佐伦号上返回。两人神情凝重。大使尤其感到焦虑。我将我所收到的消息转告他们。大使先生眼含泪水，以至于我不得不向其询问，是否需要协助。他只是回答，自己与费迪南大公有着深厚友谊。

随后，戈岑建议沃伦德，他们两人应联名给爱德华·格雷爵士（译注：英国外交大臣）发一份电报。于是我退出房间。当沃伦德将军再次出现在甲板上时，他的表情更严肃了。他坦率地向我谈论了暗杀事件可能带来的后果，进而直接表达了自己的忧虑之情。这次事件意味着奥匈帝国与塞尔维亚的战争。俄国势必会被卷进来。而德国和法国也不会安于作壁上观。他没有谈到英国，但最后还是承认，这次事件将引发一场世界大战。在我于7月4日呈送的官方报告中，已将此次谈话做了完整记录。就在我与沃伦德将军谈话时，亨利王子来到军舰上。他已经获悉了一些暗杀事件的细节，所以前来与沃伦德将军与戈岑大使商议。

基尔周活动的氛围现在已被破坏殆尽。下午的招待会和舞会都被取消。只有帆船比赛照常进行。维多利亚·路易斯号邮轮也接到指示，将于第二天返回汉堡。这种令人压抑的气氛一直持续到战争爆发。这天下午，我获悉皇帝陛下将于明天早上离开。

6月29日，星期一。早上，沃伦德中将和古德诺夫准将，带着他们的参谋人员，以及我和凯尔哈恩上尉，一起上岸。我们与许多高级军官一起，聚集在码头岸边。就在皇帝陛下现身之前，凯瑟琳皇后首先出现了。她是乘坐汽车从古恩霍茨（Grünholz）赶来的，即将陪同皇帝前往维也纳。皇后陛下脸色很差，似乎刚刚哭泣过。此刻正好是皇帝陛下的午餐时间。他却和他的随从们走开了。他已经收到了来自各方面的报告，显得脸色很差。皇帝陛下先是与沃伦德中将和古德诺夫准将交谈了几分钟，随后又与戈岑大使做了长时间交谈。然后，与他谈话的还有美国人阿莫尔先生、明斯特亲王、英格诺尔上将，以及其他一些人。我们一直把皇帝和皇后陛下送到了火车站。当火车出发时，现场只有沉默的空气。甚至连许多身处车站的老百姓，都能觉察出这一点。

随后，沃伦德将军出席了施罗特上尉的葬礼，也就是因飞艇坠毁而死亡的那位。接下来是在英王乔治五世号上举行的官方午餐会。应邀出席的只有德国海军将领及其夫人们。而且由于舰上空间有限，邀请的人也不可能很多。不过，提尔疲茨上将、英格诺尔上将，以及科尔帕尔上将都在受邀名单上。这是一个十分简单的午餐会。食物都很普通。唯独酒水还是很不错的。饭后，沃伦德将军邀请德国同行们参观这艘战列舰。但提尔疲茨将军和科尔帕尔将军都予以婉拒。只有充满好奇心的英格诺尔接受了邀请。随后，我就陪着这两位将军仔细参观了舰上的装备345毫米口径主炮的炮塔。并且，炮塔指挥官戈尔迪中校还为我们演示了炮塔运作的全过程。

下午，我陪同沃伦德将军乘车前往造船厂下属的一家疗养院。这里是一个为水兵们提供身体检查和疗养的地方。现在里面既有德国水手，也有英国水兵。当将军步入房间时，里面的人立刻自发的起立，以跺脚的方式欢迎他的到来。由此响起的雷鸣般的跺脚声，给我留下了深刻印象。将军迅速站到了一张桌子上——其动作犹如少年般敏捷——然后发表了一番热情洋溢的关于英德两国友谊的讲话。

当讲话结束时，德国听众们报以三声欢呼声。随后，莫夫少将也爬到桌子上，发表了一通演讲，以示答谢。当他演讲结束时，英国听众们同样报以三声欢呼声。沃伦德中将向莫夫少将伸出手。两只手紧紧握在一起。对于这戏剧性的一幕，英德两国的水兵们再次以一遍又一遍的跺脚声作为回答。

私下里，沃伦德将军也曾数次与我谈论，未来的英德之间的海上战争的模式。我对这个话题当然有着浓厚兴趣。此前，一些德国海军军官曾撰文指出，英国人的注意力已经转向斯卡帕湾，并打算将这里建成一个新的海军基地，用于对德国濒临北海的港口实施远程封锁。针对这个问题，沃伦德将军的评论是："将斯卡帕湾作为海军基地，完全是因德国而起。"

关于潜艇问题，英国海军中将帕西·斯科特曾经断言，潜艇的出现意味着英国已丧失制海权。此种观点甚至为他赢得了"潜艇"这个外号。沃伦德将军及其手下的参谋人员，经常对此论调报以嘲笑的态度。但是即便是他们，也承认，潜艇的确对于海战的基本战略形势构成了冲击。传统的战略已经被彻底改变，只有远程封锁才是可行的战略。

29 日晚上，帝国游艇俱乐部举办了一次官方性质的晚宴。这次晚会出席者人数较多。除了大量的游艇船主以外，还有许多海军军官。晚宴开始之前，首先是向在这次帆船比赛中胜出的选手颁发奖牌，具体由亨利王子代表皇帝陛下出席并颁发。在这里，发生了令我永生难忘的一幕。当时，沃伦德将军以冷峻的目光，观察着现场的每一位年轻军官，似乎想以此对他们的个性有更多认识。英国人总是竭尽所能了解这些人的情况。

出席晚宴的还有许多社会名流，包括冯·戈尔茨元帅、克虏伯公司的董事长，以及其他国家派驻德国的海军武官等等。当晚，我度过了在英王乔治五世号上的最后一个夜晚。

6 月 30 日，英国舰队按计划起航。我对这一时刻怀有巨大兴趣，但还是为目睹这个时刻的到来而遗憾。

斯陶福德上校和巴克斯通上尉已经与我成为好朋友。应他们的要求，我将我的照片给了他们，留作纪念。他们也将他们的照片送给了我。此外，我还送给他们一些德国产的上好的白葡萄酒。等他们回到英国以后，就给我准备了一个精美的银质墨水瓶，作为回礼。这份礼物在 7 月 30 号才寄出。直至 8 月底，才通过德国海军部的渠道，送到我手中。

终于到了说再见的时刻。沃伦德将军同样把他的照片给了我。此外，他还送我一个精致的领带夹，上面镶嵌着一颗璀璨夺目的红宝石。这份贵重的礼物只在我手里停留了很短的时间。因为在8月份，我将它交给了红十字会。

当船只起锚时，也就是我离开的时刻。我怀着巨大的感激之情，与所有人道别。在此后的战争中，英国人对我们做了许多坏事，以至于任何一个有自尊心和荣誉感的德国人，都不会与英国人保持友谊。因为"要求我们的皇帝陛下承认战败投降"这个事实，已经在我们两国间制造出了一条无法逾越的鸿沟。但是我必须承认，我永远不会忘记，沃伦德将军对我展现出的慈父般的情谊。

我走下舷梯，登上小艇，目送着英国舰队高速驶出港口。港内德国舰船的桅杆上纷纷挂出信号旗："祝旅途愉快！"而当英国舰队抵达开阔海域后，沃伦德将军用无线电回应了这份道别之情。电文很简单："过去是朋友！永远是朋友！"

→ 斯卡格拉克战役 ←

我的初次战斗

1914年12月15日，我第一次亲眼见证了英德舰队之间的交战。当天，我们的战列巡洋舰炮击了一座英国要塞港口斯卡伯勒。当时我正身处一艘战列舰上，只能无奈地对汉堡号巡洋舰在黎明时击沉一艘驱逐舰的战果，表示满意。差不多就在同一时间，我们遇到了在基尔周期间结识的老朋友。尽管基于明显的原因，此事迄今一直未公开。

伴随我军战列巡洋舰行动的轻型巡洋舰，原本也打算以火炮轰击岸基目标。不幸的是，天气和海况恶劣，使得轻型巡洋舰难以投入战斗。战列巡洋舰部队指挥官希佩尔海军中将，于是决定将这些轻型巡洋舰打发回到后方的主力舰队。执行此命令意味着需要冒巨大的风险。因为在返回途中，这些轻型巡洋舰有可能会遭遇到敌方的优势兵力。事实上，这些轻型巡洋舰的确在半道上遭遇了一个英国轻型巡洋舰中队。这支部队很可能就是古德诺夫准将旗下的部队。由于海上浓雾弥漫，双方都是突然发现对方。此时彼此已经靠得很近。英国舰船上的探照灯发出莫尔斯码的身份识别信号。此信号由两个字母组成。

德国军舰手足无措，只能猜测着，找了两个字母，也用莫尔斯码作为回应。

英国人最后还是识破了我军的身份，立即开火，随后也遭到我军的反击。然而狂暴的大海使得双方的射击完全归于无效。猛烈的海风很快令双方失去了目视接触。

然而没过多久，我军的 6 艘轻型巡洋舰冲到了由 8 艘无畏级战列舰组成的英国第 2 战列舰中队面前。它的指挥官正是沃伦德中将。我军反应敏捷，立刻用刚才从古德诺夫那里获得的莫尔斯码发出识别信号。考虑到英王乔治五世号上那恐怖的 345 毫米巨炮，若非欺骗成功，绝难挽救我们的轻型巡洋舰。这两支舰队只是短暂地看了对方一会儿。暴风雨很快又将他们隔开。在经历了这些惊心动魄的逃脱过程之后，这些轻型巡洋舰最终与我们的战列舰部队成功汇合。我猜想，当沃伦德将军和他的参谋巴克斯通上尉最终得知真相时，那副表情一定显得有些愚蠢。

没过多久，沃伦德将军卸任第 2 战列舰中队指挥官的职务，转而到岸上服役。我不太清楚，这次调职是否与他放跑了我军的轻型巡洋舰有关。而这竟是他唯一的一次赢得胜利的机会。1916 年，我从一则英国情报部门的无线电通讯中获悉，沃伦德将军在指挥一个海军基地期间，逝世。

德国战列巡洋舰对英国海岸的下一次炮击行动，是在 1916 年 4 月 25 日。这一次，我身处德国最强大的战列巡洋舰德弗林格号上。作为该舰的第一枪炮官，我的职责就是将大炮对准洛斯托夫特和大雅茅斯的港口。

一旦我军的炮击行动开始，2 艘英军的小型巡洋舰就带着大约 20 艘驱逐舰，从洛斯托夫特港内冲了出来。双方舰队之间的交战很快就开始了。对港口的炮击只能暂停。很快，一艘巡洋舰就被打得起火，另有 2 艘驱逐舰被击沉。我们本可以轻易地击沉更多的敌舰。然而不幸的是，交战只持续了几分钟就中断了。因为部署在我们南部侧翼的巡洋舰传来报告称，一支强大的敌军舰队正在赶来。但是这份报告很快就被证明是错误的。在我们将要返航之际，还有一架英军飞机赶来助阵。但它遭到了我军高射炮火的猛烈攻击。随后从英国报纸上传来的消息显示，飞行员身受重伤，但还是及时抵达海岸并安全降落。对于这样的战果，我们很难说有多满意。

这种对英国海岸目标的小规模突袭，其意义仅限于增进我们的作战经验。

但我永远都会记得我们从黎明时分的蒙蒙灰雾中看到英国海岸线的那一刻。我们还能清楚地辨识出洛斯托夫特和大雅茅斯的港口的细节，看清楚炮弹落下时掀起的火光。在威斯巴登号巡洋舰上服役的高夫·福克，在其日记中记载了此次作战行动。在后来的斯卡格拉克战役中，此人随舰战殁。他的日记后来结集出版。书的名字叫作《北海》。其中关于此次作战行动，他有着诗意般的描述：

"时至中午，我们扬帆待发。全体船员都已获悉，我们即将对英国海岸实施突袭。这是我们迎来的又一个庄严时刻。这是一支威武的舰队，代表了一个世界强国与死神的殊死搏斗。在这场斗争中，我们只是一群诱饵，负责将猎物引出。而真正的猎手则是诸如吕佐、塞德利茨和德弗林格。甚至巨大的灰色鱼雷艇，也只是这些巨舰的猎犬。要当心！约翰牛！要当心！德国人的愤怒与彪悍，都将降临到你们的头上。"

"脚下的战舰在轰鸣。向外眺望，目光所及之处皆是德国的战舰，如同满腔怒火的猎人与猎犬。在我们的前方，大海似乎变得更蓝，浪涌似乎变得更高，甚至浪花都变得更白。多少波涛被我们抛诸脑后。"

"天色渐晚！我们一头扎进冷酷的黑暗之中。头顶的星光隐约可见。不多久，前方射出了一束探照灯的光芒。驱逐舰几乎难以辨识，但是它们身后留下的白色舰迹出卖了自己。"

"所有的船只都变成了喷发着的火山。一个愤怒的巨人正在发泄它的怒火。所有古老的神祇都前来为我们助阵。这里是诸神的黄昏中的瓦尔哈拉神殿！"

这本日记中接下来的部分，则是关于斯卡格拉克战役的诗歌。

海战的炮术原则

对洛斯托夫特港的炮击行动使我获益良多，对我在后来的斯卡格拉克战役中的表现颇有帮助。在这次炮击行动中，我军的武器出现了一些故障。炮手们的表现也有需要改进之处。这些经验教训再次说明，只有令枪炮机械保持最佳状态，才能在战斗中有完美表现。枪炮军官的职责就在于，将手下的人员和装备的作战效能发挥到极致。为此必须不厌其烦地教导官兵们操作这些复杂机械的技巧，特别是炮塔和弹药库内的各种液压和机械装置。只有令这些装备保持最佳状态，才能在战斗中快速装填弹药，进而实现快速射击。

要想实现这个目标，就必须对所有设备做到每日检查。如果有任何瑕疵，必须及时修正。这当然是极为费力的事情。所以在此，我必须对德弗林格号上那些永远不知疲倦的军人们表示特别的感激之情。其中首推 9 名士官和 20 余名水兵，表现得最为出色。此外还有需要特别提到的我的助手瓦尔德泽克准尉。他以"精灵"的绰号享誉全舰。因为他总是能在别人想到要做某事之前，就已经把这件事办得妥妥帖帖。所以他对我的工作有很大助益。在斯卡格拉克战役中，德弗林格号上的军械武备没有出现一起故障。这不是因为敌人的炮火不给力，而是因为我们在一刻不停地使用和照看着这些装备。要知道，这艘战列巡洋舰上的各种军械总价值高达 800 万马克，而且在战争期间又追加了数十万马克的新装备。操作和运用这些装备绝对是一件极为复杂的事情。

在船体的前舰楼和尾部甲板上，分别安装着两座巨大的双联装炮塔。每个炮塔装备了两门 305 毫米巨炮。这四座炮塔构成了全舰的主要火力。从前往后，它们被分别命名为"安娜"、"贝莎"、"恺撒"和"多拉"。按照编制，每一个炮塔应由一名少校或者上尉军衔的军官指挥。但是由于人手短缺，尾部的"多拉"炮塔只能暂时交给一名准尉指挥。"贝莎"炮塔的指挥官舒尔茨伯格上尉在水兵中颇孚人望，所以这座炮塔也被很多人称为"舒尔茨伯格"。

德弗林格号的副炮组包括 14 门 150 毫米速射跑。左右两舷各安装 7 门。每门炮都被安装在独立的，受到良好的装甲防护的炮台里。最后，舰上还有 4 门 88 毫米高射炮。舰上也曾拥有一些其他的火炮，但是早已被拆卸下来，用于装备扫雷艇和身处波罗的海上的商船。

为这些火炮准备的炮弹，分别存放于舰上的 50 个弹药库里。为了抵御鱼雷的威胁，所有弹药库的纵向舱壁全部采用高强度的镍质合金钢板。

德弗林格号上总共有约 1400 名船员。其中枪炮部门占了相当比例。在我的麾下，有 3 名少校、3 名上尉、4 名中尉、4 名少尉候补军官、6 名准尉军官，以及 750 名士官和水兵。作为舰上的第一枪炮官，理论上我需要指挥所有火炮。但是在实战中，我通常仅负责主炮的瞄准射击工作。副炮和高射炮的指挥工作通常交由我手下的两名军官负责。我只需要提出一些概略性的指示即可。

如果读者希望了解这些大炮在斯卡格拉克战役中的具体表现，那么他就必须要理解这样一个过程，即炮弹究竟是如何从一艘船上射出的。要知道，这艘船正在大海上破浪驰骋。汹涌的波涛令舰体不断出现横向和纵向摇摆。而军舰的航向和速度又始终处于变化状态。在这样的状态下，大炮还必须随时指向任何方向。他还必须搞明白，怎样才能将炮弹射向20000米以外的目标，不仅要命中，还得确保摧毁。而且，他还必须牢记，敌人此刻也在做着同样疯狂的事情。与我们一样，他们也要承受舰体的摇摆，通过反复调整航向来躲避致命的弹雨。

所以为了令读者真正理解斯卡格拉克战役的过程，我将对德弗林格号战列巡洋舰上的武器装备做一番简介。这些武器同样装备于所有现代化的战舰上。所以只有通过这番简介，才能真正理解一场海战。

首先是用于指示火炮方向的控制系统，即所谓的"火控"概念。这套装置安装于一个周身被装甲包裹的舱室内。这个舱室位于指挥塔的后方。指挥塔是舰长所在位置。在导航军官和信号军官的协助下，舰长就在指挥塔指挥全舰的作战行动。而我就会待在火控舱室内。这里除了我本人以外，还有三名操纵副炮的军官；一名中尉带领两名水兵负责测距；三名负责操作仪器的士官；此外还有五人负责命令传输工作。在我们站立处的下方，还有六名信息传递员。他们与我们仅隔着一层铁质栅格。在这些信息传递员下方的舱室，还有一支预备队，包括一名士官、两名信息传输员和一名负责维修军械的技师。

在我所身处的前部火控室内，至少有33人，所以显得很拥挤。但是我们对这个舱室还是很满意的。它被350毫米厚的镍质合金钢所保护，足以经受住最残酷的战斗考验。即便是一门305毫米口径的大炮在近距离的轰击，也不可能击穿这么厚的装甲带。当然，炮弹爆炸产生的冲击波肯定会波及我们，使我们产生强烈的相互碰撞，就好像整个身体都将被扔到甲板上。但是最终，除了一些轻微伤痕以外，所有人都安然无恙。

实战中，除了前部火控室以外，舰上还有两处火控舱室。首先是后部火控室。那里由第二枪炮官负责。他是我的后备。其次就是前桅杆顶部的舱室。这里距离海平面35米高，人称"拥挤的鸟巢"。这个受到装甲保护的"鸟巢"的确很拥挤。里面至少有两名军官，分别作为主炮和副炮的观测人员。他们的助手包括至少一名准尉军官和两名信息传输人员。这里的人们的首要职责就是通过望远镜，观察炮弹溅落掀起的水柱的位置，然后通过耳机送话器将相关信息报告给我们枪炮军官。

仅就枪炮部门而言，除了火控室以外，最重要的部门就是信息传输站了。全船有两个这样的舱室，全都位于吃水线以下的船体底部。这里受到装甲带和船舷燃料舱的双重保护，足以抵御一切可能的危险。来自枪炮军官的命令，首先通过电话和传声筒传输到这里，然后再从这里通过一整套复杂的仪器设备，传送到各个炮塔。

当射击远程目标时，必须首先测定距离。为此，我们的军舰上装备了七台大型体视式测距仪（译注：作者并未指出这些测距仪的位置，推测应位于四座主炮塔后部，连同前后火控室和前桅顶部舱室）。有效工作距离可达20000米。这些测距仪是由位于耶拿的卡尔蔡司公司制造的。每台测距仪需两名操作人员。其中一人负责操作仪器；另一人则需读出距离参数，并将其输入到一台电动标示器中。由此产生的电子信号会传输到一台接收信号的仪器中。我们称这种仪器为"测距员传输手"。它可以接收所有七台测距仪传来的数据，然后自动计算平均值。在我所身处的前部火控室内，这台"测距员传输手"仪器就在我身旁，所以任何时候我都可以方便地读出经过计算之后的平均距离。一旦战斗开始，这个数值就会传递给所有枪炮部门军官。

枪炮军官一旦决定了他所要射击的敌舰，就会将潜望镜瞄准这艘船。读者可能会感到惊讶。但是在我们的军舰上的确是这样。枪炮军官和舰长都不再使用望远镜来观察敌人，而是使用类似于潜艇上的潜望镜。这么做有着很明显的好处。在战斗中，指挥塔和火控室表面细小的观察缝隙可以被装甲板完全遮蔽起来。而且使用潜望镜使得我们身处的位置更低。这些因素都有利于增强防护效能。

枪炮军官使用的潜望镜连接着一台标示器。这是一台极为精巧的仪器，对于控制全舰火力至关重要。因为它是潜望镜与全舰所有火炮之间的连接中枢。当枪炮军官旋转他的潜望镜以锁定目标时，舰上的火炮也能依赖此标示器，指向同一目标。要知道，其中一些火炮距离潜望镜所在位置有百米之遥。但是由此造成的误差可以被标示器自动修正，从而使得火炮准确的瞄准潜望镜指向的目标。所以，只要标示器工作稳定，所有火炮可以在无须目视观察敌人的情况下，将他们死死盯住。

战场上的情况瞬息万变。敌舰的距离可能或远或近。它可能在我们的右前方，也可能出现在我们的身后。舰船之间可能以紧密间距并排前行，也可能不断从友邻身旁擦肩而过。但这些都不要紧。只要潜望镜能够稳定工作，每一门火炮都能遵循其指示，将炮口指向目标。甚至当我们的战舰处于急转弯过程中，只要潜望镜不丢失目标，火炮也不会丢失目标。为此专门指派了一名士官。他的职责就是，根据枪炮军官下达的命令，操作潜望镜，始终对准敌人。基于明显的理由，在此我不便透露更多关于如何制造这些标示器方面的信息。我只能说，炮塔与潜望镜之间的联动当然不是简单的事情。在每个炮塔内部，有一台标示器负责显示所有关于目标距离和偏转角度的修正值。当炮塔开始转动时，有一台连接着炮塔的标示器会产生相应的电子信号。炮塔指挥官根据这些信号，对炮塔的转动做出轻微的调整和修正，以确保炮口指向正确的目标。

现在，我们知道大炮是如何瞄准敌人的了。下一步，我们来谈一谈如何测定目标的距离。距离参数决定了炮口的俯仰角度。当对阵双方的舰船在高速接近或者相互分离时，它们之间的距离始终处于变幻不定的状态。每分钟的变化值可达数百米。这就要求必须迅速瞄准目标。如果指望枪炮军官通过口头命令，传达数据，根本不足以满足需要。要想让大炮迅速确定俯仰角度，就必须使用另一套精密的标示器。

在信息传输站内安装了一种名为"俯仰信号机"的装置。当向其中输入俯仰数值之后，它就会产生相应的电子信号，传输至各个炮位。在那里，有一台标示器会将这些数值还原并显示。在每一门大炮的瞄准镜上，还配备了另一台标示器，以显示火炮俯仰的实际值。当两台标示器显示的数值相等，即意味着火炮调整到位。整个过程中，操作火炮的人员根本无须知道本舰与目标的实际距离。

"俯仰信号机"上有一个非常重要的装置，被称为"距离钟"。让我们假定，枪炮军官已经获得了计算结果。当前本舰与目标之间的距离每分钟缩短750米。枪炮军官遂下令"下降率750"。操作距离钟的人员于是将速度指针指向"下降7.5"的位置。这个数据随即也就被"俯仰信号机"获取，随后进一步传递给每一门大炮旁边的标示器。整个过程已无须再下达任何口头指令。

现在，无论是水平方位还是垂直角度，大炮的炮口都已经精确对准目标了。但是不可忘记，舰船此时仍在汹涌的波涛中摇晃，连带着炮口指向也会忽上忽下。这显然不符合射击要求。只有在平坦稳定的大地上，才能获得精确射击效果。而这在军舰上又是不可能的，所以必须设法对船体摇晃产生的影响做出补偿。这就要考验火炮瞄准手的能耐了。此人的职责就在于，在快速运动的舰船上，令火炮瞄准镜始终稳稳对准敌人。

这样的本领当然需要经年累月的练习。而我们的火炮瞄准人员也确实达到了很高的水平。我们在公海上训练的主要内容即为火炮射击训练。甚至当船只停泊在港口时，我们也能使用一些权宜之计，来模拟舰船摇晃时的状态，以加大训练力度。在港口内，军舰和大炮都是固定不动的。但是我们可以令充当目标的小船围绕着军舰，摇晃着做曲线运动，以模拟实战状态。

经过整整十年的艰苦试验，我们德国海军终于研发成功了一种精密仪器，以代替火炮瞄准手的工作。真是难以置信！我们真的做到了！这项成就堪称人类智力的一大胜利。它的优越之处在于，一旦瞄准镜对准敌人，已经装填完毕的火炮就可以自动射击。进而，这套装置还能将船只的摇摆状况计入考量范围。当船只摇摆速度较快时，火炮的发射速度也会较快。反之则较慢。要知道，当炮膛底部完成击发动作之后，炮弹还需要一段时间才能飞出炮口。而在此期间，它仍然受到船只摇摆的影响。所以根据船只的摇摆状况来确定火炮发射速度，是绝对必要的。任何人，只要他了解船只在海面上运动状况的复杂性，就会意识到，我们的技术专家，在研发这套装置时，面临着多么巨大的困难。

当然，这是题外话了。因为直至斯卡格拉克战役爆发时，我们还没有装备这套仪器。它只是在后来才被采用。在此，我之所以提及这套仪器，是希望充分展示德国海军关于海上射击技术所达到的高水准。

现在，我必须来谈一谈德弗林格号战列巡洋舰上的主炮，也就是安装在四座炮塔中的8门305毫米口径的大炮。首先让我们近距离观察一下炮塔。炮塔的基座上安放着两门305毫米口径大炮。外面包裹着厚重的装甲。这些部分都可以依靠电力驱动，旋转自如。与大炮紧挨着的，就是弹药提升装置。它也会随着大炮一起转动。在每门大炮身后，摆放着准备即将使用的炮弹。

通常情况下，数量不会超过 6 发。

我们有两种炮弹，穿甲弹和高爆弹。穿甲弹被涂成蓝黄相间的颜色。它由优质的镍质合金钢制造。但是与高爆弹相比，火药装填量有限。穿甲弹的目的是要击穿敌舰上厚厚的装甲板，然后在舰体内部爆炸。当然，与其强有力的穿透能力相比，其在内部的爆炸效能是很小的。

另一方面，高爆弹周身都被涂成黄色。弹体使用较薄的钢材制造，以最大限度地充填火药。高爆弹不能穿透装甲板，但是对于轻质装甲防护的目标或者根本无装甲防护的目标，都具有巨大的杀伤力。

炮弹所使用的发射药存放于由黄铜制造的容器中。这是一个直径 305 毫米的火药桶，看上去就像射击比赛中所使用的枪弹，只是体型特别巨大。如此巨大的铜质容器当然既沉重又昂贵，而且还难以搬运。虽然有这些缺点，我们德国海军仍然坚持使用它们，甚至在安装了更大口径的主炮的炮塔内，也是如此。因为正如斯卡格拉克战役中所展现的那样，这些火药桶使我们免遭灭顶之灾。而我们已经看见，这种灾难性的命运降临到了不倦号、玛丽女王号、无敌号，以及其他装甲巡洋舰的身上。

当然，当使用大口径火炮射击时，我们也不可能将所有的推进火药全部塞进黄铜药桶中。所以除了被命名为"主装药"的黄铜药桶以外，我们也有被称为"辅助装药"的发射药。它们被存放于双层包装的丝织袋中。这样的包装当然更容易引起火灾。但是在我们的敌人那里，所有的火药都是装在这种丝织袋中的。此外，无论是主装药还是辅助装药，只要暂时还没有被从弹药库里拉出来，装入弹药提升装置中，就会被严密封装于一个薄壳的容器中，以减少遭遇火灾的危险。相比之下，英国人总是把他们的弹药堆放在一起。这显然是一个弱点。整个战争期间，由一次单一的爆炸导致全船覆灭的事件，在德国海军中只发生过两次，即斯卡格拉克战役中波墨恩号战列舰的爆炸和此前阿尔伯特亲王号巡洋舰在波罗的海发生的爆炸。这两次灾难都是由于遭到鱼雷命中引发。

对我们而言，存放于军舰上的这些火药当然极具危险性。所以为了避免发生悲剧，必须严格遵循条令。任何时候，每门火炮身旁只允许摆放一个主装药和一个辅助装药。此条令不仅适用于炮塔内部，也同样在炮塔下方的各层舱室得到执行。

炮塔本身大体可以分为上下两层。上层部分可以旋转。而下层固定不动的部分穿透了数层甲板，直接安装于军舰的装甲甲板上。所以在炮塔内部，根据不同层面的甲板，划分出了许多不同的舱室，大体包括五个部分。首先是被置于最下层甲板两个弹药库，分别存放弹丸和发射药。它们通过一台弹药提升装置与外界相连。提升出来的弹药被置于转运舱室，再从这里通过另一段提升设备运往安放大炮的平台。此外还有一间电源控制室。如此复杂的安排要求整个炮塔内需要 70 至 80 名官兵操纵。

我们没有直通式的弹药提升装置，无法把弹药从底层弹药库直接送到火炮平台上来，所以才需要转运舱室中途中转一下。如此安排当然会使得运输弹药的时间延长。但另一方面，每门跑所需的主装药和辅助装药可以同步运输。

鉴于转运舱室内总是存放着少量弹药，这意味着这里——而非下面的弹药库——才是火炮射击时直接的供给来源。向火炮供应弹药的最重要因素是时间。这就涉及上端的弹药提升装置从转运舱室中提升弹药的问题。这段时间占据了弹药从底层弹药库送往火炮平台的时间总量的一半。

如果全舰所有主炮实施齐射，我们可以轻松实现每 30 秒发射一次的速度。所以具体到每座炮塔，就可以达到每 15 秒发射一发炮弹的速度。即便这座炮塔仅使用其中的一门火炮射击，速度也不会下降。在斯卡格拉克战役中，我每 20 秒打一次齐射。每次齐射时，每座炮塔发射一颗炮弹。也就是说，一次齐射就有四门火炮参与。这样的射速对我们仍然较为宽裕，但是对于那些老式军舰而言，是不可能的。因为它们无法持续以较快的速度从弹药库中提取出弹药。

弹药转运舱室与火炮平台之间，靠一部以液压驱动的弹药提升装置连接在一起。而在电源控制室里，则有一个控制面板，用于控制炮塔内所有电力驱动的机械。要知道，弹药库通往转运舱室的提升装置，就是依靠电力驱动的。一颗 305 毫米口径的炮弹重达 400 千克。即便是一个发射药也重达 150 千克。

整个炮塔的人员构成为：一名充当指挥官的少校或者上尉级军官；75 名士兵；以及一名负责维护炮塔的工程师。具体分布如下：在火炮平台上有 4 名士官和 20 名水兵，以及一些信息传输人员和测距人员；在转运舱室内有 1 名士官和 12 名水兵；电源控制室由 1 名准尉军官坐镇，手下有 3 名隶属于军械部门的士兵。在存放弹丸的弹药库里有 1 名士官和 18 名水兵；在存放药桶的弹药库里则有 1 名士官和 14 名水兵。此外，还应有 12 名后备人员，用于随时填补因故离开的人员造成的岗位空缺。所以，如果不算上总共 25 名信息传输人员的话，全部四座主炮塔内的官兵总数约为 350 人。

关于 150 毫米副炮的情况，就要简单得多。每门炮配备 10 名炮手。他们全部位于炮台内，手动操作火炮。再加上每座弹药库里的 4 到 5 名成员，每个炮组需要大约 15 人。那么全舰副炮占用的总人数约为 210 人。当然，这个数字同样没有把 20 名信息传输人员计算在内。

至此，我对于舰上火炮军械的冗长叙述恐怕早已经引起读者的不满了。因此我将暂时中止这个话题。当我在下文中再次提及关于斯卡格拉克战役中的炮战情况时，我将不得不顺带的再介绍一些关于火控方面的精密仪器装备。因为在激烈的海上战斗中，敌我双方的舰船都会高速航行，且持续改变航向，由此涉及大量且持续的计算问题。所以这些仪器的作用就在于减轻火控军官在这方面的压力。

如前所述，对洛斯托夫特和大雅茅斯的攻击并不令我们满意。此次战斗之后，我热切希望，我们的德弗林格号战列巡洋舰能够与英国海军中最优秀的战列巡洋舰一较高下。日复一日，这个想法始终萦绕在我的脑海里。作为舰队的前哨和侦察力量，德弗林格号一旦在战斗中与一艘英国战列巡洋舰遭遇，双方势必在极限速度下展开火炮对决。所以我反复思索应对之策。我完全能预见到，一旦战斗打响，敌人的每一轮齐射都将遭到同等的回敬；战斗将会急剧升温；敌我双方都清楚，这会是一场生死决斗。

在我的梦境里，我能听到英军的炮术军官将他的潜望镜瞄准我的船。我能听见他与我都在下达命令。仅仅"在两艘巨舰之间展开的泰坦对决"这个想法，就令我兴奋莫名，陶醉不已。这样一幅画面不断在我的脑海中闪现。我一贯将炮术射击训练视为一种体育竞赛活动，所以我总是竭尽全力，鼓舞起手下官兵的好胜心。在和平时期，这样的竞赛活动持续不断。陈旧的老式战舰锚泊在基尔湾内的浅海处充当靶船。而每一艘实施射击训练的战舰都竭尽所能，力求尽可能多的命中目标。在夜晚实施的针对驱逐舰目标的射击训练中，外形低矮的靶船都被涂成黑色，且被拖拽着航行。有很多次，整个中队的战舰同时进行训练。它们向一整队的靶船同时开火，为此必须分配目标，以确保每艘船都有自己所要针对的靶船。在炮术军官之间，当然也存在着激烈竞争。每个人都希望自己拥有最多的命中记录。但是当战争爆发后，这种体育竞赛精神大幅萎缩。我对它深为怀念。

现在，我梦想着一场更为宏大的体育竞赛。这样的竞赛是我先前难以想象的。我们与敌人面对面。双方手中握着同样的武器。胜利取决于我们拥有更坚强的神经、更精良的装备、以及更出色的表现。我是如此渴望进行这样一场战斗，以至于在我看来，其中所涉及的生命危险完全成为一个次要问题。此外，还必须看到，与已经取得辉煌战绩的陆军相比，我们的舰队似乎显得黯然失色。这是令舰队水兵深为沮丧之事。而这样一场战斗意味着，把当前的沮丧气氛一扫而空，令水兵们重振士气。

海战的战术原则

数天前，一名现役陆军上尉曾向我问道："海战中的舰队，是不是首先抛锚停泊，然后再以大炮互相对射，还是在整个战斗过程中一刻不停地处于运动中？"我不止一次的遇到这种事情。这说明，许多即便是受过良好军事教育的人，对于海战中的战术问题，完全是一窍不通。

我撰写此书的目的，可不仅仅是为了我昔日的战友们，而主要是为了面向德国的年轻人。他们当中的绝大多数人只能在一个缺乏航海氛围的环境中长大，对于海战更是一无所知。对此，难道我还能袖手旁观吗？

海战中的舰队当然不可能处于停泊状态。恰恰相反，每一艘参战军舰都会竭尽全力，把速度提升至极限，在海面上不断划出弧形。海战的形式与陆战的方法几乎没有什么共同之处，但是与大规模空战倒是有几分相似。也许未来的陆战形式将会向海战模式靠拢——成群结队的巨型重装甲坦克，在战场上高速驰骋，彼此互射。参战者门会小心翼翼地操作坦克，力图占据有利位置，进而达成战术优势，再使用大口径火炮和空中鱼雷向分布在远近各处的敌人开火，最终实现决定性胜利。

就一艘战舰而言，所谓"战斗速度"就是指最高速度。这源于一个简单的事实，即在开阔海域的战斗中，总是存在着某个有利战术的位置。率先抵达进而据守住这个位置的一方，将在战斗中占据优势。所以这样的位置就会成为兵家必争之地。要想正确判断出这个位置所在，就必须考虑多方面的因素，包括：风向、太阳位置、海况以及能见度。

这些因素对于战场态势的影响涵盖了多个方面。例如，如果我军大炮在射击后飘散出的浓烟久久不肯散去，又或者这些浓烟被吹向敌人一边，都会对我军的观察产生不利影响。又比如，如果太阳位于敌人的身后，阳光势必会令我军的观瞄人员感到目眩。处于光线中的敌舰身影也会变得难以辨认。再有，如果我们不得不在波涛汹涌的海面上战斗，巨浪掀起的浪花和泡沫也会波及火炮，进而影响观瞄人员和炮手的工作效率。最后，战场上的光线也是一个不可忽视的因素。因为能见度的变化会对战场观察产生极大的影响。如果走运，我们可以轻易看到敌人，同时自身却被包裹在黑暗当中，躲过敌人的视线。

这些考虑因素全都至关重要。但是除此之外，战舰本身所处的位置也是一个重要的战术因素。例如，一艘战舰发现有一艘敌舰正在以理想角度横穿过自己的舰艏前方，那么这艘敌舰就能够以全部侧舷火力对其开火。如果敌人是一艘现代化战舰，这就意味着它将使用全部的主炮和半数副炮。而这艘战舰只能使用一到两个炮塔的火炮还击。两舷的副炮和尾部主炮此刻都无能为力。英国人称此种态势为"T字横头"战术。每一艘战舰都会竭尽全力，使自己免于被敌人横穿舰艏的不利处境。

不只是单艘舰船，甚至整个舰队都可能会陷入"T字"阵的不利态势中。速度较快的战舰总是力求穿越敌方舰队的前端，然后以其猛烈的炮火迫使敌人后撤。对处境被动的一方而言，此时如果其舰队阵列中的先导舰，因遭到拦截被迫改变方向，其身后的整个纵队也将逐渐转向。而且各舰的转向半径会越来越小，以至于最后整个舰队会发现自己已经乱成一团。

当然，只有两种情况才可能导致这种灾难性的局面：要么这支舰队的速度较慢；要么这支舰队受到了奇袭，敌人突然出现在其前方。在斯卡格拉克战役中，这两种情况都让我们碰上了。敌方舰队围绕着我们排成了一个半圆弧形。而我们就直接插入了这个圆弧的中心，以至于遭到整个敌方舰队射来的凶猛火力。幸亏我们及时摆脱了这个不利处境，否则很快就会面临全军覆

■ 前进中的军舰

■ 测距人员

没的下场。

现在，请允许我对舰队作战队形稍作解释。首先是"纵队"，即所有舰船首尾相连，排列成一条线。其次是"横队"，即所有舰船横向排列，彼此相邻。最后是将前两者结合起来，形成斜形队列。通常情况下，舰队以纵队形式排列。战斗力最强的部队位于队列前端；战斗力最差的部队自然居于末尾。在这种情况下，战列巡洋舰总是走在战列舰的前方，因而也就成为整个纵队的先导。在战列巡洋舰的前方，轻型巡洋舰会作为侦察兵力散布开来。舰队的航速维持在 15 至 17 节之间。但是所有军舰的蒸汽锅炉都处于满负荷运转状态，以便一旦遭遇敌情，可以立即加速。

现在我们来考虑一下，如果一支舰队——通过它的轻型巡洋舰的侦察——已经对于敌方舰队的位置有了大致判断，那么这支舰队应该如何应对，以使自己免遭被敌人跨越"T 字"横头的遭遇呢？应对此问题有一个简单原则。首先应根据当前所获取的情报，判断敌方舰队的中心位置，进而令我方舰队向这个中心点高速前进。在此过程中，我方舰队将排列成横队形式。或者如果舰船较多，则以多个较短的纵队排列成一个横队。此时每个纵队的舰船数量不超过四艘。在这个横队中，处于横队中间位置的舰船将瞄准敌方舰队的中心位置，亦即以中心对中心。一旦我们获得确切情报，弄明白敌人究竟是在我们的左舷还是右舷方位，当前处于横队阵列中的所有舰船，将集体转向至与敌人的平行航向，从而重新构成一条纵队阵列。而我们战列巡洋舰将以最高速度冲向敌方纵队的前方。无论是对敌人实施包围，抑或参与到正面战斗中，我们这支快速舰队都将拥有巨大优势。

在交战过程中，如果双方距离缩短至 10000 米以下，那么速度较快的一方还将在运用鱼雷时占据优势。假定现在交战双方航向平行，速度较快的一方势必走在速度较慢的一方的侧翼前方。此时，前者就处于有利的鱼雷射击位置。其所发射的鱼雷会迎着正在行驶而来的舰船冲去。而后者发射的鱼雷，势必要追赶前方正在前行的敌舰。困难要大得多。

因为，假定交战双方的鱼雷射程都是 10000 米，走在前方的舰船可以在距离目标 12000 米处就能向斜后方的敌舰发射鱼雷。而后者，起码要等到距离目标 8000 米时才能向前方远处的目标发射鱼雷。当然，英国人深知我们的鱼雷的厉害，总是尽力与我们保持距离。而由于英国舰船的航速普遍比德国舰船要快，所以他们也总是能够做到这一点。

风向、海况，以及太阳角度等因素，同样会对于战场上的观察产生重要影响。所以在这方面，快速战舰同样拥有优势。在斯卡格拉克战役中，英国舰队一旦发现风向或者能见度于己不利，就会利用其速度优势迅速改善自己的处境。

至此，我已经对读者所需了解的海军战术做了充分阐释。这些战术原则对于读者正确理解斯卡格拉克战役——也就是英国人所称之为的日德兰海战——是绝对必要的。

个人回忆录的历史价值

当一个人坐下来，回顾自己的战争经历时，有两种方法可供他选择。首先，尽管这个人的亲身经历中包含着丰富的细节，但依然可能令读者或者听众感到乏味疲倦。而此人又从别处听闻到许多二手资料。其中许多都已经过了浪漫主义的美化。于是，他决定将他自己的经历和这些道听途说糅合到一起，令整个故事尽可能完整。但这也意味着，他的经历已经被涂抹上了一层鲜艳色彩，变得不再绝对真实。另一种方法则是，陈述者紧紧围绕自己的经历，只谈论自己所看见和经历的事情。尽管与一个宏大的战役相比，他的叙述很可能显得平庸而琐碎。但这样一位陈述者必定深知，自己言辞中——哪怕最微小的部分——所承载着历史责任。这也正是我用以叙述斯卡格拉克战役的方法。

对洛斯托夫特港的炮击行动结束之后，我们立即意识到，要想通过诸多参战者的所撰写的报告来重新回顾这次行动的整个过程，几乎是不可能的。一旦战斗打响，德国海军中的每个人都会竭尽全力投入战斗，以至于没有记录和保存炮术日志的习惯。所以在战斗结束后，我根本不可能认真总结炮击行动中所涉及的开火距离、方位以及射击目标等问题。特别是，当敌方巡洋舰和驱逐舰出现在战场上以后，这些敌舰究竟是在我们的东边还是西边？对此问题，大家明显意见不一。在参战者所提交的诸多报告中，充斥着相互冲突的观点。

于是我决定，在今后的作战行动中，所有涉及炮术射击和观察方面的事宜——特别是相关命令，都应做好详细记录。尤其是，我特别指派了一名可靠的士官，专门负责此项工作。他的岗位就在信息传输站内，负责将我所下达的所有命令记录在案，形成一本炮术日志。

作战时，这名士官会戴上一个耳机送话器。通过这个设备，他既能听到我与位于前桅顶部"鸟巢"里的观测军官之间的通话，也能听到我与位于信息传输站内的负责操作"距离钟"的准尉军官之间的通话。除了记录我下达的命令以外，此人还必须记录主炮每次齐射时所指向的方位角和主炮仰角数据（也就是与目标距离数据）。方位角度以舰艏方向为 0 度，顺时针旋转一圈共 360 度。也就是说，当炮塔右转至与舰体垂直时为 90 度。当指向舰体尾部时为 180 度。当左转至与舰体垂直时为 270 度。信息传输站内安装有一台电动仪器，能够随时精确显示所有炮塔此时的转动角度。对于我所下达的所有命令，以及每次主炮射击的所有相关数据，这名士官必须在 10 秒钟内做好记录工作。

每次作战行动之前，导航军官都会准备好相关的海图。再加上罗盘导航所具有的高精度特性，以及信息传输站内详细的炮术日志，这些有利因素将极大地方便我在战斗结束后的经验总结。通过火炮射击时的方位和距离数据，再结合海图坐标，我能够轻易标绘出，敌人在战斗过程中的任何时候，它所身处的精确位置。正是在针对洛斯托夫特炮击行动结束之后，我建立了这一整套记录和保存炮术日志的系统。此外，这个日志还会记录来自其他部门的报告，例如来自各个炮塔的报告，又或者是来自操控副炮的信息传输站的报告。最后，根据我的要求，位于"恺撒"和"多拉"炮塔前方的后部火控室也会记录所有重要事宜。这里是第二枪炮官和第四枪炮官所处岗位。前者是我的副手；后者是第三枪炮官的副手。

事实证明，我反复强调要保存下来的炮术日志，的确具有巨大价值。在整个斯卡格拉克战役期间，这些日志的记录极为详尽，以至于我可以查阅到我所射出的每一发炮弹的具体情况。如果再配合一张精确的标有敌舰方位的海图，那么我就可以较为容易地判断出我所打出的每一轮齐射，究竟是命中还是近失弹。我本人的战斗报告也正是以这些日志为基础撰写的。直到现在，这些记录仍然保存在我的手中，其中一部分分散在我的日记和家信中。不幸的是，"恺撒"和"多拉"炮塔在战斗中被击毁。里面的炮术日志也一并损失。1917 年

6月9日出版的一份英文杂志《旁观者》中有一篇文章，里面详细探讨了关于海战的官方和私人记录的价值，特别是在斯卡格拉克海战中这些记录的价值。

这篇文章的作者班尼特·克普里斯认为，尽管这些记录会不可避免地受到战时出版审查制度的影响，但是它们仍然具有很高的价值。这些记录的撰写者们，在描述自己的战争经历时，都应该遵循一项原则，即他们必须确保自己所阐述内容的准确性。我相信，为了搞清楚斯卡格拉克战役的过程，克普里斯先生一定对英德双方的记录做了严谨的收集整理工作。当然，在此过程中，他也不可避免地带着英国人的有色眼镜。但此人还是向我们展示了关于这场战役许多先前不为人知的一面，特别是关于英国战列巡洋舰部队指挥官贝蒂中将的指挥决策过程。贝蒂将军充分利用了己方舰船在速度方面的优势，做了一次漂亮的侧翼迁回。班尼特·克普里斯的这篇文章原计划于1917年刊登在德国的新闻媒体上，但是被新闻审查官所禁止。在此，我仅引用这篇文章的部分章节。

"关于此次海战，德国方面已经出版了官方报告。此外也已经出现了私人的撰述。忽视这些信息将是一个巨大的错误。即便德国人满口谎言，这些文章仍具有价值，因为它们暴露了敌人的心态。德国人在信息交流方面展现出很高的水准。例如，冯·斯佩伯爵关于克罗内尔海战的信件，以一种几乎中立的态度展现出一名绅士军人的勇气与荣誉感。由他的手下完成的关于克罗内尔海战和福克兰海战的报告，其水准不在同样参与了这些海战的英国军人所撰写的报告之下。在这些海战中，几乎不可能有人会细致地了解到整个过程，很多人更倾向于他们所看到的。但是当把所有的目击报告放在一起，它们之间的混乱与矛盾马上就会暴露无遗。显然，每个人的视角不同，其所见也不同。无论是在英国还是在德国，关于此次战役的官方报告都汇聚了大量的个人观察记录。在经过基于政治和军事理由的审查和裁切之后，这些记录终于可以面世。通过对比双方报告中的相互矛盾冲突之处，我们就可以看清英国人和德国人各自所持的视角，以及双方对事实的歪曲之处。"

"在英国，撰写日德兰海战报告的人通常都是一些情绪低落者。在他们看来，英国海军原本有机会通过切断公海舰队与基地之间的退路，从而将其歼灭。但是关键时刻出现的低能见度使他们与胜利失之交臂。舍尔上将成功地利用的海雾和黑夜，将自己实力上稍逊一筹的舰队带回了基地。在大海的另一边，德国海军中负责撰写海战报告的人员，则是另一种心情。他们本以为自己已经濒临失败边缘，但最终被奇迹所拯救。所以无论是官方报告还是个人叙述，得意之情溢于言表。但是当德国人将斯卡格拉克战役称作是一场胜利时，他们的意思并非是指在军事上打败了英国舰队，而是指他们自己免于毁灭。毕竟，他们当时已经身陷绝境，只是在最后关头才成功脱身。"

"这就是德国人之所以庆祝斯卡格拉克战役胜利的原因。他们宣称，这场战役证实了一条古老的信条，即那些拥有强大攻击火力和防御能力的战舰，是海洋上的真正统治者。德国人声称，英德两国之间海军实力对比为二比一。他们也承认，英国人这场战役中的损失并不会动摇他们在实力上的优势。制海权仍然在英国人手中。德国人只是指出一个简单的实施，即他们在绝对优势的敌人面前成功逃脱。仅此而已。"

"关于此次战役的德国官方报告中，充斥着难以言表的解脱感和欣慰之情。在德国海军上尉施赫伯的描述中，同样的情绪昭然若揭。在日德兰海战时，他还是一艘战列巡洋舰上的中尉军官。他关于此次战役的亲历文章，曾被我逐字逐句的阅读，试图从那些希望取悦家乡父老的言辞中寻找到真实的信息。至少就某些方面而言，这些亲历者的叙述极为准确，但却有一个明显的错误：施赫伯接受了德国官方的说法，认为我们第 5 战列舰中队的全部 5 艘伊丽莎白女王级战列舰都参加了战斗，并且其中一艘厌战号被击沉。而我们现在都知道，由于伊丽莎白女王号战列舰缺阵，事实上只有 4 艘该级战列舰参战，且无一沉没。除了这一明显错误指望，施赫伯上尉和德国官方对于我方战舰的识别与其动向都有着较为准确的认识。迄今为止，我尚未弄清希佩尔麾下的 5 艘战列巡洋舰的具体名称。英国方面的资料对此语焉不详，理由是当时战场能见度太糟。相比之下的，德国人对我方战列巡洋舰和战列舰的确认是相当准确的。他们的观察和识别工作显然相当出色，但是对于所获得的这些情报的分析理解，却表现不佳。"

"与我们一样，德国人也把这场战役划分为四个阶段。首先是 6 艘英国战列巡洋舰对抗 5 艘德国战列巡洋舰。截止此阶段结束时，不倦号和玛丽女王号双双战沉。对此结论，英德双方记录都无异议。德国人绝对有理由为此战绩欢呼。随后进入海战的第二阶段。贝蒂冲到德国舰队的前面，向北狂奔而去。而在第一阶段战斗中因距离原因未能及时参战的第 5 战列舰中队，此时继续与德国舰队保持接触。该部队同时与德国的战列巡洋舰和战列舰交战。该中队的战斗成功拖住了德国人，使得已经脱身的贝蒂获得了重新组织和部署他的舰队的机会。英德双方对于此阶段战斗的描述颇多差异。"

"我们知道，贝蒂成功达成了他的诱敌任务，为杰里科的大舰队参战创造了条件。而在德国人看来，贝蒂的舰队已遭重创，遂远循而去，不会再有新的战斗发生。无论是施赫伯上尉的个人叙述，还是德国海军的官方报告，都持此种观点。这只能证明德国人对于海战的战略战术仍缺乏认识。"

"根据德国人的描述，海战的第三阶段是他们与整个英国大舰队的交战。当时战场能见度不良。海雾对交战双方都造成了不利影响，所以很难搞清楚当时究竟发生了什么。当时，英国舰队排列成一个半圆形。其中，贝蒂的战列巡洋舰在前；杰里科的大舰队居中；第 5 战列舰中队位居末位。他们已经对德国舰队构成包围之势。德国人故意对其转向南方的动作忽略不提，而是着重强调舍尔将军在面对优势敌人时始终强调要发动冲锋，并努力维持攻击态势。德国人声称，他们的战列巡洋舰和驱逐舰对英国舰队发动了两次成功的攻击，从而掩护了战列舰队的撤退。而当他们正准备发动第三次冲锋时，英国舰队消失不见了。所以德国人即便已做好冲锋准备，却无从把握冲锋的方向。"

"我们知道，舍尔是在极为紧要的关头撤出了他的主力舰队。我们也知道他对抗杰里科的方法：通过组织良好的鱼雷攻击，迫使我军与其保持距离，以至于很难持续观察其动向。从德国人透露出来的这些有限信息判断，他们并非如他们自己所说的那样，是在与整个英国大舰队交战，而只是一次在战列巡洋舰和驱逐舰掩护下的撤退行动。"

"在接下来的夜间混战中，交战双方的轻型巡洋舰和驱逐舰是如何丧失与敌人的接触的？英德双方的报告都不能解释这个问题。事实上，根本没有人能回答这个问题。因为在夜晚的战斗中，基本上每艘舰船，除了它自己以外，根本看不到别人。我们只能估计，德国人是在夜幕和水雷阵地的掩护下成功逃脱的。他们自己的叙述则是，'当清晨的第一缕阳光出现在东方天际，进而照亮了具有历史意义的 6 月 1 日的黎明。舰队里的每个人都期盼着这阳光将照亮英国舰队，进而引发一场新的大战。但这个希望破灭了。四周的海面上，凡目光所及之处，一片空荡。'显然，这样的言辞绝不可信。任何一个抱有不偏不倚态度的人，都会将这种希望重新开战的豪言壮语视为废话。一支实力仅及对手一半的舰队，是绝不可能在一个夏日的黎明，希望与敌人重新开战的。所以德国人的确有理由为当时空荡的海面感到庆幸。"

"我不打算进一步讨论交战双方的损失。我们自己的损失已经经由官方公告公布了。德国人也公布了他们的损失清单。但是人们坚信，德国人刻意缩小了他们的损失。这方面尚无进一步的情报证实。在一场海战中，观察和确认敌人的损伤是一件困难的事情。能见度不良的时候，问题还会雪上加霜。那些受伤的舰船会迅速脱离阵列，所以经常被理解为已经沉没。其实它们大多能蹒跚返回基地。所以到目前为止，我们还不能确认德国舰队在日德兰海战的确切损失情况。"

这篇刊登于《旁观者》杂志的文章，充分暴露出，要想对一场海战形成清晰认识，是多么的困难。历史学家们必须收集交战双方的材料，包括官方报告和私人记录。但是对英国人来说，鉴于他们在这场战役中算不上光彩出色的表现，他们绝不会有兴趣为后人留下一份关于这场战役细节的真实质朴的记录。那么，当我们德国海军已经崩溃之后，当我们现在拥有一个和平主义政府之后，我们德国人是否适合承担这项工作呢？我希望如此。与此同时，我相信，我们这些参与了两个白人国家——也是两个海权国家——之间殊死搏斗的亲历者，将把历史的真相传达给后人。

奔赴战场

1916 年 5 月 31 日凌晨 3 点，战列巡洋舰部队拔锚起航。此前，我们在杰德河口的碧玉锚地度过了一个美丽清爽的夜晚。现在，我们迎来了一个壮丽的黎明。太阳跃出水面，金色的光芒令整个公海舰队沐浴其中。这壮观的景象永远印刻在我的脑海里。

我们战列巡洋舰部队隶属于希佩尔中将指挥的侦察舰队，是整个公海舰队的骄傲，包括希佩尔将军的旗舰吕佐号、德弗林格号、塞德利茨号、毛奇号和冯德塔恩号。其中吕佐号和德弗林格号同属一个级别，都是在战争期间才完工。吕佐号直至两个月前才做好战斗准备，只参与了先前针对洛斯托夫特港的作战行动。而德弗林格号和剩下的战列巡洋舰几乎全程参与了先前所有的作战行动，包括炮击斯卡伯勒（1914年12月15日）、多格尔沙洲（1915年1月24日）和洛斯托夫特。所有战列巡洋舰上的官兵都是精挑细选出来的。他们士气高昂。在1916年5月31日这天，德弗林格号上总共有官兵1398人，基本达到齐装满员。在出海前一天，舰上部分官兵已接到调令，但是我们将他们暂时留了下来，以保障此次作战行动顺利进行。

德弗林格号的舰长是哈托格上校。大副费舍尔中校。导航军官约克中校。我麾下的枪炮军官包括：第二枪炮官兰普雷希特少校、第三枪炮官哈索少校、第四枪炮官梅伦廷少校；炮塔指挥官舒尔次堡少校、汉科上尉和波茨腾上尉。观测军官斯托施上尉和舒尔茨上尉。通讯军官霍施上尉。测距军官腓特烈上尉。鱼雷军官包括：科萨克少校、谢林上尉和邓肯上尉。信号军官彼得斯上尉。无线电部门负责人塔尔上尉。医疗部门负责人弗雷亚博士。舰上首席工程师技术军官科恩少校。除梅伦廷少校因正在做另一次航行而缺席以外，所有军官均在岗值勤。

无论是前方的巡洋舰还是我们的战列巡洋舰，周围都有驱逐舰环绕，以防备潜艇和水雷的威胁，就像是忠实的牧羊犬守护着羊群。以往在北海和波罗的海的航行中，我们总能吸引到英国潜艇的鱼雷攻击，但只有毛奇号曾被命中一次。而在上个月炮击洛斯托夫特的战斗中，塞德利茨号又触发了一颗水雷。该舰随即返航。而乘坐该舰的希佩尔将军不得不临时登上吕佐号。这些例子都要求我们，在海上航行期间必须保持高度警惕，以确保我们的五艘战列巡洋舰都能安全抵达此行的目的地——挪威海岸。

天气晴朗，我可以清晰地看到身后的主力舰队的身影。那是由22艘战列舰排列成的纵队，以最现代化的装备国王级战列舰的第3中队领头。紧随其后的就是公海舰队的旗舰腓特烈大帝号。桅杆上飘扬着舰队司令舍尔上将的旗帜。它的身后是第1中队，由赫尔戈兰级和拿骚级无畏舰组成。最后是老式的德意志级前无畏舰。其中包括黑森号。我曾作为一名枪炮军官在这艘军舰上服役了五年。

在这些战列舰的周围同样环绕着大量的轻型巡洋舰。它们的作用是充当舰队侧翼的屏障。此外当然少不了一大群驱逐舰，用于防备潜艇和水雷的威胁。我们首先朝着赫尔戈兰岛西侧行驶，然后再转向北方沿着阿姆鲁姆岛（Amrum）的海岸航行。一半的炮手在岗位上待命；另一半人则抓紧时间睡觉。睡觉所用的吊床距离他们各自的岗位不会很远，通常就在大炮附近，又或者在弹药库和信息传输站。我整晚待在舰桥上，现在并没有明确的任务。第二和第三枪炮官负责观察警戒。而根据我的上级指挥部门制定的条令，我和鱼雷火控军官被要求尽量休息，以便在投入战斗时保持最佳状态。无论在理论上还是实践上，这些条令都是非常正确的。

所以对我而言，每次出海巡航都是一次彻底的放松休息。但如果出现任何敌情，或者发现任何不正常的事情，又或者天气状况特别理想的时候，我都必须待在舰桥上。然而在其余时间里，我可以在我的房间里自由地读书、睡觉或者下棋，或者每两个小时视察一次各个炮位，督促各炮塔的负责军官和火炮瞄准手，确保一切都井然有序。作为一条原则，每次我视察时，总是带着我的"精灵"助手瓦尔得泽克准尉。我们经常会遇到那些亟待处理的问题。这个时候，"精灵"准尉就会把他的手下集合起来。那是一帮电气技师和军械专家。于是很快我就会收到报告，诸如"左舷第三号150毫米副炮的俯仰信号机已经修复"，或者是"恺撒炮塔左侧火炮已可正常工作"等等。

当然，当我们穿越最近有报告称有潜艇和水雷出没的海域时，我就必须待在舰桥上。当夜幕降临使得我们有可能面临驱逐舰的攻击时，也是如此。但这些情况我都完全可以应付。总的来说，海上巡航的日子对我而言总是很惬意的。

我的舱房位于上甲板，是一个较大的套间。这里距离船舷较远。除非天气恶劣，否则海浪不会波及这里。所以只要天气良好，我就会打开窗户。这样我就能获得很好的视野，能够欣赏海景。当然，如果有任何不寻常事情发生，我也总能在第一时间知道。

尽管当军舰停泊在基地时，欣赏海上日出这种事情是不会把我从床上拉起来的。但是我得说，在海上，欣赏日出是一件永远充满乐趣的事情。当我欣赏完5月31日的日出之后，我又回到我的房间小睡了一个小时，然后洗漱、刮脸，最后去餐厅吃早餐。大部分军官不会像我这样生活惬意。他们的住舱都位于甲板下面。而根据条令，军舰在航行时，所有水密门都处于关闭状态，以防范水雷威胁。所以在军舰起航之前，他们就得早早上完厕所，漱洗完毕。早餐后，我又回到自己的房间，时而写点儿东西，时而看看窗外的大海。午餐之前，我检查了一遍各个炮位，然后去吃饭。席间大家的话题仍然是老调重弹：我们会与敌人遭遇吗？我们此次巡航的距离较以往更远。根据计划，今晚，我们的巡洋舰和驱逐舰将在斯卡格拉克海峡附近搜索敌人和中立国船舶。届时，我们的位置势必会暴露，英国舰队就会尽快赶来。这样我们就有机会在明天与英国人较量一次。

而且，我们接到报告称，在挪威海岸发现了英国的装甲巡洋舰和轻型巡洋舰。我们很可能会在明天与其遭遇。但今天显然不大可能。事实上，整个英国舰队此时已经出海，正直奔我们而来。但是当时整个德国舰队中，包括舍尔将军在内，没有一个人会意识到这一点。同样的，根据已经出版的报告，英国舰队中也无人相信，德国舰队已经出海。到目前为止，没有理由怀疑这个结论。但是我国中仍不断有人提出这样的疑问："英国人是如何知道我们在斯卡格拉克海峡外的？"又或者"我们是如何得知英国舰队企图进入波罗的海的？"

所有这些疑问和讨论都是无谓的。正如上文所示，交战双方的指挥官曾多次指挥自己的舰队巡航北海。而这一次双方恰好遭遇了。考虑到整个北海

■ 以纵队队形前进的德国公海舰队，领头的是赫尔戈兰级战列舰，照片摄于战前

的面积比德国的国土面积还要大，那么两支巡航中的舰队彼此擦肩而过是很容易的。而将侦察舰队导向英国舰队所在位置的那个契机，反而显得很奇怪。日德兰海战的初始阶段，如同是一次经过仔细铺排准备的行动。似乎一切都是按照计划行事，首先是轻型巡洋舰之间的交战，然后是战列巡洋舰之间的对抗，最后是战列舰队投入战斗。

午餐时，大家情绪高涨。除了当时不在场的值班军官以外，几乎所有人都认为，这次巡航绝不会空手而归。但大家都相信，我们最多会与敌方的轻型巡洋舰或者装甲巡洋舰交战。无人会想到，仅仅几个小时之后，我们将与整个英国大舰队对阵。但也有极少数人表示悲观，认为我们很快就会一无所获地返航。餐厅的窗户处于关闭状态，我们无法从这里望见大海。所以即便船只转向，我们也无从得知。一名医疗军官总是随身携带着一个罗盘。此刻，他把这个罗盘摆放在旁边的桌子上，然后紧盯着它看。我们都乐于恭维此人，称他为战略家。

餐厅中同时也弥漫着一股有大事件即将发生的紧张气氛。尽管我们都不会对美酒、美色和音乐产生反感，但是每当巡航北海时，我们都不会在进餐时饮酒。这次也不例外。我们把自己看作是训练有素，准备随时上场的运动员。从出海那一刻起，直至返回港口为止，我们都滴酒不沾。

饭后，我抽着雪茄烟，返回我的房间。躺在床上，看着蓝色的雪茄烟雾，梦想着胜利和光荣。作为一名枪炮军官，如果我没有一次投身战斗的机会，那么我的整个生涯就不会完整。我作为一名枪炮军官已经服役了12年。我深知所有关于射击的问题，这就是我所理解的竞赛。一旦我通过潜望镜瞄准目标，一旦炮弹飞出炮口，就没有什么能干扰到我。我还不知道当面对敌人射出的弹雨，我会有何表现。但是我并不担心。

下午两点，舰上响起了一连串鼓点声。这是清理枪炮的信号。除军官以外，每个人都奔赴自己的战位。对于枪炮军官而言，这是一天中最重要的时刻。所有枪炮机械被擦拭、清理，上油。每个部件都要被仔细检查调试。在"精灵"的陪伴下，我对各个炮位逐一检查。在"贝莎"炮塔，弹药提升设备出现故障。我立即下令更换损坏的部件。这花费了一个小时。如果敌人在此期间出现的话，我们恐怕不得不暂时避退。此外，我还检查了所有炮手的个人装备，确保万无一失。

就在出海之前的 5 月 29 日，在经过长时间申请之后，舰队终于从陆军那里搞到了期盼已久的防毒面具。但只有数千件，司令部决定优先下发给战列巡洋舰和最现代化的主力舰。现在，我们看到每个人带着防毒面具站在自己的岗位上。在主炮炮塔内，弹药已被提升上来，随时可以装弹。但是根据规定，炮塔内只能存放少量弹药。副炮的炮弹已经上膛，一旦有敌方潜艇露头，可以立即射击。

3 点至 4 点间，在我的建议下，大副命令实施炮术操练。我的手下都对此不太高兴，但我自己深知责任重大。我必须确保，一旦战斗打响，所有环节都处于最佳状态。负责指挥副炮的第三枪炮官哈索少校随我来到前部火控室，我们一起调试了戴在头上的耳机通话器，以确保各炮位能够准确接收命令。我随即下令："火炮指向右舷 90 度角。"在信息传输站内，大约有 40 个指针根据此命令做出相应摆动。全舰各部门随后即可接到我的命令。

我把我的潜望镜指向了我们自己的一艘轻型巡洋舰，并且下达命令："方位指示。"一名负责精确观测的士官随即操作一台电动标示器，以精确指示当前我所指向的目标的方位。随后，所有火炮连同它们的潜望镜将会立即指向同一目标。我大声命令道："E-U 报告。"它的意思是：负责观测的军官必须立即向第一枪炮官报告本舰与目标舰之间每分钟的距离变化率，目标是在远离还是在靠近。所有这些信息通过观测军官的 E-U 标示器向我呈现。同时，测距军官将根据舰上各测距仪的读数，得出最终数据。"前桅报告：新式的 E-U 标示器丢失目标。"我只能命令前桅顶部观察室切换到旧型号的标示器上，同时要求他事后向我详细报告。

对于这个 E-U 标示器，我还要稍作介绍。它是吕佐号的第一枪炮官巴岑中校的最新发明。它可以同时得出距离的变化率，并且可将风速，本舰速度和炮弹在空中旋转产生的偏移因素修正到射击参数当中。

进一步的修正应考虑到目标的速度。巴岑的出色发明允许在估算出目标的航向和速度之后，无须进一步修正。枪炮官只需再考虑到风速的影响即可。E-U 标示器的首要功能是显示本舰与目标之间每分钟的距离变化率。该装置首先需要明确本舰的速度。任何速度微调都会通过前部火控室传传递给所有

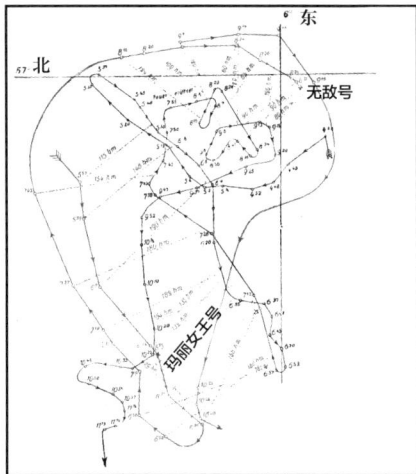

■ 图中两条实线为交战双方的运动轨迹，虚线则为德弗林格号火炮的指向方位和距离参数

的 E-U 标示器。然后再对目标的航向和航速做出估计。在此基础上再做进一步的调校。

距离变化情况可以通过该标示器直接读出，无须进一步计算。此装置分布在全舰多个地方，但其中大部分都是旧型号，不能读出方位偏转数值。如果前桅顶部的观测失效，炮术军官也还可以利用分布在军舰其他部位的 E-U 标示器，计算距离变化率。此外，炮术军官自己也有类似的仪器，收集航向和速度方面的信息。这是为了检查观测军官提交的数据。假如观测军官因某种原因不能继续工作，炮术军官也可以完全依靠自己。

火控操练继续："距离 15000 米！齐射！"命令通过位于火控室下方舰体内部深处的信息传输站传达至各炮塔指挥官。开火的命令不仅针对各个炮塔的指挥官，同时也针对处于前桅顶部的观测军官。一旦听到开火命令，他会立即将身边的命中读数标示器上的指针归回零位。然后就是一阵紧张的沉默。当炮弹落水之后，观测军官会将相关数据输入进这些命中标示器。这种机器随后就会发出一阵类似绵羊叫唤的声音。

我通过我的耳机可以清楚听到这种声音。但这一次我没有听到。我向前桅询问原因，后者回答道："仪器已经打开，但未能启动。"我立即命令我的"精灵"助手去帮助解决。直到我确定所有问题都已解决，大炮已做好战斗准备之后，整个操练才结束。我带着心满意足的心情回到我的房间，准备享受一杯咖啡。

我本打算在房间里待上更长的时间，但是在 4 点 28 分，警报声响彻全舰。各处传声筒中都充斥着喊叫声："清理战位！"

第一阶段：5点48分至6点55分

当我到达舰桥时，来自巡洋舰法兰克福号的一份报告送到我手中。报告称，在我们西方发现一支孤立的英军兵力。战列巡洋舰立即以单纵列高速向西开去，驶往报告声称的位置。在我们的前方，能看到我们的巡洋舰和驱逐舰。它们正喷吐出浓重的烟雾，奋力前行。但是那些护航的驱逐舰几乎难以跟上我们。此时，海风和缓，海面平静，风力3级，风向西北。

我攀爬进了我的火控室。之所以说是"攀爬"，是因为当我穿过厚厚的装甲大门后，的确需要费很大的力气向上攀登，才能抵达安放指挥火炮射击的潜望镜的平台。此时，报告陆续传来"副炮准备就绪""通讯准备就绪""后部火控室准备就绪"等等，最终我向舰长报告："所有大炮就位。"

军官们都戴上了耳机通话器，并调试至最佳状态。这里，必须向读者交代事件进展的大致脉络。我们于4点28分接到第一份报告。直到此时，战列巡洋舰向北航行。随后，舰队航向转向西方，并且维持这个航向，直至5点22分。此后再次转向北方，直至5点33分。接下来的1小时20分钟向南航行。6点53分，再次往北，直至7点55分。然后就是一系列的变幻不定的航向，直至9点20分。此后再次向西航行了25分钟。当天的最后时间里，基本都是向南航行。根据这个线索，读者将易于了解我后面的叙述。德弗林格号自身的航线被标绘在海图上。它的每一轮齐射的方位和距离参数——是命中还是跨射——都被记录在炮术日志上。结合自身的航向坐标和这些炮术日志，就可以得出敌人的航向信息。

敌人的航向用红色虚线标绘在海图上。其准确性是以我们的大炮齐射的精确度为基础的。尽管不可能绝对正确，但也不会相差太远。

此刻，我们先向西行驶了半小时，然后又向西北方向行驶了半小时。

我方所有观瞄器材全都在努力搜索目标，但是前方的巡洋舰和驱逐舰喷吐出的浓重烟雾阻碍了我们的视线。大约5点，我听到了第一声炮响，然后看到我方的埃尔宾号巡洋舰被命中，该舰立即反击。我手下的炮术日志记录人员，正坐在信息传输站里，记录下了我下发给各炮位的第一份通报："5点05分，我方轻巡洋舰报告与敌方四艘巡洋舰遭遇。但从德弗林格号上什么也看不到。"然后又做了一系列的补充："5点30分，我方轻巡洋舰开火。目标为右数第二艘巡洋舰，装填高爆弹，瞄准水线右侧！距离 18000 米！落点偏右！向左修正 20！距离 17000 米！"

此时火控室里已经很热，我脱下外套，把它挂在后面的海图室里。我再也没有看到它。

一开始，我们还没有意识到会遭遇敌方战列巡洋舰。随后舰长向我通报，"发现敌方战列巡洋舰"。我把这个消息转发给我的手下。现在很清楚了，马上将经历生死之战。火控室里持续了大约一分钟的沉默。然后，人们的自言自语的声音再次传来。这是在做着各种准备工作。当一切准备就绪，气氛再次平静下来。我把大炮瞄准了敌人最有可能出现的位置。潜望镜的倍数已被调至 15 倍的最大倍数，但仍未看到敌人的影子。然而我们知道形势正在变化：轻型舰艇正在反转，躲到我们身后，现在战列巡洋舰已处于整个队列的最前面。我们眼前的海平面上升起来越来越多的烟雾，我清楚地看到，英国的轻型巡洋舰也在转舵后退。

突然，我的视野里出现了几条大船。它们排成两列，出现在远处的地平线上。即便是在这种远距离，也能感觉到它们的庞大。我们继续向北航行了一小段时间。5 点 33 分，走在我们前面的旗舰吕佐号突然向南转向。敌人也转入了一条南向的航线，现在双方高速向南航行，并且越来越近。希佩尔将军的意图很明显：他打算与敌方战列巡洋舰交战，将它们引向我方主力舰队。

炮术日志显示了这段时间的一系列进展："5 点 35 分，船只右转。火炮指向右舷 90 度。距离 17000 米，随后降至 16500 米。使用穿甲弹。瞄准右数第二艘战列巡洋舰。目标方位 102 度，航速 26 节，航向东南偏东，距离 17000 米。目标有两个桅杆和两个烟囱，其中靠近舰桥的烟囱较小。向左偏移 19 度，距离变化率 100。当前距离 16400 米！"

直至此时，旗舰仍未传来开火的命令。

很明显，双方打算在中距离决出胜负。我仔细观察了敌舰。眼前的这 6 艘巨舰让我想起战争爆发前英国舰队访问基尔时的情景。现在，我们将再一次欢迎他们，不过将采用极为不同的欢迎方式。通过放大了 15 倍的潜望镜，这些巨兽的体积变得异常庞大。我能认出它们是 6 艘最现代化的战列巡洋舰。6 艘对我们 5 艘。我们实力相近。当目睹双方的黑灰色巨兽们相互接近，准备迎接自己的命运时，这一幕真是既壮观又刺激。

原先两列行进的敌方战列巡洋舰现在逐渐并成了一列。就像史前巨兽一样，它们一个接着一个缓慢移动着，似乎没有什么可以阻挡她们。

除观察敌人之外，不可忘记还有许多更重要的事情等待处理。当距离减至 16500 米时，我下达命令，"穿甲弹上膛！"此种炮弹很适合用于近距离炮战。由于我经常向手下解释两种炮弹的特点，所以现在每个人都知道了，我们将在近距离决胜负。

负责观测距离的人员不断向我传来最新的数据，我再把这些距离读数传输给各炮塔。很快，在对航向做了一次微调之后，双方距离变化率升至每分钟缩短 200 米。与此同时，旗舰传来信号："从左至右选择目标，"这意味着每艘德国船要瞄准敌方队列中从左数起对应位置的那艘船。德弗林格位列第二，所以我选择了一艘玛丽女王级作为我的目标。那是皇家公主号，玛丽女王的姊妹舰。所有部门都报告，已做好射击准备。紧张的气氛随着每一秒的延伸而增加。但我们不能首先开火，我必须等待旗舰给出信号。我们的敌人也在凝神屏息，逐渐向我们靠近。

"15000 米！"当我收到这个最新读数时，便听到一声低吼声。我向前方望去，吕佐号打出了它的第一轮齐射。桅杆上同时升起了交战信号。我立即下令："齐射——开火。"紧接着传来了大炮的轰鸣声。跟在我们身后的船只也立即开始射击。我看到敌人也同时开火，以至于掀起了一阵浓烟。战斗开始了。炮术日志于 5 点 48 分记录道："5 点 48 分，船只右转。距离变化率 200。距离缩短中。当前距离 15000 米。齐射！"大约 30 秒之后，我们射出的第一轮炮弹落下。弹着点散步较为集中，但从我方视角看去，炮弹全部落在目标右后方。我立即下令："向左偏转 2 度！下修 400！继续！"

这些命令通过信息传输站传递给各个炮塔。"下修 400"意味着负责炮口仰角标示器的候补军官将把标示器指针向后调整到 400 米的读数。而"继续"的含义则是，一旦完成调整，各个炮塔的指挥官即可以在信息传输站的指挥下展开齐射。这个命令的特点在于避免错误，否则炮塔指挥官有可能在完成炮口仰角调整之前就执行开火命令。坐镇信息传输站的候补军官通过一台由交流电驱动的标示器监督各炮塔的数据修正情况。

年仅 17 岁的斯塔克夫肩负此项重任。他的岗位在信息传输站，利用一部耳机通话器与我保持联系。这名年轻的候补军官只是在战斗刚开始时犯过一个错误，在以后整个战役过程中，他都能准确地执行我和第三枪炮官下达的命令，冷静且有效率地传递主炮和副炮的各项射击命令。

第二轮炮弹落下，依然是远失弹。我再次命令"下修 400"。但第三和第四次齐射还是远失弹，尽管第三轮齐射之后我已下令下修 800。但第四轮齐射依然不成功。我冲斯塔克夫喊道："肯定有哪里不对劲。"战后根据同样坐镇信息传输站的炮术命令记录员的记录，斯塔克夫当时未能准确理解我下达的"下修 800"的命令。直至第五轮齐射时，这个命令才得到执行。5 点 52 分，我们的第六轮齐射终于对敌舰形成跨射。三个远失弹，一个近失弹。此时距离是 11900 米。双方以每分钟 200 到 300 米的距离相互靠近，而我已经把距离下调了 1600 米。开战已经四分钟，我们打出了六轮齐射，直至此时才对敌人形成跨射。这个成绩不算优异。

我们的第一轮炮火显得过远。这是由于距离估算不准确，加上数据传输滞后造成的。在此，我需要解释一下整个过程。测距员使用的是放大倍率 23 倍的望远镜。他们的注意力首先集中在观察敌人的动向，辨识敌人的身份。当开火的命令传来，他们还没有准确估计距离。这并非能力问题，也非设备问题。在接下来的战斗过程中，测距员全都工作出色，表现稳定。他们后来向我报告的距离读数，差别都在 300 米以内。我们的蔡司体视式测距仪在整个战役过程中也表现完美。

宝贵的几分钟流失了。好在现在我们终于对准了目标。我立即通过斯塔克夫发布命令，转入快速射击。重炮每 20 秒实施一次齐射。在两轮齐射之间，副炮要进行两轮齐射。所以包括副炮在内，我们每 7 秒钟打一轮齐射。于是全船各处充斥着震耳欲聋的炮声。猛烈的炮火散发出浓重的烟雾，形成一堵高墙，阻挡住一切视线，只能等海风将其吹散。

在这种情况下，前部火控室完全被浓烟笼罩。我们根本看不到敌人。所以这种猛烈的快速射击只能维持很短的时间。而且这种作战方式对炮手的体力和精力提出了很高的要求，主炮和副炮炮弹溅起的水柱很容易被搞混。所以我很快下令副炮停止开火。因为敌人不断调整航向，跨射只能维持很短的时间。于是炮火缓和下来。每一轮射击不得不等到炮弹溅落形成水柱，在修正参数之后才会再次开火。这个过程持续多次，直至再次形成跨射。然后就会是又一轮快速射击。但副炮并不总是参与其中。它的最远射程只有13000米。

到目前为止我们还没被击中。这使我深感惊讶。甚至几乎没有炮弹落在我们周围。我仔细观察了目标的炮塔。原来敌人根本没有对我们射击，而是在瞄准我们的旗舰。我又观察了对方队列中的第三艘军舰，也没有瞄准我们。显然，由于某些错误，我们被忽视了。我冷笑起来。现在我们可以冷静的射击敌人，如同平时的射击训练。准确性不断提升。所有关于死亡和沉没的思绪都消失了。竞技的乐趣被唤醒。我集中精神力求命中——不断的命中。

我轻声说道："他们没有朝我们开火。"几乎是自言自语。但是几秒钟内，通过口耳相传，整个火控室里的人都知道了。大家都舒了口气。要知道，整个火控室内，除了我们两名火控军官以外，只有两名负责观察的士官和测距军官可以通过仪器观测到外面的情况。其他人只能通过火控室墙上的舷窗对外观察。但在这样的距离上，单凭肉眼，根本看不到敌船。所以他们都急切地想从我们这里获得消息。

现在，战斗继续。我们的炮弹溅起的水柱两倍于敌船桅杆的高度。从中我们可以获得短暂的乐趣。敌人终于发现了他们的错误，我们也开始被跨射。

我再次把潜望镜对准敌舰的炮塔，仔细观察，发现他们也对准着我们。进一步的观察令我惊恐。每次齐射之后，我都可以看到有四至五颗炮弹冲我们飞来。它们就像一个个细长的黑色斑点，在我的眼前越来越大，然后伴随着恐怖的声音在水中或者我们的舰上爆炸。

很快，我就可以精确判断出这些炮弹的飞行轨迹。其中有些是近失弹，有些飞过头顶成为远失弹。但有些也会荣幸的造访本舰。落入水中的炮弹会掀起巨大的水柱。水柱从根部到一半高度呈现出黄绿色，应该是苦味酸炸药。

水柱通常会延续五到十秒钟，如同一个巨大的喷泉。在它面前，著名的凡尔赛宫喷泉不过是孩童手中的玩具。到战役后期，随着敌人的测距越来越精确，经常会有水柱横扫全舰，同时浇灭舰上的大火。第一颗造访本舰的炮弹击中了一扇带舷窗的门。躲在门后的洛伦岑士官当时正通过门上的窗户观察外面的情况。他的好奇心令自己付出了沉重代价。炮弹直接削掉了他的脑袋。

我们与敌人的距离最近时达到了 11300 米。但从 5 点 55 分起，距离开始拉大。我把距离调至 11500 米，随后进一步增加。5 点 57 分，我命令再次递增 600 米。到 6 点钟，距离达到了 15200 米。6 点 05 分进一步达到了 18000 米。这是我们的极限射程。我可以设法把射程再稍微提升几百米。办法是瞄准敌舰的桅杆或者烟囱顶部，而不是水线位置。在接下来的战役过程中，我们想了各种办法，提升火炮射程。然而现在，我们暂时处于被动状态，无法对敌射击。这种情况一直持续到 6 点 17 分。

在 6 点 10 分，我们的旗舰明显向右转了几个罗经点。敌人也调整了航向。因此两军正处在相互交汇的航向上。6 点 19 分，距离减至 16000 米。这的确是一个很远的距离，但是能见度良好，目标显得很小。

我们潜望镜上的蔡司镜头性能出色，即便是在极限距离，我也能观察到敌船上的细节，例如其火炮的转动情况，每一门火炮的高低俯仰角情况。当敌人把他们的炮口放置水平时，表明他们正在装弹。

在战前，德国海军中无人相信能够在超过 15000 米的距离实施有效交战。我仍然记得战争爆发前一两年，由英格诺儿将军在基尔湾指挥的演习中，超过 10000 米的射击都被认为是无效的。

敌人现在的形势如何？6 点钟，他们队列末尾的不倦号发生爆炸。我当时的注意力完全集中在射击眼前目标上，因而完全没有注意到。爆炸发出的恐怖声音完全被我们舰上的嘈杂声淹没。即便我们自己停止射击，我们也只能听到敌方炮弹落下造成的巨大声响。

但在尾部火控室，不倦号的爆炸被观测到，并且被记录下来。该舰是被我们末尾的冯德塔恩号击沉的。

西北风向将英国舰炮口散发出的浓烟吹到了敌我两军中间。他们的视野因而受到阻碍，射击变得越来越困难。而且随着天色渐晚，面朝东方的能见度要低于面朝西方的能见度。英国战列巡洋舰处于不利的战术态势之中。敌人面前的浓烟对我们的妨碍相对较小，我们的体视式观测仪能够观察到敌舰桅杆顶部。这对于我们瞄准目标已经足够了。

6 点 17 分，我再次向敌方队列中左起第二艘军舰开火。我以为那是刚才与我交战的皇家公主号。其实那是同型的玛丽女王号，是队列中的第三条船。

这个错误是由于当前敌人的阵列被浓烟所笼罩，以至于我未能注意到，贝蒂的旗舰狮号已经暂时转身脱离。英国媒体在战斗结束后发表的一些报告称，由于狮号的指挥塔严重受损，贝蒂和他的指挥部被迫转移到皇家公主号上。

在后来的战斗中，希佩尔将军也更换了旗舰。我们的旗舰吕佐号一直是在用高爆炮弹与狮号交战。吕佐号上的枪炮官始终没有更换弹种，这是由于受到了某种不利的弹道因素的影响。他们的勇猛射击迫使狮号暂时离开队列，专注于灭火作业。所以从 6 点 17 分开始，我开始与玛丽女王号交战。火控的困难开始显现出来。从炮口和烟囱里冒出的浓烟严重影响视线，几乎看不到任何东西。

我被迫完全依赖位于前桅顶部负责观测弹着点的斯托施少校。他总是冷静地向我报告情况。他出色的观察能力是我们修正射击参数的基础，所以对于射击的准确性贡献巨大。现在，当我什么也看不到时，斯托施待在距离海平面 35 米高的观测平台上，用他的望远镜瞄准敌人。他的望远镜的读数通过一个标示器传递到我这里。我手下负责方向瞄准的士官再将此数据传给各个炮位。这样，即便我们自己什么也看不到，也可以指挥火炮射击。

当然，这个办法也只是权宜之计。我的助手——候补军官巴特尔——为此忙得不可开交。他要大声报出距离读数，操作距离变化率标示器和偏移标示器，此外还要通过墙上的孔洞看着外面，以尽可能修正因烟雾造成的观测误差。

在后来的战斗中，敌方炮弹掀起的水柱和我方大炮喷出的烟雾把蔡司镜头弄得太脏。巴特尔不得不在每次开火后去擦拭镜头。然而到最后，反复的擦拭还是把镜头弄得极为模糊。我犹豫着要指派一个人爬到火控室顶部，专门负责清洁镜头。梅耶技师肩负起这项极为危险的工作。他在没有任何防护的情况下忠实地履行职责，直至一个弹片打断了他的腿。

正如我已经指出的，从 6 点 10 分开始，敌我队列的航向形成了一个交汇角度。双方正在接近。6 点 15 分，我们观察到敌方派出了驱逐舰，向我们冲来。很快，雷根斯堡号巡洋舰带领我方驱逐舰，穿过战列巡洋舰队列，迎了上去。在两队战列巡洋舰中间，展开了一场混战。敌我双方各有大约 25 艘驱逐舰，我方成功地阻止了敌方鱼雷攻击。6 点 30 分，双方的一些驱逐舰向敌方战列巡洋舰开火，但没有造成明显损伤。眼前驱逐舰混战的场景着实是壮观的一幕。

在驱逐舰交战时，双方战列巡洋舰继续靠近。现在，从炮术的观点看，已经达到了最精彩的阶段。我把玛丽女王号选作目标。该舰开火速度不如我们，但总是打全齐射。它拥有 8 门 13.5 英寸口径大炮，所以 8 颗大炮弹总是一齐落下。弹着点也很集中，但不是过近就是过远，只有两颗炮弹命中我舰。

我们的射击犹如炮术训练。耳机送话器表现出色。我的每一个命令都得到准确理解。斯托施准确向我报告弹着点"跨射！两发命中""跨射！全部命中！"

我尝试着向一艘敌舰打出两轮齐射，但因为敌人的齐射速度非常快，我的努力总是不成功。我观察到，玛丽女王号上的火控军官正在使用其中央火控系统，即著名的斯科特指挥仪指挥全舰火炮射击。炮弹几乎同时落下。英军的火控军官很可能待在前桅顶部。在那里，他不会受到烟雾和炮口火焰的影响。这是英军的一项巨大优势。

对我们来说，只是在这场战役之后，我们才开发了类似的被置于前桅顶部的射击指挥仪。我自己对此项装置的发明也有很大贡献。德弗林格成为第一艘安装这种新式火控系统的军舰，这个新系统后来也就被称为"德弗林格系统"。

现在，玛丽女王号和德弗林格号正在打一场标准的炮战。但是可怜的玛丽女王选错了时间。除了德弗林格以外，塞德利茨号也在对她射击。该舰的枪炮官弗雷斯特头脑冷静，行事果断，是一名炮术专家。

塞德利茨只装备 280 毫米口径主炮，这不足以对玛丽女王号的装甲构成威胁。但是每艘船都有她的薄弱位置，即便 280 毫米口径炮也能造成破坏。

我们的"命中 – 显示系统"可以确保斯托施和我严格区分我舰和塞德利茨号的主炮弹着点。此系统仅用于区分两舰的主炮的射击，避免在识别水柱时发生混乱。因为交战距离始终都在 13000 米以上，所以所有副炮都派不上用场。

当两艘战舰同时射击同一个目标时，只要两艘船都只使用主炮射击，就不会发生辨别错误。但如果 150 毫米大炮也加入进来，就很容易搞混。

6 点 26 分，玛丽女王号迎来了她的末日。自 6 点 24 分起，我们的每次齐射都能形成跨射。6点26分，玛丽女王号内部发生爆炸。首先是船体前部冒出鲜红的火焰，然后是不断的爆炸。黑色的碎片被抛入空中。最后是全船大爆炸。

一团浓密的黑烟升起，桅杆倒塌。淹没了一切的黑烟越升越高。最后，整条船都消失在烟雾中。我估计烟雾一直上升到300或400米的高度。

1916年6月9日，英国《泰晤士报》上刊登了一篇文章。作者是当时跟随在玛丽女王号身后的虎号战列巡洋舰上的一名火炮瞄准手。他描述了玛丽女王号沉没的细节："德国舰队再次超越到我军前方。他们集中火力攻击玛丽女王号。最初几分钟的攻击毫无成效，但是灾难突然降临。一颗炮弹突然命中这艘军舰。船体破裂和爆炸的声响，如同森林中的狂风。玛丽女王号船体的侧面有一个大洞，舰体逐渐向右倾斜。桅杆和烟囱都已倒塌。最后，整个船体完全翻转过来。仅仅一分半钟时间，所有人都看到了这艘军舰的龙骨，然后它就消失在波涛中。"

我们的驱逐舰救起了两名幸存者——一名候补军官和一名水手。根据他们的说法，包括日本驻伦敦海军武官在内，船上总共有超过1400人。根据英国方面的消息，除4名候补军官以外，所有军官阵亡。

玛丽女王号消失后，我立即开始寻找新的目标。当我把潜望镜转向左边时，我惊讶地发现，仍有两条战列巡洋舰在那里。

直到此时我才意识到，刚才我是向敌方队列中的第三条船射击。而现在，狮号已经重新回归阵列。于是我立即再次锁定皇家公主号。

于是，在对玛丽女王的最后齐射一分零五秒之后，我们对皇家公主号发动了首轮齐射。前部火控室的测距军官给出了12200米的距离读数。但首轮齐射显示是近失弹。第二和第三轮齐射仍然够不着目标。于是在发动第四次齐射时，我大幅度提升了目标的距离参数。测距人员显然没有意识到，在玛丽女王沉没后，双方距离不再缩短，而是在快速拉大。我方不得不持续修正瞄准角度。这说明敌人正在进行高速机动，航向极不规则。我军无法发动快速射击。现在，在两轮齐射之间的时间间隔至少需要一分钟。每一次，我们不得不等待水柱溅起。当观测到新的数据之后再修正炮塔方位角度，炮口仰角和并输入新的距离变化率参数，然后才能再次开火。

6点36分，距离达到了16800米。

这时，在敌方战列线后方又出现了 4 艘大船。他们的增援到了。我们很快识别出，这是伊丽莎白女王级战列舰。我们舰队里经常谈论这种战列舰。它们的排水量达到了 28000 吨，配备 15 英寸口径大炮，而且速度可达到 25 节，几乎与我们相当（26 节）。但是其火炮投掷的弹丸重量两倍于我们，且射程优势明显。我们现在处于重炮火力的笼罩之下，立即开始 Z 字形机动。

在 6 点 36 分至 6 点 45 分之间，由于驱逐舰交战使得在两军之间造成大量浓烟，我暂停了主炮射击。英国驱逐舰竭力向我们冲来。我舰的副炮不断对其射击，阻止它们靠近。这些战斗均由第三枪炮官哈索少校负责指挥。

因为我此时无法观察到敌方大型军舰的活动，所以我有足够的时间观察这些驱逐舰的战斗行动。当雷根斯堡号巡洋舰带领我们的驱逐舰穿越战列巡洋舰队列时，场面极为壮观。双方驱逐舰在极近的距离相互射击。我看到我方两艘驱逐舰正在沉没。其他同伴冒着炮火靠上去救援其船员。一艘英国驱逐舰被击沉，另有几艘似乎失去控制。我们的 150 毫米炮不断对敌驱逐舰形成跨射，至少有一次命中。对方突然停了下来，然后消失在烟雾中。

很遗憾当时船上没有画家。著名海军画家克劳斯·贝尔根经常跟随我们的舰队出海。这次他有事未能成行，竟成终身憾事。不幸的是，根据条令，德国舰船上严禁携带照相机和进行摄影摄像活动。所以整个德国舰队未能为斯卡格拉克战役留下哪怕一张照片。

6 点 48 分，反驱逐舰作战终止。两分钟后，根据希佩尔将军的命令，整个战列巡洋舰中队转向西北偏北方向，以便在我方主力舰队前方 7 英里处占据先导位置。后者正在全速前进。航向西北偏北，预计将很快与伊丽莎白女王级展开交战。

根据事后统计，舰上留下了大量英国驱逐舰 105 毫米口径炮弹的弹痕。但在激烈的海战中，这些损伤当时都被忽视。这些炮弹当然不足以穿透我们的装甲。它们只能对船体表面无防护部分构成威胁，特别是桅杆上的各类索具，我们的无线电天线和暴露在外的电话电缆。一名军官甚至找到了一枚没有爆炸的 105 毫米炮弹。

在 6 点 45 分至 6 点 50 分之间，我们在 18000 米距离上朝皇家公主号打了 8 轮齐射，但没有任何结果。

随着我们转向西北偏北航向,我们看到了走在主力舰队最前列的第3中队。那是我们的国王级战列舰。现在每个人都如释重负。当我们与敌人的15英寸大炮交战时,战列巡洋舰部队里的每个人都感到巨大的压力。

6点50分,我向手下各炮位发出如下信息:"船只缓慢右转,第3中队在望!"

海战的第一阶段至此落幕。我们已经看到,一艘英国巨舰在我们面前炸成碎片。而德弗林格表现出良好的战斗性能。我们对接下来的战斗深怀信心。我们现在正在与我方强大的战列舰部队靠拢。我们相信在接下来的战斗中,我们所要面对的仅仅是剩下的四艘战列巡洋舰和四艘伊丽莎白级战列舰。我们满怀着胜利的骄傲,希望将敌人全部消灭。我们已经对脚下的军舰充分信赖。它们不可能像不倦号和玛丽女王号那般脆弱。

另一方面,我们感到我们能够消灭任何英国船,只要距离不要超出15000米。全舰上下士气高昂。炮手们以极高的效率完成他们的工作。但是在经历了一个小时的炮战之后,火炮发热。附着表面的灰色油漆开始剥落,露出棕黄色的底色。舰长仍然表现冷静。他频繁给我传达信息。但在目前我们被动挨打时,我无事可做。

第二阶段: 6点55分至7点50分

从炮术的观点看,战役的第二阶段远不像第一阶段那般成功。敌人已经饱尝教训,对我们的大炮心怀畏惧。他们尽量躲在我们的炮火射程以外,同时将我们置于他们的炮火射程以内。这一阶段的交战过程中,双方的交战距离几乎都在18000米以外。我通过观察本舰炮弹的落点来确认敌人是否处于射程以内。但为节约弹药,不再进行齐射,只实施单发射击。在射击时,我的瞄准点仍然是敌舰的桅杆或者是烟囱顶端。

在如此远的距离上,敌人的炮火表现也不是很好。敌方炮弹的弹着点散布在一个直径300至400米的圆形范围内。这个成绩不错,但是也许是因为能见度不良,火控显然缺乏效率。炮弹时而离我们很近,时而又很远。在这个阶段,我们挨了两到三发炮弹。当炮弹命中时,舰体会剧烈颤抖。随后,钻入内部的炮弹爆炸,低沉的声音通过传声筒和电话线路传遍全舰。

四艘英国战列巡洋舰高速前进,很快就消失在视野中。他们径直朝北驶去,

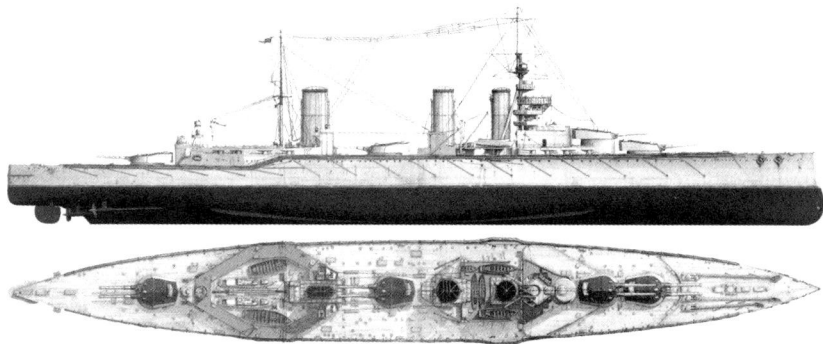

■ **英国战列巡洋舰玛丽女王号**

我们的速度不足以赶上他们。尽管在 7 点 21 分，舰队司令曾打信号要求我们追踪敌方战列巡洋舰，但是我们的战列巡洋舰中队最多只能维持 25 节的航速，而英国人以其 28 节的速度把我们甩下。

此时我们仍未掌握敌人行动的真正意图。我们推测敌人只是希望尽快与其主力舰队会合。后者应该就在敌人战列巡洋舰行进方向的前方。事实上，贝蒂将军是在利用其速度优势迂回到我们的侧翼。

他占据了有利的 T 字阵型，并迫使我们调整航向，最终使我们处于英军战列巡洋舰和战列舰队的包围之中。在战役后期，我们已无法清楚地说出我们是在与敌方阵列中的哪艘船对战，我们也不可能再像战役开始时那样专心与敌方战列巡洋舰交战。

在战列巡洋舰逐渐远去之后，我们仍然面对着敌方第 5 战列舰中队的 4 艘强大战舰：马来亚号、勇敢号、巴勒姆号和厌战号。这些战列舰的速度似乎无法持续维持高速航行。因为我方第 3 战列舰中队很快就与其展开战斗，特别是走在最前面的国王号，战斗最为积极。这样就有 5 艘德国战列巡洋舰和 4 艘战列舰对阵敌方的 4 艘战舰。我于 7 点 16 分用穿甲弹对敌方战列中右数第二艘战舰开火。

对我们来说，这一阶段的战斗中没有发生任何重大事件。敌人虽然居于数量劣势，但是火力强大。这种远距离交战令我们深感无助和绝望。我们仅有的防御措施是，当发现遭到敌方瞄准后，暂时离开阵列，实施机动，然后高速返回队列。敌人对我们的机动很难察觉。

很快，战场形势发生了根本性转变。

第三阶段：7点50分至9点05分

7点40分，敌方轻型巡洋舰和驱逐舰对我方实施鱼雷攻击，我们遂向右偏转了6个罗经点，达到东北偏北的航向。

此时能见度很差，我们很难观察到敌方大型战舰，因此我们集中精力与敌方轻型巡洋舰和驱逐舰展开交战。7点55分，我们再次转向至正东方向。5分钟后，趁着我方驱逐舰发动冲锋的时机，战列巡洋舰中队暂时向南方航行。这就将我们置于敌方鱼雷射程之外。接下来的12分钟里，我们只是间歇性地开火。直至8点12分，我们才重整队形，朝敌人冲去。三分钟后，我们已身处枪林弹雨之中。我们的四周到处都是炮弹溅落激起的水柱。远处的海平面上，到处都是敌舰，火力来自四面八方。我根本看不到敌舰队舰列的首尾，也就无法执行朝敌方队列中第二艘军舰射击的命令。于是我自己挑选了一个目标。

艰难的战斗开始了，并且很快就达到了战役的高潮。现在所有人都已明白，我们正面对着整个英国舰队。在双方战列舰队列之间，轻型舰艇相互厮杀。一艘着火的德国巡洋舰就在距离我们不远处。通过望远镜，我认出那是威斯巴登号。它正在遭到一艘英国巡洋舰的攻击。后者的火力不断命中可怜的威斯巴登。军舰被浓烟包裹，只露出尾部甲板。它的尾炮正在不断朝这艘英国巡洋舰开火。勇猛的威斯巴登！勇猛的船员！

三天后，威斯巴登号唯一的幸存者，锅炉工岑恩被一艘挪威渔船救起。余者皆履行了他们对皇帝和祖国的忠诚和誓言。其中包括著名的诗人水手戈克·福克（Gorch Fock）。他深爱大海，胜过一切。那艘英国巡洋舰不断向威斯巴登号射击。一轮又一轮的炮弹，不停地落在可怜的威斯巴登号上面。望着眼前这幅景象，我不禁义愤填膺。于是我立即放弃了原先的目标，而瞄准了这艘英国巡洋舰，迅速给出射击参数。两轮齐射之后，一股浓烟腾空而起。显然，那艘英国巡洋舰的弹药库发生了爆炸。那艘船仿佛突然停了下来，而我又及时打了两三轮齐射。

此时，正在指挥副炮与驱逐舰交战的哈索少校问我："长官，那艘有四个烟囱的巡洋舰是德国的还是英国的？"我仔细观察了这艘船。在这种光线条件下，实在很难辨认。这艘巡洋舰离我们不远，有四个烟囱和两具桅杆，像是罗斯托克号。

"她肯定是英国船。"哈索大喊道，"请求准许射击。"

"好的，射击！"我现在也确信她是一艘英国船。副炮迅速指向这个新目标。哈索少校给出参数"距离6000！"然后下令"开火！"又一幕惨剧发生了。我刚刚辨认出，这是一艘老式英国装甲巡洋舰，它发生了猛烈爆炸。黑烟直冲天空，火焰席卷全船，然后就在我眼前沉入大海。海面上只剩下未散的浓烟。我认为她是被我们前面的领头舰吕佐号击沉的。

整件事在几秒钟内就结束了。我迅速转向新目标。被摧毁的事实上是防御号，是老式的黑太子级装甲巡洋舰。黑太子号也在当晚被图灵根等几艘军舰联合击沉。她的排水量达到14800吨，有6门234毫米大炮和10门152毫米炮，载员700人。他们几乎全部在爆炸中丧生。当防御号发生爆炸时，我距离它并不算很远，而且能见度也不错。所以我可以通过放大了15倍的望远镜把一切看得清清楚楚。这幅景象久久终萦绕在我的脑海中。

我继续射击其他船只，无暇顾及他们的种类。8点22分，我们转向东南航向。但是战场上混乱的形势令我渐渐失去对形势的把握和判断。很多次，我不得不怀疑自己是否在向德国船开炮。此时的能见度每分钟都在变化。目标时隐时现。依我看，我们德国军舰的浅灰色涂装比起英国军舰的深灰色涂装更有利。海面上，夜幕正在从东向西逐渐降临，我们的船只可以迅速隐藏在这暮色中。

8点25分，身处后部火控室的邓肯上尉做了如下记录："吕佐号前部遭受重创。船只起火，烟雾弥漫。"8点30分，他继续记录道："德弗林格被命中三次。"其中有一发是命中左舷的15英寸口径炮弹。它钻进了位于中央位置的副炮炮廓。炮手非死即伤。炮弹爆炸后甚至对前部副炮位置也造成损伤，导致另有多人伤亡。其他两次命中位于船只后部。

现在，我尽可能选择靠近敌方战列线前部的船只作为目标。因为我注意到吕佐号的火力正在减弱。该舰目前正重伤前行。船只起火。燃烧产生的烟雾使得吕佐号上的火控系统已无法工作。

8点24分，我开始向位于东北方向的一艘大型战舰开火。尽管距离只有

6000 到 7000 米，海面上的浓烟和雾色还是能经常给她提供掩护。弹着点观测极为困难。远失弹溅起的水柱根本看不到。只有近失弹的水柱才能清晰辨认。但在距离继续缩短的情况下，仅仅辨识出近失弹是远远不够的，因为下一轮射出的炮弹很可能就变成了远失弹，以至于根本看不到。在前部火控室内，测距员哈奈尔作为我的忠实助手，已服务了 5 年时间。但在目前这种不利的观测环境下，我仍对他给出的不精确的数据而感到震惊。但我也别无选择。

与此同时，我舰遭到了来自多艘敌舰的重炮火力攻击。敌人的射击既准确又快速。很明显，他们的视野比我们好得多。这对一般人来说很难理解。但事实就是，在这种气象环境下，从不同角度观察，能见度的差异极大。从一艘身处薄雾中的船上可以清楚地看到一艘没有被薄雾包裹的船。反之，能见度就差很多。此外，太阳的位置对于能见度有重大影响。在有雾的天气里，那些被阳光直接照射到的船只可以轻易地躲在光线中，难以被观察到。而那些处于阳光反方向的阴影中的船只却很容易被观察到。

我们处于这种不公平的战斗环境中。如前所述，我舰被命中三发大口径炮弹。其中有一发命中左舷的一座 150 毫米副炮炮廓，炮手非死即伤。炮弹爆炸后甚至对前部副炮位置也造成损伤。其他两次命中位于船只后部。这些炮弹以极大的力量击碎我们的船体，发出恐怖的声音。每一条焊缝和每一个螺栓都在晃动。舰长频繁指挥军舰驶出队列，以摆脱这恐怖的弹雨。

这一情况一直持续到 8 点 29 分。

此时我们前面的雾色突然像舞台的幕布一样被拉开。远处海平面上一艘有两个桅杆的巨舰的侧影清晰的展现在我面前。此刻她正高速行驶，航向与我们几乎平行。她的大炮几乎是立刻对准了我们，并且马上实现了对我们的跨射。"距离 9000！"测距员哈奈尔大声喊道。他已跟随我长达五年。

"9000- 齐射！"我下达了命令，然后急切地等待着远处炮弹溅起的水柱。

"两发过顶！"斯托施报告说。

我下达命令："下调 100，快速射击！"距离第一轮齐射仅 30 秒，第二轮齐射的炮弹飞出了炮口。我观察到远处溅起了两个水柱，另外两发命中了目标。

斯托施少校也证实："命中。"此后，主炮以 20 秒间隔持续实施齐射，直至 8 点 31 分。这时我们第三次目睹那种致命的景象，也就是曾发生在玛丽女王和防御号上的那种景象。

像那些船一样，一连串的爆炸，桅杆倒塌，碎片被抛入空中，巨大的黑色烟柱腾空而起，煤屑向四面八方飞散开来。火焰包裹了全船，爆炸不断，被烟雾包裹着的敌人最终消失在我们面前。我冲着电话大喊道："我们面前的敌人爆炸了。"消息迅速传遍全舰，全员欢呼。我做了一个短暂的祈祷，然后战斗继续。

那个敌人究竟是谁？我还没来得及仔细辨别她的身份。但我认为那是一艘英国战列巡洋舰。刚才交战时我们根本没有时间仔细辨识她的身份，因为只有短短几分钟时间能够清晰辨认出她的样子。而只有炮术军官、火炮瞄准手和鱼雷军官看到了她的爆炸。舰长、导航军官和信号军官当时正全神贯注于操舰。要让自己的船忠实地待在吕佐号尾部并非易事，因为这艘船也很难令自己保持在队列中。

战斗结束后，综合各方面的报告，大多数军官认为爆炸的那艘船是一艘伊丽莎白女王级战列舰。而我认为那是一艘无敌级战列巡洋舰。但我得承认自己并不确定。如果你有一本海军军舰识别手册，你会发现这两种船的侧影极为相似。于是我们在报告中声称，我们在8点30分击沉了一艘伊丽莎白女王级战列舰。报告原文如下：

"那艘船只的爆炸情景，非常类似于此前于6点26分发生爆炸的玛丽女王级的情景。前部火控室的第一和第三枪炮官、后部火控室的第二和第四枪炮官，以及鱼雷火控军官和前桅顶部的火炮观察军官都清楚观察到此次爆炸。那是一艘伊丽莎白女王级战列舰。"

当我们返回基地后，根据俘虏的英国战俘的供称："属于伊丽莎白女王级的厌战号受到重创，离开队列，并被向西北方向拖行。大约8点钟，英国驱逐舰汹涌号接到一则无线电报告称，厌战号已沉没。"

根据战俘的报告和我们自己的战斗报告，海军部认为，被德弗林格号击沉的，应该就是厌战号。我们后来是从英国的新闻通报中得知，无敌号被击沉的事。而厌战号并没有被击沉。

6月3日出版的《曼彻斯特卫报》承认，德国海军对于英国海军的损失的估计，大体准确，只是把无敌号和厌战号弄混了。

6月6日出版的《泰晤士报》声称，无敌号是胡德少将的旗舰。该舰当时被一艘兴登堡级战舰发现。双方随后展开交火。无敌号被击沉；而这艘兴登堡级战舰也受到重创。

英国人的消息也只是大体准确。事实上，此时的兴登堡号仍未完工。击沉无敌号的，无疑是兴登堡号的姊妹舰德弗林格号。

无敌号上有两名军官幸免于难。其中一人的叙述于 6 月 12 日刊登在《泰晤士报》上。这名上尉军官承认，当时他们正与德弗林格号交战。无敌号于 6 点 34 分发生猛烈爆炸。军舰断成两半，在 10 到 15 秒钟内沉没。

6 月 13 日的《泰晤士报》上，再次登载了一封来信。内容如下："我们从无敌号上的幸存者丹罗伊特中校那里得知，该舰弹药库发生爆炸。丹罗伊特中校随后失去知觉。当他醒来时发现自己已经泡在水里。而军舰和其他船员都已消失。"

贝蒂将军的报告也证实，我们从 8 点 24 分开始的交战对象，就是胡德少将指挥的第 3 战列巡洋舰中队。以下是该报告中关于第 3 战列巡洋舰中队无敌号、不屈号和不饶号的陈述："6 点 20 分，第 3 战列巡洋舰中队出现在我们前方。该中队航向向南，朝敌舰队前方冲去。我命令他们占据我舰前方位置。而胡德少将的表现充满勇气，无愧于其海军世家的荣耀。6 点 25 分，我转向至东南偏东，以支援第 3 战列巡洋舰中队。后者此时距离敌人先头部队仅 8000 码。由于遭到猛烈射击，他们被迫向西转向。"

此外，路透社 6 月 5 日的报道也宣称，无敌号、不屈号和不饶号都参加了这场海战。其中无敌号在英勇战斗重创敌军之后被击沉。

这些来自英国方面的公开报道都能证明我当时的判断。但是对于无敌号究竟是被火炮击沉还是被鱼雷击沉，德国方面尚无定论。我个人认为，与所有其他舰船一样，无敌号也是被火炮摧毁的。

英国第 3 战列巡洋舰中队指挥官胡德少将，是 18 世纪著名英国海军上将胡德的直系后裔。此人在北美独立战争期间隶属于格莱夫和罗得尼，在 1782 年的圣克里斯托弗战役中指挥英国舰队作战。随后，在 1793 至 1794 年担任英国地中海舰队司令时，又指挥了对土伦港的炮击行动。

根据我的炮术日志的记载，主炮射击一直持续到 8 点 33 分。5 分钟后，我正式下令主炮停火。因为现在我们的视野内已经看不到任何敌人了。8 点

35 分，我们转向向西前进。此时，在损失了他们的旗舰之后，敌方第 3 战列巡洋舰中队剩余兵力已不敢轻易进入我们的火力范围。所以我们暂时也没有发现新的敌人。8 点 50 分，全舰停火。由于船体多处起火，现在开始集中力量灭火。

就在灭火的同时，我注意到一艘驱逐舰缓缓靠近吕佐号。该舰严重倾斜，船首已没入水中。从前部舰体内部冒出大团浓烟。希佩尔将军登上驱逐舰，然后朝塞德利茨号驶去。当路过德弗林格号时，希佩尔发出信号："在我重新恢复指挥之前，由德弗林格号舰长代行指挥权。"从现在开始，我们的舰长指挥着整个战列巡洋舰中队。由于战列巡洋舰部队一直遭到敌人的持续射击，必须维持高速航行，使得希佩尔将军直至 11 点才登上毛奇号，重新接过指挥权。

德弗林格号现在也是一副惨样。桅杆受损严重，无线电天线倒下，我们现在只能接收讯息，而不能发送。一颗大口径炮弹打入前部船体，穿透了两块装甲板，在水线处留下了一个 6 米乘 5 米的大洞。海水由洞口持续涌入。

就在行进途中，舰桥接到报告称，军舰必须立即停止前进。因为挂在左舷外侧的防鱼雷网发生松动，直接挂在了左舷螺旋桨的上方，必须立即清理。舰长于是不得不下令："所有引擎暂停运转。"

我通过望远镜扫视远处的海平面。没有敌人出现。在我们身后，塞德利茨号、毛奇号和冯德塔恩号一开始离我们尚远，但很快就赶了上来。在我们身后占据各自的位置。而我们现在不得不在满是敌人的海上停航，这是一个严重的问题。但是如果防鱼雷网脱落，并缠住螺旋桨，那就全完了。很多次，我们为没有及时扔掉这些重达几百吨的防鱼雷网咒骂不已。我们几乎从不在无保护的海上停泊，这些防鱼雷网根本毫无用处，而且它们也只能保护船体的一部分，免受鱼雷威胁。另一方面，它们是严重的潜在威胁，不仅拖慢了船只行驶速度，而且很可能会缠住螺旋桨，那就意味着损失整条船。英国人在战争开始后不久就把这些全扔了。我们直到此次战役之后才扔掉它。

后部"恺撒"和"多啦"炮塔内的水兵全体出动，在波腾斯腾少校的指挥下，奋力拖拽起防鱼雷网，用斧子砍断锁链。几分钟后，舰长接到报告："引擎已可以恢复"。我们都顿感如释重负。

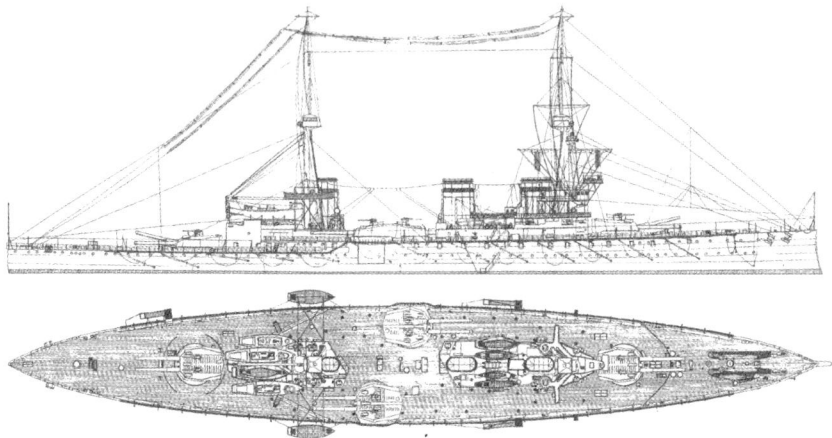

■ 英国战列巡洋舰无敌号

　　吕佐号现在已脱离队列，以低速向南方驶去。舰长本想发出信号，要求跟随它前进。但是所有信号设备都已毁坏。信号旗都被烧毁，而桅杆也已不复存在。然而位于我们身后的各舰仍具有高度的自觉性。当我舰向北转向后，她们全都自觉地跟了上来。现在，我们战列巡洋舰中队重新成为整个舰队的前锋，向北方前进。

　　平静的战斗间歇持续到9点05分，然后突然有炮弹打来。全船再次响起"清理战位"的命令。

第四阶段：9点05分至9点37分

　　先前的战斗中，我们亲眼目睹了一场伟大海战的壮观场景。我们从一个胜利走向另一个胜利。现在，辉煌过后，我们将坦然面对苦难。在战斗的短暂间歇期，我仍然戴着耳机送话器待在舰桥上，随时保持警惕。当炮弹袭来，我立即返回我的潜望镜跟前，然后大声询问："敌人在哪里？"

　　随后传来报告："左舷发现轻型巡洋舰。"我命令哈索少校指挥150毫米副炮射击这些目标。而主炮则被留下来射击更重要的目标。哈索在大约7000米距离上开火。与此同时，我仔细搜索远处的海平面，没有任何发现。于是我命令主炮也加入战斗。敌舰的身影极为模糊，只有当她们开火时，炮口火焰显得较为清晰。她的四座双联装主炮塔正在对我们实施齐射。炮口火焰使得敌人的身影会被瞬间照亮。借助这短暂的亮光，我发现那根本不是什么轻型巡洋舰，而是一艘装备着380毫米大炮的重型军舰。

此时，舰队总司令已经意识到，我方舰队的先头部队正在驶入一个半圆形的包围圈，且位置暴露。我们正在踏足一个真正的死亡陷阱。情况十万火急。只有一个办法可以摆脱目前这个不利的战术态势：全体转向，原路撤退。但是这个战术动作必须连贯且在不引人注目的情况下达成。因此，战列巡洋舰和驱逐舰必须掩护主力舰队完成转向。大约9点12分，舰队司令发出转向信号，同时通过无线电向战列巡洋舰和驱逐舰部队发出了一则具有历史意义的命令："近敌攻击！"在我们的信号手册上，紧接着这个信号命令的就是"撞击！战斗到底！"所以我们舰桥上的信号军官不仅大声读出了司令官的命令，而且也将这个后续部分一并读出。

我们的舰长表情平静，眼睛都没有眨一下就下令道："全速前进！航向东南！"塞德利茨、毛奇和冯德塔恩紧紧跟在我们后面。大约在9点15分，我们调整到了新航向，然后就笔直地朝着敌舰舰列的前端冲了过去。有许多敌人正在同时向我们开火。我选择了一个目标，然后以最快速度展开射击。距离读数从12000米不断缩短，直至8000米。此时此刻，我们是在以最高速度冲进地狱。我们为敌人提供了一个明显的目标。对此，施赫伯上尉写道："希佩尔将军此时仍在换乘途中。战列巡洋舰部队暂时置于德弗林格号舰长的指挥之下。他们在驱逐舰的掩护下，向敌人的战列舰阵列发起了义无反顾地冲锋。浓密的冰雹般的炮火，向他们席卷而来。"

在我们的周围，炮弹不断落下，一轮接着一轮。不断有炮弹命中我们，军舰颤动不已。通往前桅顶部的电话线路和传声筒都被摧毁，我们与斯托施少校失去了联系。现在我只能完全依靠自己来观测炮弹弹着点。到9点13分为止，我舰的四座主炮塔依然工作正常。但是随后，舰尾的"恺撒"炮塔被一颗380毫米的炮弹直接命中。炮弹穿透防护装甲在炮塔内部爆炸，进而引燃了炮塔内的两具发射药筒，以至于大火弥漫。火焰一方面窜出炮塔，高高升起。另一方面也沿着弹药传输井向下面的弹药准备舱室蔓延，烧死了更多的人。但这些弹药只是燃烧，并不会像英国军舰那样发生爆炸。正是这个区别拯救了我们的船。最终，总计78名官兵中，只有5人通过弹壳抛掷窗口逃生成功，并且也被严重烧伤。其余 73 人皆战死在岗位上。

几分钟后，同样的灾难再次上演。一颗 380 毫米炮弹贯穿尾部的"多啦"炮塔的顶部，然后在炮塔内爆炸。除一名站在炮塔门口的水兵被巨大的冲击力抛出以外，连同连接炮塔的弹药库在内的 80 名官兵瞬间死亡。这两座炮塔就像两堆可怕的柴火，火焰蹿得老高，伴随着浓密的黄色烟雾。

9 点 15 分，信息传输站向我传来报告："毒气弥漫，必须撤离。"我深感震惊。信息传输站是受到严密保护的地方。如果这里都充斥着毒气，那么船上的其他地方的情况肯定更糟糕。我命令在撤出传输站以前把炮术指挥设备连接到前部火控室。现在，我指挥火炮射击的唯一方法就是，向身边的一名信息传递员口头下达命令。后者再通过传声筒和电话通知炮塔指挥官。这无疑会增加火控室里的嘈杂程度，也会使得命令传输时变得更不准确。但这是目前继续进行火控的唯一方式。

船体不断中弹。敌人肯定已经精确测定距离。当我想到船体内部的情形时，我的心头一阵抽紧。只要我们待在有装甲保护的火控室里，情况就不会太糟。但是突然间，我的思绪被打断。恐怖的声音、巨大的爆炸冲击波，和熄灭的灯火，让我感到整个指挥塔似乎被抛入空中，然后又落回原点。一颗重炮炮弹在距离前部火控室 50 厘米的地方落下，几乎就在我的面前。只是由于角度不理想，炮弹未能穿透防护装甲。但防护装甲板上也不可避免地出现损坏。黄绿色的有毒气体通过这些缝隙渗透进了火控室。

我命令全体人员带上防毒面具。这使得相互之间的信息交流变得更加困难。好在毒气很快就消散了，于是我们又小心翼翼地摘下面具。我们对所有仪器都检查了一遍，竟然没有发现什么损伤。甚至连那些精密的光学仪器也依然良好。但是那颗炮弹的一些碎片飞进了舰桥，包括导航军官在内，有数人受伤。

刚才恐怖的爆炸令我们火控室的装甲防护大门被震开，现在大门就处于敞开状态。有两个人正尝试着把门重新关上，但是门被紧紧卡住，无法关闭。就在这时，不期而遇的帮助出现了。又一次，一颗 380 毫米口径的炮弹命中我们，同样是巨大的声响和气浪。这次命中点位于舰桥下方。巨大的冲击波不仅让一整块的甲板飞了起来，也彻底掀掉了我们后面的海图室。所有的海图，连同我挂在那里的那件外套大衣，就在我们眼前消失。恐怖的冲击波同时也关上了火控室的大门。先替我们开门，再为我们关上。英国人永远这么彬彬有礼！

我通过潜望镜朝远处望去，只能看到炮口喷出的橘红色的火光，几乎看不到敌舰的身影。我只能根据这些火光测定距离，这是唯一的办法。我指挥前部的两座主炮塔不断开炮。目标也是一个正用两个炮塔对我们开火的军舰。其实我并不指望能够命中目标，但是我意识到不断射击有助于缓和船员们的神经。如果我们停止射击，全船就会被绝望的情绪笼罩和压倒。每个人都会以为：再过几分钟，一切就全都结束了。但是只要我们还在继续开火，事情看起来就不会太糟。左舷的副炮组也在同时开火，但只剩下两门 150 毫米副炮还能继续使用。

不幸的是，就在此时，"贝莎"炮塔的方位标示器出现故障。该炮塔的方位标示器已无法与我的潜望镜观察角度保持同步。现在，通过我的潜望镜所能指挥的炮塔仅剩下一座了。这样一来，我不得不通过传声筒先将参数传递给信息传输站，再从那里传达至"贝莎"炮塔。在军舰全速前进的情况下，这种方式意味着时间上的延误。炮塔指挥官不可能通过他的观察潜望镜对目标保持持续跟踪。而且在目前，除了开火时喷出的火光，我们现在完全看不见敌人。我只能集中火力射击一艘正在用两个炮塔对我们开火的目标。

尽管"安娜"炮塔的指挥官已被我调往后部火控室，顶替缺席的第四枪炮官的位置，但是该炮塔的射击几乎没有受到什么不利影响。而"贝莎"炮塔却频繁射击那些并非由我指定的目标。没有方位标示器的帮助，几乎无法令两座炮塔射击同一目标。

9 点 18 分，我们接到舰队总司令发来的无线电命令："向敌方队列前方运动。"这意味着对敌冲锋已经终止，我们现在准备与敌方队列前部舰船交战。我们于是转向，朝西南方向行进。现在，敌人的方位在我舰右后方，我身处前部火控室，无法看到他们。现在，火控任务交给后部火控室完成。但是必要的数据修正工作仍需依赖信息传输站完成。而眼下这是不可能的。此外，也不可能指挥剩下的两座主炮塔射击同一目标。

于是我命令炮塔在其指挥官的控制下独立展开射击。"贝莎"炮塔首先开火，"安东"炮塔随后也加入进来。但是前部炮塔的转动范围只有 220 度。

随着敌人进入我们后方的死角,射击不得不停止。现在我们几乎无能为力了。随后,当我们转向时,鱼雷军官在8000米距离发射了鱼雷。与此同时,此前一直尾随在我们身后的数个驱逐舰支队,向敌人发起了冲锋。而交战双方的大型战舰再次被浓烟笼罩。

我再次目睹了战场上的混乱情形。敌我识别变得越来越困难。越来越多的驱逐舰纠缠在一起,在浓烟中冲进冲出。已经发射了鱼雷的驱逐舰正在转向后退。各个驱逐舰中队在我们身后重新集结,然后发起第二轮冲锋。敌人消失在我们的视野中。火炮射击的声音充斥在我们周围,但是很明显,现在我们已不是目标。大家全都松了口气。由于我的枪炮记录员在9点15分离开了传输站,这一阶段的战斗没有留下记录。

9点23分,位于舰体后部的信息传输站传来消息:"这里已无法维持工作。"后来我得知,"恺撒"炮塔散发出的浓密的黄色烟雾经传声筒抵达这里。刚才在战斗的紧张阶段,无人注意到这个问题。现在大家突然发现,这里已经待不下去了。通讯军官霍希上尉下令将炮术指挥仪连接到前部火控室,然后全体撤离了传输站。随后一名技工带着防毒面具又回到这里。他用木塞堵住了传声筒,同时打开电扇排风系统抽出毒气。几分钟后,毒气被排空,人员又返回岗位。

现在,鉴于舰上大火四起,舰桥已完全被大火和浓烟包围,我们急需一个战斗间歇。9点37分,敌人已不在视野之内,我舰立即停火。所有炮手都被召集到甲板上,投入灭火工作。

炮战已经终止。现在展开的是一场水与火之间的斗争。尽管我们已尽可能把所有易燃物品清理出了军舰,但是柚木甲板、各种布料和油漆仍然令火势持续扩散。大约10点钟,我们终于控制住了火势。"恺撒"和"多拉"炮塔仍不时冒出黄色有毒气体,但是在向弹药舱注水之后,情况已经有所好转。几乎令人难以置信,我们的船能经受住如此严峻的考验。出色的抗打击能力和高效率的火力,可以说是对我们舰队建造者最高的褒奖。其中首推我们的提尔疲茨将军。

迟至9点20分,后部火控室的记录显示,吕佐号仍在视野以内。此时该舰正被浓烟笼罩着。但是随后,因为能见度不断恶化,这艘燃烧着的军舰就从我们的视野中彻底消失了。

我们中队的其他船只仍在我们身后，包括塞德利茨、毛奇和冯德塔恩。她们的情况也很不妙。塞德利茨号尤其受损严重。火焰从她的一个炮塔中钻出，高度几乎和舰桥一致。全船起火。舰首低垂。当搭载希佩尔将军的驱逐舰接近到该舰的舷侧时，将军获悉，这艘战舰的无线电设备都已损坏。船体内进水达数千吨。于是希佩尔将军决定前往毛奇号。指挥这艘战列巡洋舰的就是两年前基尔周期间指挥皇家游艇霍亨佐伦号的卡普夫上校。当希佩尔将军准备登舰时，毛奇号正处于敌人的火网之中，以至于卡普夫上校甚至不敢减速以方便长官上舰。

于是希佩尔将军又询问了德弗林格号的损失情况。得到的答复如下："仅有两门305毫米炮和左舷的两门150毫米炮尚可与敌交战；船体进水3400吨；除无线电接收设备以外，所有信号设备全毁。"这显然打消了将军将德弗林格号作为旗舰的想法。直至晚些时候，当形势缓和之后，他终于登上了毛奇号。因此，前一阶段的战斗中，战列巡洋舰中队事实上是在德弗林格号舰长哈托格的指挥下实施的。他的名字永远与战列巡洋舰中队的死亡冲锋联系在一起。

我军所有战列巡洋舰都遭遇巨大伤亡。数以百计的官兵在这场英勇冲锋中光荣捐躯。但是在我们的掩护下，连同驱逐舰中队的英勇冲锋，舍尔将军指挥的我方主力舰队得以顺利逃出敌人的包围圈。且主力舰队战力基本完整。

左图显示了德国舰队撤退动作的具体过程。最初，主力舰队以横队队形，向西北方向航行，直至7点48分。随后，舰队以纵队队形转向东北方向，直至8点35分再次转向向西。但是为了不丢下身处困境中的威斯巴登号，舰队随即又转向向东航行。当时这艘巡洋舰正在遭受着敌方炮火

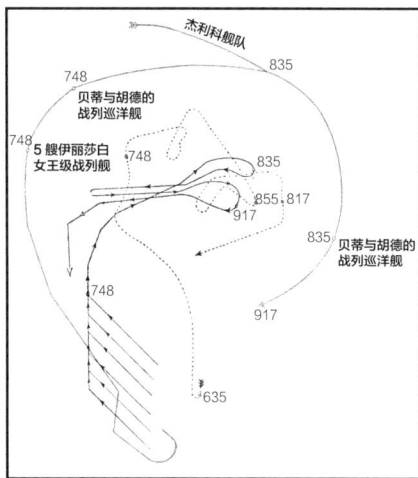

■ 交战双方运动轨迹

的蹂躏。9点12分，舰队总司令再次下达了转向西方的命令。5分钟后，在战列巡洋舰和驱逐舰的掩护下，主力舰队完成转向动作，成功摆脱敌人的半圆形包围圈。自7点48分起，主力舰队中参战兵力仅限于位于纵队前列的第3中队。他们的对手是伊丽莎白女王级战列舰。

而在两次向东行进的过程中，第3中队遭到了英国主力舰队的猛烈攻击。而位于纵队中间位置的第1中队，并未参与白天的战斗行动。但是他们在夜间战斗中首当其冲。第2中队由于速度较慢，落在后方几英里处。后面我会谈到，只是由于偶然的原因，该中队参与了最后阶段的战斗。此种合理的战术安排，使得我们每当遇到危急关头，都由走在纵队前部的现代化战列舰和我们战列巡洋舰中队出面应对。正因为如此，敌人才未能击沉我们哪怕一艘主力舰。受损严重的吕佐号直至第二天才被放弃，并由我方鱼雷击沉。而此时英国人已经损失了三艘他们最好的船。这个优异成绩必须归功于舍尔将军和他出色的参谋长特洛塔将军。

第五阶段：9点37分至6月1日

当我们从冲锋中缓和过来之后，接下来就是一段短时间的平静，一直持续到10点22分。我们利用这个战斗间歇为即将到来的夜战做准备。大部分探照灯已经损坏。右舷只有一个，左舷有两个尚可使用。"精灵"准尉和他的助手们正在全力以赴，投入修理工作。而我待在舰桥上，准备随时应对敌情。所有瞭望和观察人员都盯着远方的海平面，保持警惕。

大约10点钟，我们目睹了整个第1战列巡洋舰中队的阵容。整个中队正在有序地向南行进。德弗林格号仍然走在最前面，而我们的舰长此刻仍然指挥着整个中队。其余舰只无须任何信号指引，全都自觉地在我们身后排成一列。10点22分，我们突然遭到来自东南方向的炮火攻击。此时已接近黄昏。海上雾气越发浓重。"清理战位"的声音再一次响彻全舰。几秒钟之后，我指挥"安娜"炮塔对准了目标。而独立运作的"贝莎"炮塔由于受到烟雾影响，根本看不到目标。所以我只能指挥一个炮塔投入战斗。但是很快，一颗炮弹就命中了"安娜"炮塔座圈，将炮塔座圈处的一个轨道弄弯。整个炮塔现在被卡住了。我们最后的武器，至此失效了。

炮手们迅速冲了出来，用斧子和撬棍将弯曲的轨道移除，没过多久就使炮塔重新转动起来。但是我们的处境并没有好转多少。因为测距员们几乎都无法观察到弹着点溅起的水柱，我不得不完全依靠估计的距离参数指挥射击，距离参数从 8000 米到 1000 米不等。由于能见度恶化，我完全看不到炮弹落下溅起的水柱。我们再次面对不利处境。

然而很快，我们就获得了意想不到的支援。当整个舰队转向向南航行之后，由老式的德意志级前无畏舰组成的第 2 中队，成了战列舰纵队的先导舰。舍尔将军认为，撤退中的舰队应保持最佳的战术位置，所以他命令这些老式前无畏舰让出先导舰的位置，再次排列在战列舰舰队的末尾处。因此，整个第 2 中队暂时脱离队列，运动到我们的西侧。这就使其插入了我们与敌人之间。敌人突然发现，有 7 艘大型战舰正在高速向他们冲来。

与此同时，不知疲倦的驱逐舰再次对敌人发动了攻击。敌人遂转向消失在暮色中。此时我们已看不到任何敌人，但感到形势已有所缓和。我清楚地看到那些熟悉的老旧军舰，包括黑森号、波墨恩号、石勒苏益格 – 霍尔斯泰因号等等。她们都在猛烈射击，同时也承受着敌方的猛烈炮火。但是交战并没有持续太久。这些船在德国海军中被称为"五分钟船"，因为她们被认为不可能在英国的无畏级战列舰面前坚持超过五分钟时间。

10 点 31 分，我忠实的炮术日志记录员记下了德弗林格号打出的最后一发主炮炮弹的情况。方位指向 244 度。距离 7500 米。

北方地区漫长的白昼终于结束了。短暂的黑夜降临。时间从 11 点至第二天早上 2 点。

在这个夜晚，战列巡洋舰中队被要求待在整个舰队队列的末尾处。我们事实上被赋予了掩护撤退舰队末尾的重任。我不知道赛德利茨和毛奇是如何度过这个夜晚的。赛德利茨号受伤严重，必须付出极大的努力才能令船只浮在水面上。在舰长冯·埃吉迪上校和大副冯·阿芬斯立本中校的指挥下，全体船员竭尽全力，才使得这条船在战斗结束两天后返回了威廉港。

位居队列末尾处的只有德弗林格号和冯德塔恩号两艘战舰。对于当前的形势我们很难乐观。我们右舷尚有 6 门 150 毫米大炮可用。相比之下，左舷只有两门 150 毫米大炮可用。但船体右舷仅存一具探照灯完整。虽然这根本不足以应付需要，但我们还是决定尽可能利用右舷火炮与敌人的驱逐舰交战。此外，我们的船体此时仍在漏水。但情况尚可控制。

天色越来越暗。我们军官们离开指挥塔，前往舰桥。在那里，舰长用温暖的手握住我，说道："干得好！"这简单的言辞胜过日后我受到的任何嘉奖和肯定。舰长取出一瓶酒，斟满酒杯，我们全体为刚刚结束的这一天干杯。我派遣测距员哈奈尔离开舰桥，四处看看情况，顺便帮我拿一件新的大衣。他带着大衣回来向我报告说："先生，您的舱室是唯一还像个样子的地方。船上的其他地方几乎全毁了。"

我舰是整个队列中最后一艘船，这对于我们防御敌方驱逐舰攻击较为有利。因为这些攻击通常都发生在队列的前部。整个晚上我们只遇到了一艘英国驱逐舰。其他敌舰显然已被前方部队驱散。因为我们在绝大多数时间里置身事外，所以对于在这个晚上的夜战，我并无多少需要陈述的地方。但是我整晚都能观察到炮火的火光。英国驱逐舰必定以巨大的勇气对我军发动了一波又一波的攻击，但是收获寥寥。我军在这个晚上损失的唯一一艘军舰是轻型巡洋舰弗洛伦堡号。它不是被驱逐舰击沉的，而是被一艘英国巡洋舰用火炮和鱼雷击沉的。直到第二天黎明，英国驱逐舰才取得了一个战果。一次远距离的鱼雷攻击击沉了战列舰波默恩号。

从我们当前的位置，我们可以不受干扰地看到大部分的战斗场景。这些战斗距离我们都很远。探照灯的光束时隐时现，照亮了那些冲上来的驱逐舰。我们可以看到炮弹溅起的水柱，也能看到那些被照亮的驱逐舰的身影。敌我双方的舰船都喷吐出厚重的烟雾，所以我们无法辨清细节。但是当我们看到一艘又一艘燃烧着的舰船从我们身边驶过，战斗的结果还是显而易见的。那些燃烧着的军舰，在火焰的照耀下闪闪发光，就像是一件混合着红色和金色的工艺品。很明显，英国驱逐舰上的火焰蔓延极快。这表明这些军舰是以石油作为燃料的。石油一旦被点燃，就会在摇晃的军舰上快速蔓延开来。我们至少看到10艘驱逐舰和其他舰船从我们身边擦身而过。由于无法清晰辨认敌我，我们带着复杂的心情看着眼前的景象。

事实上，当晚没有一艘德国驱逐舰沉没。我们的驱逐舰四散开来，搜索敌人的舰队，但是遗憾的是毫无收获。当夜晚我们船头的火光熄灭后，我听到右舷不远处有驱逐舰引擎发出的声音。该舰当时肯定在高速行驶中。很快，一个黑影出现在四点钟方向。现在，我们是否应该冒着暴露自己的危险打开探照灯？还是等待敌人做好发射鱼雷的准备之后，让他的探照灯先照到我们身上？

我迅速向舰长建议，不要开灯。他同意了。驱逐舰高速从我们身边驶过。距离最近时只有 300 到 400 米。但是她既没有打开探照灯，也没有开火。位于我们前面的冯德塔恩号也如法炮制。舰上的枪炮官后来告诉我，他们也害怕探照灯会把敌人吸引过来。

6月1日2点15分，夜晚结束，黎明到来。我们从一艘燃烧的船的身边驶过。那是英国装甲巡洋舰黑王子号。整条船已被烧得通红，不可能还有生命迹象存在。3点10分，我们听到左舷传来两声爆炸的声音，但什么也看不到。我们努力保持前进的步伐，但总是走走停停。因为我们前方的队列不时因为敌方驱逐舰的攻击而陷入混乱。为了躲避鱼雷并反击敌人的驱逐舰，船只频繁驶出队列，实施圆弧形机动，然后再设法重新回到队列当中。在这个过程中，原先走在正数第二位的拿骚号战列舰逐渐落到了队伍后面，最终成为整个队列中的倒数第二艘船，就在我舰的前面。我们的导航军官和瞭望员们付出了巨大的努力，才使我舰保持在队列末尾，并与前方的军舰保持适当的距离。整个夜晚，我们从未与大部队失散。

现在，当黎明到来，我认为我们将与整个英国舰队决战。所有相关准备工作已经展开。经过彻夜努力，"精灵"瓦尔得泽克准尉和他的助手们终于修好了"贝莎"炮塔的观瞄设备。

我站在舰桥前端，搜索四周。敌方驱逐舰的攻击似乎已经停止。但在大约3点50分，我突然听到一声巨大的爆炸声。在我们的前方，一个火焰直冲天空。在这个距离观察，就像一大捆烟花发出的火焰。我看到走在我们前方的两艘军舰全部打右舵，做出规避动作。究竟发生了什么？我舰维持原先的航向继续前进，当我们抵达事发地点时，我们四处张望，寻找残骸或者是落水的幸存者，但是没有任何发现。直到这时，我们还没有意识到究竟发生了什么。事实上，就在几分钟以前，13000 吨的前无畏舰波默恩号，就消失在这个地点。

一艘英国驱逐舰成功地利用了糟糕的能见度接近了舰队，并且发射了鱼雷。波默恩号显然是被命中了弹药舱，被炸成碎片，以至于全无半点痕迹留下。无人幸存。其中包括我的好友艾尔中校。作为一名枪炮军官，他总是富有工作热忱，竭尽所能令舰上的弹药库远离鱼雷威胁。然而恰恰是一枚鱼雷直接命中弹药库，导致了这场灾难。直到第二天，我们才得知了这艘不幸爆炸的军舰就是波默恩号。

4点10分，走在我们前面的第2中队开火射击。我们以为决战即将开始，所以也下达了"清理战位"的命令。但是很快我们就发现，眼前出现的仅仅是一艘英国驱逐舰。它因为距离我们较近，所以遭到火力驱赶。也有可能，这艘驱逐舰就是在刚才发射鱼雷击沉了波墨恩号的那一艘。现在轮到它走背运了。由于距离较近，这艘驱逐舰被击中起火，变成了一个游荡着的火炬。

与此同时，太阳升起。整个舰队中数以百计的光学仪器开始搜索远处的海平面，但毫无敌人的踪迹。舰队继续维持向南的航向。6月1日中午，我们终于抵达了威廉港。

我舰损伤严重，很多地方已变成一堆废墟。但重要部位都还完好。多亏了厚重的装甲，引擎室、锅炉舱、操舵室，推进器舱，以及大部分辅助机械设备舱都未受到破坏。引擎舱曾一度毒气弥漫，但在使用防毒面具之后仍可操作。当然，此过程中人员伤亡不可避免。整条船上散布着数千个各种口径炮弹的碎片。其中包括两个完整的380毫米炮弹弹头的风帽。它们后来被分别陈列在舰长室和军官休息室。装甲带上有几处被击穿，但是洞口要么被临时堵住，要么就用水淹没破损的舱室。

在威廉港，我们埋葬了死去的战友。德弗林格号上总共有接近200人战死。

6月4日，皇帝视察了我舰。然后我们驶往基尔，接受改装。直至1916年12月，我们才重新做好战斗准备。但是斯卡格拉克战役是我们与敌人的最后的战斗机会。现在，这艘光荣的军舰已经与同伴们长眠斯卡帕湾的海底。

战役反思

当6月1日早上的太阳跃出水面时，德国舰队已经抵达哈恩礁附近。周围没有发现敌情。我如释重负。以我舰当时的状况，根本不足以应对一场与优势敌人的战斗。前部两座炮塔下方的弹药库已经快要见底。而舰体后部的两座弹药库则已被淹没。对于舰队和祖国，我从心底里感到遗憾，因为我们没有把战斗进行到底。

我们的司令官舍尔将军肯定也抱着同样的心情。对英国人而言，那天早上再次迫使我们投入战斗是很容易的事情。整个夜晚，他们的巡洋舰和驱逐舰与我们保持接触。我们所有的动向肯定已经通过无线电报告给了他们的司令官。对我们的祖国而言，如果战斗能够在哈恩礁或者赫尔戈兰岛附近继续进行的话，那真是幸事。根据 5 月 31 日的战斗经验判断，要消灭德国舰队将迫使敌人付出惨重的代价。如果杰里科在 6 月 1 日坚持把战斗进行到底的话，到当天黄昏时，世界最强舰队的桂冠将毫无疑问地落到美国人头上。

我并不怀疑继续战斗的最终结果。但是从炮术的角度看，任何人根据先前战斗中敌我双方舰船和炮术的对比，都可以得出结论，这样的战斗将使敌人付出惨重代价。

5 月 31 日，当舍尔将军指挥整个舰队逃离英国人布下的陷阱之后，他无法在黎明前重新找到一个合适的战术时机。而夜间，两军主力舰队之间的战斗也是不现实的。尽管我们为夜间的混战准备了大量的身份识别信号，但是还是会发生无法区分敌我的事情。即便我们不惜一切寻求夜战，英国舰队也会设法躲避。这样的战斗将无法发挥他们在数量、速度和远程火力方面的优势。杰里科在夜间正确的控制了舰队运动，并且成功躲开了我方驱逐舰的搜索。

从战略角度看，杰里科在 6 月 1 日拒绝继续作战也是明智之举。英国舰队再次成为一支存在舰队。斯卡格拉克战役并没有缓解压在英国舰队身上的作为存在舰队的压力。如果杰里科在 5 月 31 日拒绝与我方作战，并且返回基地，那么我们就可以继续执行原定的破坏交通线的作战行动，从而至少暂时实现对北海的控制权。但是斯卡格拉克战役打乱了这一切。当我们于 6 月 1 日返回德国基地时，杰里科对北海的控制未受到影响。既然他已经掌握了这一战略优势，为何还要冒着巨大的风险投入战斗呢？

杰里科返回了斯卡帕湾。后来他把司令官的位置让给了贝蒂。而他则受封斯卡帕子爵。在英德两国，这都引发了大量的嘲笑之辞。一个海军上将，指挥他的舰队在一个荒凉的地方待了四年，并最终以此地名受封爵位。然而这四年间，这支英国舰队施加了决定性的影响力，并且使我们的舰队最终在斯卡帕湾走向终结。这是斯卡帕子爵的胜利。

斯卡格拉克战役之后，英国相信，它的胜利已受到动摇。丘吉尔公开发表了一系列文章，讨论这个问题。照我的看法，丘吉尔无疑是对的。他告诉我们如下教训：只有当远离我们的水雷阵地、潜艇基地和海岸防御设施的情况下，英国舰队才会与我们交战。但是如果我们试图突破英国施加的封锁，他们必将全力与我们对抗。所以我们必须在英国海岸附近寻找敌人的舰队，并与其作战。

一种相反的论调认为，我们不应令公海舰队冒险出战，而是要努力保持完整。只有这样，才能保障潜艇战的顺利实施。而如果丧失舰队，德国的港口将遭到彻底封锁。针对此种观点，我认为：首先，与敌方舰队交战并不等于我们就会失去舰队。斯卡格拉克战役已证明了这一点。其次，无论如何，我们都应该保留大量的巡洋舰、老式战列舰、水雷战舰艇、飞机和海岸防御设施，以支持潜艇战。

此外，我们还应该将卡特加特海峡作为我方潜艇的出击基地。因为在弗兰德斯的潜艇基地，由于缺乏舰队支援而面临巨大困难。而且，在公海上的舰队决战将有可能迅速决定战争胜负，从而使得潜艇战不再必要。

我不希望这些思考损害我们在斯卡格拉克战役中的胜利喜悦。但是最终，这样的胜利与我们在陆地和海上的胜利一样，未能为德意志民族带来最终的胜利。然而在当时，这支强大的舰队曾给德国人民带来力量与信心，带来国家民族的自豪感。对英国来说，那是黑色的一天。近万名英国水兵葬身海底，而只有大约两千余名德国水兵在胜利的旗帜下献出生命。

对于德意志民族在海洋上所经历的这伟大的一天，我的叙述到此为止。我希望，我的这本小书能和丘吉尔所发表的那些文章一起，启迪德国人民，让他们了解海权对世界历史的影响，并且意识到在将来，海权还将继续发挥这样的影响。我也希望，在不远的将来，许许多多的德国人，带着身为一名德国人和一名水手的自豪感，聆听吹拂在耳边的海风的声音。

　　毫无疑问，我们现在是一个穷国。并且国家的荣誉饱受侮辱。但是我们德国人民绝不会永远忍受这种被剥夺勇气的状态。我们必须铭记于心：

　　失去金钱，轻若鸿毛！

　　失去荣誉，危若累卵！

　　失去勇气，万劫不复！

斯卡格拉克战役

莱因哈德·舍尔 [1]

---

[1] 1916年5月31日至6月1日，德国公海舰队在莱因哈德·舍尔海军中将的指挥下，参加了日德兰大海战（德国人称之为斯卡格拉克战役）。本篇节选自他的回忆录《世界大战中的公海舰队》。

4月25日的炮击行动成功引起了英国人注意。但是我们的期望再次落空。英国舰队并未被吸引出来，抵挡我军对于英国海岸目标的攻击。这不是第一

■ 最终官至海军上将的莱因哈德·舍尔将军

次了。在 1914 年 12 月、在 1915 年 1 月，以及当前这次，每一次英国舰队总是来得太晚，以至于每一次德国人总能全身而退，令英国人颇感烦恼。所以英国海军大臣贝尔福感到，他有必要发表一份公开声明声称，如果德国舰船再次冒险出现在英国海岸附近，英国舰队将采取一切措施，确保德国人受到惩罚。然而，我们打算利用这样一个机会，再次出击。

这样一次出击很可能会令我们卷入一场残酷的战斗。那么，令第 2 中队随同出海，是否明智呢？这是个问题。5 月初，我命令该中队暂时停泊在碧玉锚地，以便我能有机会与第 2 中队指挥官做充分讨论。我们讨论了各种可能出现的战斗情况，以决定是否应将该中队留在后方。此外，船员的士气和荣誉感也是需要考虑的因素。他们显然不愿听到，他们和他们的船已经被打入二线部队的行列。一年半以来，战列舰上的官兵们一直期望与敌人交战。但是战列舰的行动被严格限制在保卫德国湾的任务上，所以他们看不到与敌人交战的前景。这种状况已经对于船员士气产生了不利影响。然而另一方面，派遣这些舰船出海是一项重大责任。因为这些舰船很可能将会与敌人进行一场不公平的较量，而敌人显然会充分利用他们的优势。我必须承认，除了第 2 中队指挥官莫夫少将的滔滔辩词之外，我自己与该中队也有很深的渊源，从而促使我决定，不应该令官兵们失望，而应该带领他们出海作战。所以在 5 月 31 日的战斗中，第 2 中队成为德国舰队的一部分，并且对于战斗颇有贡献。对于这个决定，我从未感到遗憾。

塞德利茨号于 4 月 24 日被水雷炸伤，鱼雷发射管受损。维修工作颇为繁复，所以在 5 月底之前不可能回归一线。侦察部队指挥官希佩尔中将已经在吕佐号战列巡洋舰上升起了他的将旗。第 3 中队下属的战列舰也面临技术问题。它们的蒸汽冷凝器需要维修。而且自从上一次出海归来，该中队的舰船至少还有七处机械故障，需要处理。第 3 中队舰船有一项优势，即每艘船都装配了三台引擎。先前的使用表明，只要有两台引擎能够正常运转，即可令舰船接近最高速度。同时，引擎的安装布置是一个明显的失败，而且由于船只内部空间有限，这个问题无法被修正。这就会导致出现这样的情况：当一台蒸汽冷凝器出现故障时，即便把引擎连接到另外两台冷凝器中的一台，那么该引擎还是无法产生蒸汽。也就是说这台引擎将无法稳定工作。而且一个糟糕的事故很可能会导致两台蒸汽冷凝器发生泄漏事故，从而导致一艘战列舰无法跟上大部队。在舰队备战之际，得知我军最强大的中队居然有这样的弱点，感觉很不舒服。

下一次行动的目标是英国东海岸中部城市桑德兰，计划对这里的港口设施和岸上防御工事展开炮击。我们希望贝尔福先生能像他许诺的那样，派出舰队前来。5月18日，正式命令下达。全文如下："我军巡洋舰对桑德兰展开炮击行动，旨在引诱敌方舰队前来攻击。为了对敌方舰队实施攻击行动，公海舰队主力应位于多格尔沙洲以南海域。潜艇将在英国东部海岸线外占领阵地，做好随时攻击的准备。我军还将在敌方港口外布设水雷。如果时间和环境允许，还应对敌方商船展开攻击。"

所有鱼雷艇部队官兵已经接到命令：在检查敌方商船时，必须遵循荣誉法则。鱼雷艇是最适合承担检查敌方商船任务的舰船。但是因为鱼雷艇上缺乏足够的人手，我们不可能将缴获的敌方商船开回我方港口。第1和第2侦察舰队将被置于侦察舰队司令的指挥之下。第2、第6和第9鱼雷支队将为其提供支援。第4侦察舰队和其余的鱼雷艇支队将伴随公海舰队主力。（第3侦察舰队由老式装甲巡洋舰阿尔伯特亲王号、海因里希亲王号和罗恩号组成。由于缺乏速度，且防护水准欠佳，这些舰船被认为不适合北海的作战环境，因此被编入波罗的海的部队。）16艘我军潜艇已接到命令，需提前占领有利攻击位置。此外，弗兰德斯基地也将出动6至8艘潜艇，配合作战。5月15起，这些潜艇陆续进入北海，开始进行侦察。从5月23日到6月1日，这些潜艇各自占据了分配给自己的位置，从而构成了一个广阔的侦察区域。它们负责观察敌方舰队的活动。一旦敌人出动，需收集相关的信息并及时报告。同时，潜艇还必须抓住一切机会向敌人发动攻击。我们的飞艇部队也做出了最大限度努力，以从空中提供侦察支持。潜艇在其阵地待机时间是有限的。这就为整个计划的实施，施加了限制。如果无法实施空中侦察，就只能完全依靠潜艇了。最终，整个空中侦察计划被放弃。

随着时间推移，天气状况越来越糟。飞艇指挥官只好报告称："他无法派遣任何飞艇升空。"因此，尽管其他各项准备工作仍然按部就班，整个作战计划还是做了大幅度调整。我们现在决定，对斯卡格拉克海峡附近的敌方商船和巡洋舰实施一次攻击行动。我们期望，一旦我方巡洋舰出现在这一水域，敌人能够及时得到消息。为达成这一企图，我军巡洋舰被要求靠近挪威海岸，直至岸上人员目视所及的距离，以确保敌人能够注意到我军的行动。这些行动最终导致了斯卡格拉克战役。我将依据我本人对此次行动提交的官方报告，来描述这次战斗。

一个人如果想要评价和判断这场战役的过程，他就必须牢记，在海战中，一名指挥官总是根据发生在他周围的种种事件，采取相应的行动。如果仅仅根据己方事后的记录，或者来自敌方的有价值的信息，来进行判断，那么就有可能得出错误的印象。所谓领导的艺术，包含着这样一种技能，即从当时当地所获得的各种印象中，尽可能拼凑出一幅正确的图景，并据此采取相应的行动。历史学家们往往能够做到事后诸葛亮。他们可以得出一个全面的战术论断，进而指出明显的决策失误；或者对战场形势有着更透彻的认知，进而做出更优越的决策。但在做出明确的评判时，必须注意到一个易遭到忽视的因素，即出其不意的行动往往更有成功的希望。因为作战效能是取得胜利的首要因素。而这样的因素是无法通过数学加以精确衡量的。1915年1月24日，战列巡洋舰塞德利茨号所遭受的损伤，曾使我坚信，这些舰船不可能经受住大口径火炮的持续轰击。但是接下来的这场战斗证明，我的观点是错误的。任何时候，即便是最强大的战舰，也可能被一发炮弹决定它的命运。对于一场海战中发生的种种事件，人们总是会提出各种质疑和责难。但是任何一个持此种观点的人应该明白，如果事情不是如此发展的话，那么他很可能会身处险境。

⟶ 进击 ⟵

5月30日，尽管仍然无法确定是否实施远程空中侦察行动，我还是决定，奔赴斯卡格拉克海峡。海峡附近的日德兰半岛将为我们提供可靠的掩护，使我们避免遭到敌方突袭。如果我们仍然把出击的目的地选在西北方向的桑德兰港，那么远程空中侦察就是不可或缺的。因为如果那样的话，我们势必会进入一片陌生的水域，有可能会丧失交战的主动权。而我们决不能允许自己身处如此险境。然而当前我们选择的出击路线，因为距离的因素，将使得敌人召唤增援更加困难。所以尽管我们依然希望得到空中侦察支援，但这已并非绝对必要。如前所述，我军潜艇现在都已进入各自阵位。其中一些潜艇正面对着斯卡怕湾。有一艘在马里湾。另一些在福斯湾和亨伯港（humber）附近。剩下的都在荷兰附近的泰尔斯海灵岛（Terschelling）以北水域。如此部署的目的在于，我们预计敌方舰队将会从北方南下。果真如此的话，这些潜艇将有机会与敌人遭遇，并获得攻击机会。

1916 年 5 月 30 日至 6 月 1 日，参加斯卡格拉克战役及相关行动的各单位及指挥官如下表所列：

公海舰队：

腓特烈大帝号（公海舰队总旗舰）：舰队司令舍尔海军中将；参谋长冯·特罗塔上校；首席作战参谋冯·莱文佐夫上校；海军部参谋军官法斯莱姆上校；舰长福歇上校。

第 1 中队：

东弗里斯兰号（旗舰）：指挥官厄哈德·施密特中将；海军部参谋军官魏格纳上校；舰长冯·纳兹梅尔上校。

波森号：艾格哈特少将；舰长朗格上校。

图林根号：舰长屈塞尔上校。

赫尔戈兰号：舰长冯·卡麦克上校。

奥尔登堡号：舰长霍夫纳上校。

莱茵兰号：舰长罗哈特上校。

拿骚号：舰长克拉彭巴施上校。

威斯特法伦号：舰长莱德利希上校。

第 2 中队：

德意志号（旗舰）：指挥官莫夫少将；海军部参谋军官卡勒特上校；舰长麦约尔上校。

汉诺威号：冯·达尔维克少将；舰长哈奈上校。

波墨恩号：舰长波尔肯上校。

西里西亚号：舰长伯奈克上校。

石勒苏益格－霍尔斯泰因号：舰长巴伦特拉普上校。

黑森号：舰长巴特尔斯上校。

第3中队：

国王号（旗舰）：指挥官拜恩克少将；海军部参谋军官格杰恩上校；舰长麦约尔上校。

皇帝号：诺德曼少将；舰长凯瑟林上校。

大选帝侯号：舰长戈特上校。

边境总督号：舰长塞夫林上校。

皇太子号：舰长菲德特上校。

凯瑟琳号：舰长西瓦斯上校。

路易伯特亲王号：舰长豪塞尔上校。

第1侦察舰队：

吕佐号（旗舰）：指挥官希佩尔中将；海军部参谋军官雷德尔上校；舰长哈德尔上校。

毛奇号：舰长卡普夫上校。

德弗林格号：舰长哈托格上校。

塞德利茨号：舰长埃吉迪上校。

冯德塔恩号：舰长岑克尔上校。

第2侦察舰队：

法兰克福号（旗舰）：指挥官波迭克少将；海军部参谋军官斯塔彭霍斯特上校；舰长特罗塔上校。

皮劳号：舰长蒙默森上校。

埃尔宾号：舰长马德伦上校。

威斯巴登号：舰长赖斯上校。

罗斯托克号：舰长菲尔德曼上校。

雷根斯堡号：舰长钮比瑞尔上校。

第 4 侦察舰队：

斯德丁号（旗舰）：指挥官冯·赖特少将；海军部参谋军官韦伯上校；舰长雷宾斯堡上校。

慕尼黑号：舰长波克上校。

弗洛伦堡号：舰长霍夫曼上校。

斯图加特号：舰长哈格道恩上校。

汉堡号：舰长冯·高德克上校

鱼雷艇部队：

指挥官米歇尔森准将，坐镇罗斯托克号巡洋舰。海军部参谋军官京克曼上校。

副总指挥海因里希准将，坐镇雷根斯堡号巡洋舰。

第 1 鱼雷艇支队：

旗舰 G39 号鱼雷艇：指挥官阿布莱奇中校。

第 1 分队：旗舰 G39 号鱼雷艇：指挥官阿布莱奇中校。

第 2 鱼雷艇支队：

旗舰 B98 号鱼雷艇：指挥官舒尔上校。

第 3 分队：旗舰 G101 鱼雷艇：指挥官博伊斯特上校。

第 4 分队：旗舰 B109 鱼雷艇：指挥官迪特马尔上校。

第 3 鱼雷艇支队：

旗舰 S53 号鱼雷艇：指挥官霍尔曼上校。

第 5 分队：旗舰 V71 号鱼雷艇：指挥官高特尔中校。

第 6 分队：旗舰 S54 号鱼雷艇：指挥官卡洛瓦中校。

第 5 鱼雷艇支队：

旗舰 G11 号鱼雷艇：指挥官海因奈克上校。

第 9 分队：旗舰 V2 号鱼雷艇：指挥官霍弗中校。

第 10 分队：旗舰 G8 号鱼雷艇：指挥官克莱因中校。

第 6 鱼雷艇支队：

旗舰 G41 号鱼雷艇：指挥官舒尔茨上校

第 11 分队：旗舰 V44 鱼雷艇：指挥官瑞曼中校。

第 12 分队：旗舰 V69 鱼雷艇：指挥官腊克斯中校。

第 7 鱼雷艇支队：

旗舰 S24 号鱼雷艇：指挥官科施上校

第 13 分队：旗舰 S15 号鱼雷艇：指挥官蔡策维茨中校。

第 14 分队：旗舰 S19 号鱼雷艇：指挥官考德斯上校。

第 9 鱼雷艇支队：

旗舰 V28 号鱼雷艇：指挥官戈赫勒上校。

第 17 分队：旗舰 V27 号鱼雷艇：指挥官厄哈特中校。

第 18 分队：旗舰 V30 号鱼雷艇：指挥官蒂尔森上校。

潜艇部队：

指挥官鲍尔上校，位于汉堡。海军部参谋军官吕佐上校。

U24：施耐德上尉

U32：派克莱希姆上尉

U63：舒尔茨上尉

U66：冯·波茨迈尔上尉

U70：魏施上尉

U43：约斯特上尉

U44：瓦根富勒上尉

U52：沃尔特上尉

U47：梅茨格上尉

U45：希尔布兰德上尉

U22：霍珀上尉

U19：魏茨巴赫上尉

UB22：普策尔上尉

UB21：哈莎根上尉

U53：罗斯上尉

U64：莫拉特上尉

飞艇部队：

L11：舒策尔上校

L17：厄李希上尉

L14：波克尔上尉

L21：马克思·迪特里希上尉

L23：冯·舒伯特上尉

L16：索默菲德特上尉

L13：波尔特上尉

L9：斯特林上校

L22：马丁·迪特里希上尉

L24：科赫上尉

　　遵照命令，侦察部队指挥官希佩尔海军中将于 5 月 31 日早上 4 点离开碧玉锚地。他小心翼翼地避开丹麦海岸线，以免被发现，直趋斯卡格拉克海峡。预计到当天日落之前，他就能出现在挪威海岸线附近，并于当晚巡航斯卡格拉克海峡，然后在第二天中午与主力舰队汇合。希佩尔将军麾下的部队包括第 1 和第 2 侦察舰队，以及第 2、第 6 和第 9 鱼雷艇支队。鱼雷艇舰队副总指挥乘坐雷根斯堡号巡洋舰，指挥上述各鱼雷艇支队。为了及时支援侦察舰队的作战行动，并于第二天顺利与其汇合，主力舰队的出海时间仅比侦察舰队晚 30 分钟。兵力构成包括：第 1、第 2、第 3 中队；第 4 侦察舰队；第 1、第 3、第 5、第 7 鱼雷艇支队。鱼雷艇舰队总指挥乘坐轻型巡洋舰罗斯托克号，指挥麾下各支队。各战列舰中队以单纵队阵型前进。第 3 中队在前；第 1 中队居中；第 2 中队殿后。

阿尔伯特国王号战列舰缺阵，导致第 3 中队未能齐装满员。该舰的蒸汽冷凝器在数日前遇到麻烦，尚未修复。虽然我们缺少了一艘主力战舰，但是鉴于不可能进一步推迟行动计划，对于当前状况，我只能无奈接受。第 2 中队同样兵力不齐，欠缺普鲁士号和洛林号两艘战列舰。前者目前正在波罗的海执行任务；后者技术状态不佳，不宜出战。环绕在战列舰周围的，是第 4 侦察舰队和各鱼雷艇支队。

在阿姆拉姆沙洲以西海域，我军从敌方的水雷阵地中清扫出一条通道，以便让公海舰队顺利通过，进入开阔海域。此时海面能见度良好，风向西北，风力轻微，海面平静。早上 7 点 32 分，U32 号潜艇报告称，在福斯湾以东 70 英里处，发现英军 2 艘战列舰、2 艘巡洋舰和一些鱼雷艇。敌军正朝向东南方向航行。8 点 30 分，U32 号的第二封电报声称，它截获的英军无线电通讯显示，2 艘大型战列舰和大批驱逐舰正在离开斯卡帕湾。8 点 48 分，U66 号潜艇发来电报，声称在斯卡帕湾以南水域发现英军 8 艘战舰，包括战列舰、巡洋舰和驱逐舰。它们正朝东北方向航行。

这些报告并不能显示敌人的意图。敌方舰队似乎正分成几个部分，并且朝着不同的方向前进。这说明它们并不是在执行一个统一的计划。而且这些行动并不能表明敌人正在朝德国海岸线靠近，没有迹象表明这些行动与我军当前的行动有任何关联。但是这些行动确实表明，我军有可能与敌方部分兵力交战。这也是我们一直以来的期望。所以我们最终决定，继续执行当前的作战计划。在当天下午 2 点至 3 点期间，L9、L14、L16、L21 和 L23 号飞艇陆续起飞。它们对赫尔戈兰湾北部和西部海域实施了侦察。但他们并没有发现任何己方或敌方的舰队，也没有参与随后爆发的战斗。

➻ 第一阶段：巡洋舰交战 ↤

下午 4 点 28 分，位于战列巡洋舰纵队西侧的埃尔宾号巡洋舰，收到了第 4 鱼雷艇分队旗舰 B109 号的报告。后者声称自己发现了一艘蒸汽船。地点位于丹麦海岸线以西 90 海里处，目前正派人前去对商船实施临检。如果不是鱼雷艇向西行驶去检查这艘蒸汽船，进而发现了更西边敌方巡洋舰喷吐出的烟雾，那么我方巡洋舰很有可能会与敌人擦肩而过。所以的确应该感谢这艘蒸汽船。

敌方兵力构成为 8 艘加罗林级轻型巡洋舰。一旦敌人发现我方兵力，立即掉转航向，向北驶去。第 2 侦察舰队司令波迪克少将下令追击。下午 5 点 20 分，侦察舰队指挥官目视发现，在其西方水域，两列由大型舰船组成的纵队正向东方驶来。随后，这些大型舰船被识别出来，全部是英国战列巡洋舰，包括 3 艘狮级、1 艘虎级和 2 艘不倦级，此外还发现一些轻型巡洋舰。第 2 侦察舰队此时继续北进，侦察舰队指挥官随即将其召回，以准备实施攻击。敌人排成战列线，向南驶来。这是贝蒂中将统帅下的第 1 和第 2 战列巡洋舰中队，包括狮号、皇家公主号、玛丽女王号、虎号、新西兰号和不倦号。敌人向南驶来。这一点对我军有利，因为有可能将其引向我方主力舰队。侦察舰队遂亦转向向南行驶，并逐渐与敌人接近。5 点 49 分，当距离缩短至 13000 米时，终于

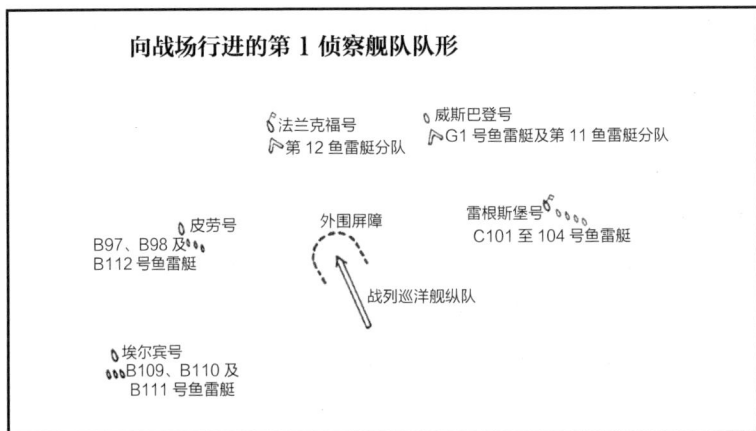

向战场行进的第 1 侦察舰队队形

■ 向战场行进的第1侦察舰队队形

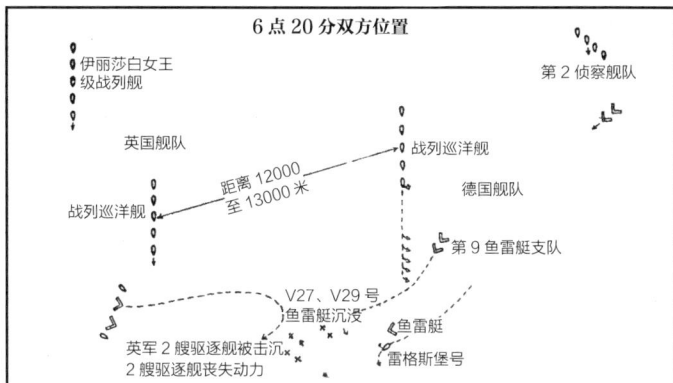

6点20分双方位置

伊丽莎白女王
级战列舰

第2侦察舰队

英国舰队

战列巡洋舰

德国舰队

距离12000
至13000米

战列巡洋舰

第9鱼雷艇支队

V27、V29号
鱼雷艇沉没

鱼雷艇

英军2艘驱逐舰被击沉
2艘驱逐舰丧失动力

雷格斯堡号

■ 下午6点20分双方位置

开火射击。（贝蒂伯爵给出的距离参数是18500码。）

战斗沿着东南航向进行。侦察舰队始终将敌人置于火炮射程以内。火炮射击效果优异，所有敌舰均遭命中。大约在6点13分前后，我方战列巡洋舰冯德塔恩号命中敌方舰列末端的不倦号。后者随即发生灾难性的大爆炸。直至6点19分，射击效率和战术优势都为我方所掌握。但是随后，位于我军舰列西北方向20000米之外的4艘伊丽莎白女王级战列舰，开始向我军开火。这是英国第5战列舰中队。（根据英国方面的资料，这4艘战列舰分别是巴勒姆号、厌战号、勇敢号和马来亚号。）这些战舰明显拥有速度和火力优势，使得我方形势急剧恶化。而由于我军正全力以赴与贝蒂的战列巡洋舰交战，根本无力顾及这个新出现的敌人。

6点20分，双方战列巡洋舰的交战距离有12000米。但是我军与敌方伊丽莎白女王级战列舰的距离高达18000米。此时，只有第9鱼雷艇支队处于较为理想的攻击位置。而身处雷根斯堡

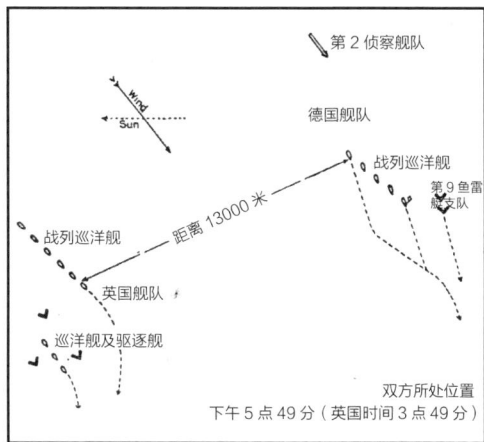

第2侦察舰队

wind

德国舰队

sun

战列巡洋舰

战列巡洋舰

距离13000米

第9鱼雷
艇队

英国舰队

巡洋舰及驱逐舰

双方所处位置
下午5点49分（英国时间3点49分）

■ 下午5点49分双方所处位置

号巡洋舰上的鱼雷艇舰队副总指挥海因里希准将，则率领第 2 鱼雷艇支队的部分兵力，全速穿越战列巡洋舰线列的前端。第 2 侦察舰队连同剩下的鱼雷艇部队，由于受到伊丽莎白女王级的压迫，被迫向东退却，以躲避其炮火。所以尽管他们已经开足马力，仍无法绕到战列巡洋舰线列的前方。

在此形势下，鱼雷艇舰队副总指挥下令第 9 鱼雷艇支队全力冲锋，以缓解我方战列巡洋舰所受到的压力。其实在下达此命令之前，该鱼雷艇支队指挥官戈赫勒上校，已经决定自行发起冲锋。

6 点 30 分，第 9 鱼雷艇支队冒着猛烈的炮火，发起了冲锋。在 9500 米至 8000 米的射程内，总共发射了 12 枚鱼雷。冲锋不可能一帆风顺。敌方有 18 至 20 艘驱逐舰，在其巡洋舰的支援下，设法拦截我方鱼雷艇，以至于双方在 1000 至 1500 米的近距离爆发战斗。所以，能够冲到距离敌方战列巡洋舰 8000 米处，已经是尽了最大努力了。雷根斯堡号率领第 2 鱼雷艇支队随后也投入了战斗。我方战列巡洋舰以副炮支援他们。战斗持续了 10 分钟。敌人随后转向脱离。因遭到敌方大口径炮弹命中，我军 V27 号和 V29 号鱼雷艇沉没。V26 号和 S35 号鱼雷艇冒着敌人的炮火，将这两艘艇上的乘员接走。敌方也有损失。至少有 2 艘驱逐舰被击沉，但也有可能是 3 艘。另有 2 艘驱逐舰受到重创，丧失航行能力，随后落入我军主力舰队之手。英国人并未尝试救援这些船上的船员。

在我军鱼雷艇与敌方驱逐舰交战过程中，我军第 1 侦察舰队的火力始终将敌方战列巡洋舰牢牢锁定。同时，第 1 侦察舰队还必须全力以赴实施机动。这些机动动作非常成功，以至于尽管第 9 鱼雷艇支队观察到了敌军施放了大量鱼雷，但这些鱼雷还是无一命中。6 点 30 分，敌方战列巡洋舰阵列中处于第三位的玛丽女王号发生大爆炸。当爆炸掀起的浓烟最终散去时，这艘军舰已经消失了。至于爆炸发生的原因，尚不能肯定是因遭到炮击，还是被鱼雷命中。但显然是由于舰上的弹药库或者燃油舱被击中，进而引发了大爆炸。直至当晚，我才得知敌方 2 艘战列巡洋舰被摧毁的消息。

第 9 鱼雷艇支队的进攻，成功扰乱了敌方战列巡洋舰的火力。希佩尔将军利用这个宝贵的机会，重新调整战列巡洋舰的航向至西北方向，并且令自己的旗舰再次位于整个舰列的最前方。而就在鱼雷艇攻击结束后，公海舰队主力及时出现在战场上，以支援面对着优势敌人的侦察舰队。

→ 第二阶段: 追击 ←

下午 4 点 28 分,（在比较英德双方的记录时,需牢记,德方记录以中欧夏令时为准,较格林尼治时间快两个小时。所以德国记录中的 4 点 28 分,就是英国记录中的 2 点 28 分。）第一份关于敌方轻型巡洋舰的目击报告送达主力舰队。此时我们距离日德兰海岸以西 50 海里处。命令随即下达:

舰队行进顺序维持不变: 第 3 中队领头; 第 1 中队居中; 第 2 中队殿后。旗舰位于第 1 中队和第 3 中队之间。各中队下属舰船前后间距 700 米。各个中队之间相距 3500 米。航速 14 节。航向向北。鱼雷艇为战列舰中队提供反潜屏障。伴随主力舰队的第 4 侦察中队巡洋舰负责为鱼雷艇提供航向指引。

5 点 35 分,一份新的报告传来,显示侦察舰队已发现敌方大型战舰。此时主力舰队距离前方侦察舰队尚有 50 海里。接到此报告后,我立即下令舰队排成单纵队战斗线列,即各中队间距缩短至 1000 米,中队下属各舰间距降至 500 米。同时,所有军舰都已接到命令,清理战位,做好战斗准备。

舰队旗舰在这个战斗线列中并没有固定位置。事实上,如果为了率领麾下各中队,而将旗舰置于整个战列舰纵队的最前端位置,绝非明智之举。因为面对运动中的敌人,处于舰队先头并不能保证获得理想的观察战斗进程的位置。出于战术考虑,整个战列舰纵队随时可能 180 度转向。这意味着旗舰随时有可能从领头变成末尾。所以,将旗舰置于整个线列的中间段,会更为有利。具体情况视排列在纵队中的战舰总数而定。当前,我的旗舰位于第 3 中队之后,即在整个线列中位居第 8 位。这个位置较为理想。

在向战场开进的过程中,我能够观察到整个战列舰线列。旗舰所发出的信号,也能以更快的速度,被前端和后端的部下们接收到。相反,如果令旗舰驶出线列,位于其某个侧翼,那么,考虑到当前整个战列舰线列的长度超过10000 米,我将无法观察到整个线列的情况。特别是在当前面临敌方火力威胁的情况下,更无可能。

5 点 45 分,我们收到了侦察舰队指挥官发送的报告。报告声称:他正与敌方 6 艘战列巡洋舰交战。航向向南。由此看来,他成功与敌人交战,并将其引诱至主力舰队方向。主力舰队当前的任务是,以尽可能快的速度,赶赴战场,支援侦察舰队。毕竟，我方战列巡洋舰在数量上居于劣势。而且，我们也必须防止敌人及时转向撤退。所以在 6 点 05 分，我下令舰队加速至 15 节。航向西北。15 分钟后，再次转向至正西航向，以便与我军战列巡洋舰形成夹击之势。就在公海舰队再次转向时，第 2 侦察舰队发送来报告声称，又有 5 艘（而不是 4 艘）英国战列舰加入战斗。

第 1 侦察舰队现在正面对着 6 艘战列巡洋舰和 5 艘战列舰的攻击，处境迅速恶化。所以我们必须采取一切措施，尽快与其汇合，予以支援。于是，我们的航向再次回到正北。天气晴朗。云淡风轻。风向西北。海面平静。下午 6 点 30 分，主力舰队已可望见战场。15 分钟后，第 1 和第 3 中队开火射击。与此同时，侦察舰队已经转向至与主力舰队平行航向，并占据主力舰队前方位置。

敌方轻型舰艇迅速转向西方，随后又向北逃窜，以跳出我军火力覆盖范围。我方主力舰队只进行了短暂射击，且实际效果可疑。但是敌人的慌忙溃逃使我们得出合乎逻辑的结论，即我军的火力的确对其造成了实质性损害，并且我军当前的行动的确对敌人造成了奇袭效果，所以他们对于下一步行动并无明确打算。

英国战列巡洋舰最终选定了一条西北航向。伊丽莎白女王级战列舰和其他舰船迅速跟上，显然是为了给受到重创的战列巡洋舰提供掩护。然而此举也拉近了这些伊丽莎白女王级战列舰与我方主力舰队的距离。我们在 17000 米距离上持续开火。而英国的战列巡洋舰和战列舰依次有序前行，并且相互

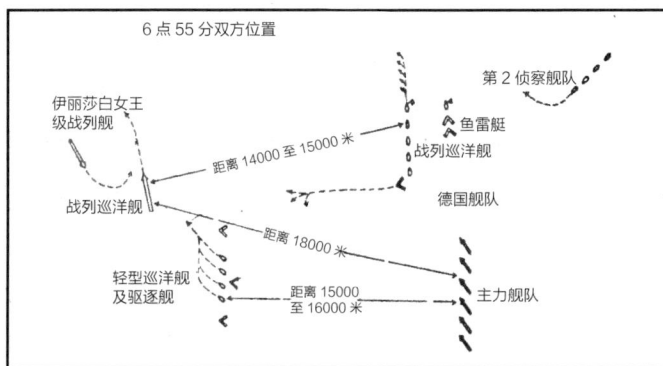

■ 6 点 55 分双方位置

掩护。6点49分，第6鱼雷艇支队指挥官马克斯·舒尔茨上校，率领第11鱼雷艇分队发起冲锋。然而战果不明。

战斗现在演变为一场追逐战。我方侦察舰队紧紧跟随在敌方战列巡洋舰身后。主力舰队则负责追击敌方伊丽莎白女王级战列舰和其他舰船。我方第3中队，连同公海舰队旗舰腓特烈大帝号，现在航速已经超过20节。该中队辖下的凯瑟琳号在出海之前刚刚成功修复了它的蒸汽冷凝器故障。现在，该舰完全能够跟随编队高速行驶。尽管如此，敌方战列巡洋舰还是在7点钟之后逃出了我方火力射程。伊丽莎白女王号及其他各舰，也是如此。他们此前只是遭到我方战列巡洋舰和第5战列舰分队（隶属于第3中队）的攻击。迟至7点30分，我们观察到，一艘伊丽莎白女王级战列舰因遭到反复命中，而航速逐渐缓慢，进而掉队。尽管如此，我们还是未能赶上去，将其击沉。英军2艘现代化驱逐舰内斯特和流浪者号落入主力舰队攻击范围。它们遭到了第9鱼雷艇支队的猛烈攻击，并被击沉。乘员沦为俘虏。

下午7点20分，第1侦察舰队和第5战列舰分队的火力开始减弱。基于当前战况，舰队司令部得出结论认为，敌人正在成功逃离。司令部据此下令全体追击。此时，先前良好的天气状况开始恶化。西北风转变为西南风。火药燃气和烟囱喷吐出的浓烟覆盖了海面，阻碍了北方和东方的视野。很快，敌人消失不见。从旗舰位置仅能看到前方的侦察舰队。由于英国舰队享有速度优势，双方距离已经拉大。我军全力追击，沿着内圈转向，然后与敌方航向平行。如此才得以避免与敌人彻底失去接触。双方巡洋舰的航迹如同在海面上画着同心圆，都把航向从正北方调整为东北方。由于侦察舰队旗舰上的无线电设备被摧毁，侦察舰队指挥官现在很难发送命令。他只能通过信号向先导战舰发送停止射击的命令。而

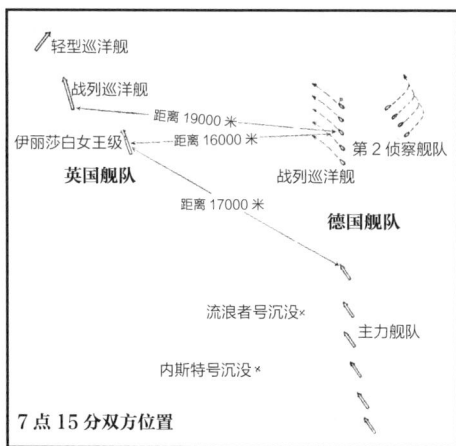

轻型巡洋舰
战列巡洋舰
距离19000米
伊丽莎白女王级
距离16000米
英国舰队
第2侦察舰队
战列巡洋舰
距离17000米
德国舰队
流浪者号沉没×
主力舰队
内斯特号沉没×
7点15分双方位置

■ 7点15分双方位置

由于夕阳西下，直至没入地平线，海面能见度急剧下降。命令传达变得越来越困难，直至完全不可能。所以当 7 点 40 分，敌方轻型舰艇向我军战列巡洋舰发动鱼雷攻击时，侦察舰队指挥官无法对敌人做出有效回击。他别无选择，只能转向西南方向，向主力舰队靠拢。

→∘ 第三阶段：战斗 ∘←

就在此际，我观察到，处于主力舰队先导位置的第 3 中队各舰开始右转，转向正东方向。此举显然是为了贯彻努力与敌人保持接触的命令。但这也导致主力舰队单纵队阵型现在变成了双纵队。除第 3 中队以为，其余两个中队在旗舰带领下暂时继续维持西北航向。随即于 7 点 45 分，旗舰打出"追随先导舰"的信号。这意味着旗舰连同第 1 和第 2 中队也将转向。同时舰队航速也被降至 15 节，以方便刚刚脱离且仍处于高速行驶状态的第 3 中队，回归单纵队阵型中的先头位置。

只要追击战还在继续，英国人的运动轨迹就是我们的前进方向。所以我们现在的整个纵队全体转向东方。在此过程中，波迭克少将领导的第 2 侦察舰队，发现了数艘英国海军城级轻型巡洋舰，随后又发现一些大型战舰。其中 1 艘很可能是战列舰阿金考特号。而且在侦察过程中，该中队与 1 艘英国加罗林级巡洋舰交火。（据英方资料记述，该舰是切斯特号轻型巡洋舰。在交火过程中，该舰水线以上被四次命中，受到重创。31 人阵亡，50 人受伤。）由于受到海面上浓雾的影响，第 2 侦察舰队的行动还不足以确认敌方的完整实力。该舰队随后就遭到大口径火炮的射击。舰队一边施放烟雾，一边以舰炮和鱼雷还击，同时还向主力舰队靠拢。但也正因为烟雾的影响，还击效果无从观察。尽管如此，威斯巴登号和皮劳号还是身受重创。其中威斯巴登号丧失航行能力，停在海面上，任由敌人的炮火蹂躏。

处于巡洋舰后方的第 9 和第 12 鱼雷艇分队意识到战场形势严峻，遂立即冲上第一线。他们朝西北方向的敌方大型战舰冲去，冒着被后者发射的大口径炮弹击中的危险，在不到 6000 米的距离内发射了鱼雷。再一次，海面上的

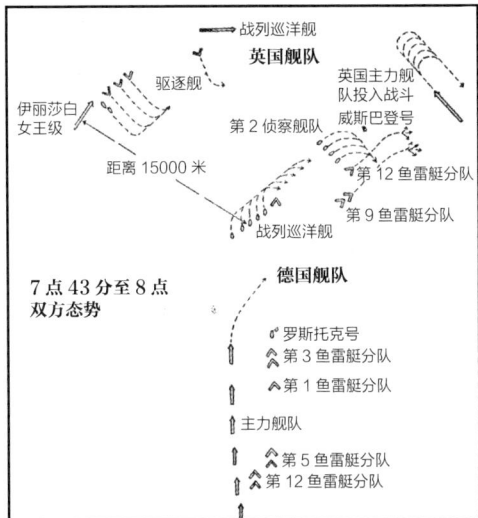

■ 7点43分至8点双方态势

烟雾掩护了鱼雷艇的转向撤退，也使得他们无法观察到战果。尽管如此，两位鱼雷艇分队指挥官都认为，他们在处境不利的情况下还是取得了成功。

我们当前遭遇的敌人，其实是英国主力舰队的前卫部队。然而当时我们并不清楚这一点。就在与其交战时，在旗舰上，我们讨论的主题还是"究竟还需要多久才能追上敌人"。显然，当前的战斗已经使得原计划中在斯卡格拉克海峡截击敌方商船的战斗显得不可能，也不必要。但是对于原计划中针对英国海军部分兵力的打击计划，我们认为，即便英国舰队已经出海，我们最快也要到第二天才会与其交战。而在眼前，我们必须设法在天黑前摆脱英国轻型水面舰队的纠缠。因为后者的夜间鱼雷攻击，有可能对我方主力舰队造成损失。

很快，第2侦察舰队传来新的报告，声称他们正与一些新出现的敌舰交火。8点02分，又有消息传来，告知威斯巴登号丧失了行动能力。接到此消息后，我下令舰队左转两个罗经点，以尽可能为威斯巴登号提供援助。从8点20分开始，围绕着受损的威斯巴登号爆发了激烈战斗。双方的大炮和鱼雷你来我往。敌方的火力明显来自位于西北偏北方向的伊丽莎白女王级战列舰。贝蒂的战列巡洋舰很可能也参加了这些战斗。（然而英军战俘声称，自晚上7点钟之后，贝蒂根本没有参战。）

此时，在我军北方海面上又出现了一支舰队。除了轻型巡洋舰和驱逐舰以外，这支舰队还包括3艘无敌级战列巡洋舰和4艘武士级装甲巡洋舰。负责支援第2侦察舰队的鱼雷艇支队发来电报，声称他们已经发现了至少20艘英国战列舰，正在沿着东南航向前进。现在的情况已经至为明显。我军正面对着英国主力舰队。再过几分钟，敌人就会出现在北方的海平面上。我们很快就会面临猛烈的重炮轰击。很快我们就看到，敌人的战列舰阵型使得从北方到东方的海面上构成了一道弧形。尽管远处海面上的雾气和烟雾使得我们无法清晰辨认这些舰船，但是它们射击时炮口闪现出的明亮火焰，仍然清晰可辨。战斗的高潮开始了。

对我军而言，这是一场遭遇战。而我们已无可回避，唯有全力以赴，勇敢战斗。位于主力舰队最前端的第 5 战列舰分队立即开火，距离 13000 米。其余各舰在旗舰发出信号后也加入战斗。此时，英国舰队中有超过 100 门大口径火炮，正集中力量攻击我方战列巡洋舰和第 5 战列舰分队。（全部是国王级战列舰。）我军目前正以纵队队形朝英国战列舰纵队中间点前进。当前敌我双方的相互位置使得我军三面受敌。在我军左翼是伊丽莎白女王级战列舰。而由杰利科亲自指挥的主力舰队，则出现在我们的右前方。旗舰腓特烈大帝号也多次遭到敌人的攻击，幸而未中命中。

我方战列舰和战列巡洋舰成功摧毁了敌方前出舰队中的 3 艘装甲巡洋舰，即防御号、黑王子号和武士号。腓特烈大帝号也参与了这场战斗，在 3000 米距离上准确命中 1 艘敌舰，后者随即升起了一股巨大的白色蒸汽烟雾。我也注意到，我军阵列前端的战舰也遭到多次命中，进而引发了一些爆炸。这些战舰仍在追随英军主力舰队的运动方向，因而右转，使得我军阵列前端弯曲。此举妨碍了第 2 鱼雷艇支队的自由行动。

我军的巡洋舰仍然在战列舰阵列的前方远端，但我无法看到它们。由于我军阵列中的各舰正在依次右转，我们的巡洋舰不可避免地与主力舰队拉近了距离，从而将自己置于敌我双方战

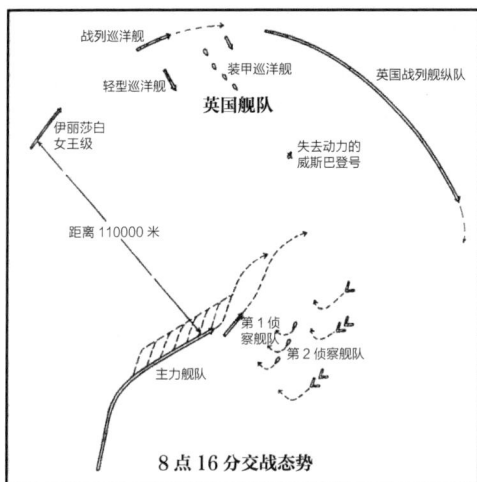

■ 8 点 16 分交战态势

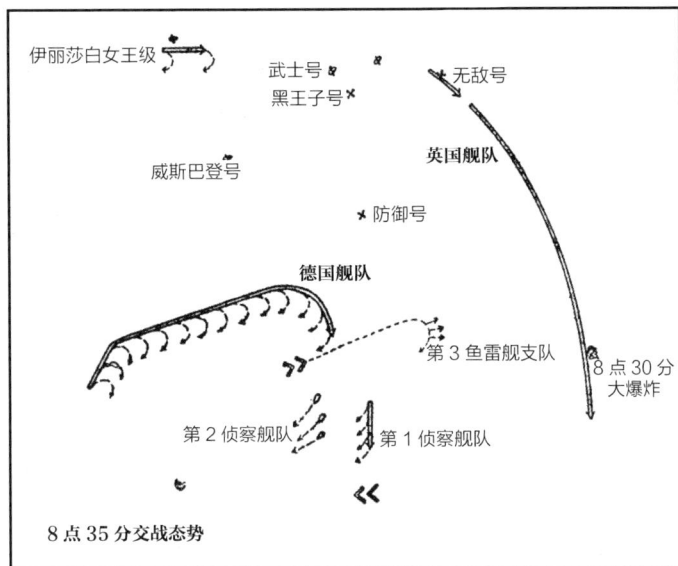

伊丽莎白女王级

武士号
黑王子号

无敌号

英国舰队

威斯巴登号

防御号

德国舰队

第 3 鱼雷舰支队

8 点 30 分
大爆炸

第 2 侦察舰队
第 1 侦察舰队

8 点 35 分交战态势

■ 8 点 35 分交战态势

列舰纵队的中间。当前的右转动作，使得我军阵列中各舰必须冒着敌人的炮火，依次通过转向点。如果不做出改变，敌军的远程炮火肯定会命中我军阵列中处于末端位置的舰船。因此，我决定各舰依次 180 度掉转航向，以使我军阵列完全反转。由于当前我军位于敌人西侧，处于光照较为充足的海面上，而敌人则将自己隐藏在浓烟和雾气中，这对双方的火炮射击效能会有显著影响。所以当前的战斗形势明显有利于敌人。即便在舰队转向后，我们在向南行驶的过程中展开的战斗，也不会对自己有利。多亏了和平时期的严格训练，战列舰纵队的反转动作极为出色。昔日的付出终于有了回报。而巡洋舰也摆脱了先前的危险处境，转向向南，呈一列纵队，并且与战列舰纵队拉开了一定距离。原本受到局限的鱼雷艇部队，现在也有了腾挪施展的空间，得以发起冲锋。

就在我军战列舰纵队转向时，第 3 鱼雷艇支队的 G88 号和 V73 号，以及第 1 鱼雷艇支队的先导艇 S32 号，向敌人发起了冲锋。第 3 鱼雷艇支队其余各艇，则被命令暂时撤退。此时敌人的火力也在减弱，使得鱼雷艇舰队指挥官认为，敌人也正在转向脱离接触。而由于我军战列舰正在转向，鱼雷艇部队失去了火力支援。这些因素促使鱼雷艇舰队指挥官暂时不再全力冲锋。他很清楚，在接下来的战斗中，他的鱼雷艇至关重要，所以眼下必须保存实力。此时，刚刚于8点钟向敌人发起冲锋的第6和第9鱼雷艇支队，正在撤退。其余各支队，则由于战列舰纵队的转向，而与其拉近了距离，进而丧失了有利的攻击位置，无法向敌人发起冲锋。敌方战列舰纵队并未随我方的运动而转向。如果他们也随我们一同转向，进而选定一条面朝西方的新航向，那么就能对我军构成一道紧密的包围圈。然而敌人并未对我军的转向做出反应，而是继续维持原先的航向和位置。也许敌方舰队指挥官并未全盘掌握战场形势，以致有此疏漏，又或者他害怕过分靠近可能招致我方的鱼雷攻击。敌方舰队中的其余各级指挥官们，显然也没有意识到，需要紧紧纠缠住我军。如果他们真的这么做，就会严重妨碍我军的运动，进而会使我军难以向敌人发动新一轮攻击。

我军战列舰纵队转向完成之后，敌军的火炮射击暂时停止了。这部分是因为我军鱼雷艇施放的烟雾，阻碍了敌人的视线。这些鱼雷艇竭力施放烟雾，掩护大型战舰，特别是战列巡洋舰。而更主要的原因，毫无疑问是由于敌人遭到了惨重损失。

截至目前，我们认为已能确认的敌方损失包括：1艘伊丽莎白女王级战列舰，舰名不详；1艘无敌级战列巡洋舰；2艘装甲巡洋舰黑王子号和防御号；2艘轻型巡洋舰，即鲨鱼号和另一艘舷号为"O24"号的舰船。敌方遭到重创且起火燃烧的军舰有：1艘装甲巡洋舰，即武士号，后来沉没；3艘轻型巡洋舰；3艘驱逐舰，其中1艘已被确认为阿卡斯塔号。

我方已被证实的损失仅有V48号鱼雷艇。此外，威斯巴登号处于瘫痪境地。战列巡洋舰吕佐号也受到重创，迫使侦察舰队指挥官不得不于当晚9点冒着敌人的炮火，转移到毛奇号上。从9点到11点，第1侦察舰队的先导舰由德弗林格号担任。其他战列巡洋舰和第3中队各舰也遭到了打击，但是它们仍然处于阵列之中。这些战舰中，还没有谁向我报告称自己丧失作战能力，所以我坚信他们都已经做好了充分的战斗准备。在我军转向西南航向，进而迫使敌人暂时停火之后，只有威斯巴登号仍然滞留在原地。透过烟雾，我们仍能看到它，正在与占据压倒性优势的敌人，进行着英勇战斗。

如果要实施夜间战斗，现在还为时尚早。当前，敌人仍然维持着他们原先的航向。如果他们也像我们刚才所作的那样，做一次全体转向，以纵队阵型尾随而来，那么就可能导致一场后卫战。在此种情况下，我军阵列尾部的战舰肯定会遭遇损失。而我们只会有两种选择：要么干脆牺牲尾部的舰船，任其被摧毁；要么就在敌人的重压下奋起应战。这样的战斗，肯定不利于我军，而且还会使我们无法与敌人脱离接触，进而令敌人在第二天的战斗中继续掌握主动权。只有一个办法能扭转当前的危险局势，那就是令整个舰队再一次坚决地向敌军阵列前进，并且以鱼雷艇发起冲锋，从而迫使敌军与我军展开第二轮交战。刚才战斗过程中，我军的敌前转向动作颇为成功。这鼓舞了我们，对我军良好的运动能力做进一步的利用，所以有必要再做一次尝试。而且，再次靠近敌人的举动，肯定能达到出其不意的效果，进而扰乱敌人在天黑之前的行动计划。如果能够予敌重创，也将有利于我军的夜间突围行动。此外，孤军奋战的威斯巴登号，也促使我下决心，努力尝试给予其援助，最低限度也要把船员营救出来。

8点55分，也就是我军沿着西南航向航行了仅仅15分钟之后，整个阵列再次向右大回转，回到面朝东方的航向。战列巡洋舰接到命令，全速向敌方阵列先头位置挺进。所有鱼雷艇支队则收到了发起冲锋的命令。此前，鱼雷艇舰队总指挥官米歇尔森准将已接到指示，要求派遣鱼雷艇前往救援威斯巴登号的船员。于是，V73号和G88号被派去执行此项任务。但是无论是威斯巴登号，还是这两艘鱼雷艇，都陷入敌人的重炮火网中。米歇尔森准将认为，此种状况下实施救援，纯属毫无意义的牺牲，不可能达成救援目的。因而这2艘鱼雷艇被召回，途中还向数艘伊丽莎白级战列舰发射了4枚鱼雷。但是救援任务被放弃。

我军的转向很快就导致了意料之中的结果。与上一次冲锋时一样，敌人全力以赴，向我军阵列前端开火射击。而我军则一边射击，一边加速前进，以便尽可能将更多的火炮投入战斗。然而这一次，尽管我军仍然处于被跨越T字横头的不利位置，但我们完全清楚自己的目标，即对敌军阵列的中段实施打击。敌方的火力依然集中在我军战列巡洋舰和第5战列舰分队身上。这显然是因为，这些战舰所处位置相对暴露。而且这两支部队总是最先开火，射击时炮口的火光给敌人提供了最明显的目标。迄今为止，每一次交战中他们都会承担比战友们更大的损伤。战列巡洋舰部队的奋战尤其应该得到高度赞扬。

他们伤亡惨重，火力被严重削弱。部分战舰已经身受重创。然而尽管如此，他们还是坚决执行命令，向敌人发起了敢死冲锋。

第 5 战列舰分队，连同波迭克少将统帅的第 2 侦察舰队，同样应该受到嘉奖。他们与战列巡洋舰一起，吸引了敌人大部分的注意力和火力，从而为鱼雷艇部队的攻击创造了条件。后者选定的目标是位于其右舷前方的敌方阵列中的战列舰。如果不是公海舰队各舰船之间系统协调的行动，鱼雷艇的攻击是不可能的。首先发起冲锋的是伴随巡洋舰左右的第 6 和第 9 鱼雷艇支队。紧随其后的是伴随在主力舰队身旁的第 3 和第 5 支队。第 2 支队和第 1 鱼雷艇分队，则根据鱼雷艇舰队副总指挥的命令，被保留下来。前者负责保护大型舰船；后者被专门指定用于掩护已经重伤在身的吕佐号战列巡洋舰。此外，还有位居战列舰纵队末端附近的第 7 鱼雷艇支队。该支队也接到了冲锋命令，但是却极不走运。位于前方的第 6 和第 9 支队，没有等待第 7 支队前来与其汇合，而是首先冲了上去。此时，位于敌方战列舰阵型的前半部分，至少排列着 20 艘战列舰。他们正从东南偏东方向转向正南方，从而在海面上划出一道弧形。这两支冲锋在前的两支鱼雷艇支队，成功吸引了敌人的注意力，进而将原本针对我军战列巡洋舰的炮火，吸引到自己身上。就是在如此恶劣的环境下，这些鱼雷艇一直冲到距离敌人 7000 米处，才发射了鱼雷。此举迫使英国战舰必须暂时转向脱离队列，以躲避杀奔过来的鱼雷。除了 S35 号艇因遭命中而立即沉没以外，各艇均顺利返回。撤退过程中还不忘施放烟雾，以掩护我方主力舰队。第 3 和第 5 鱼雷艇支队的攻击则不太顺利。他们只发现了一些敌方轻型舰艇，从而失去了攻击敌军战列舰的机会。至

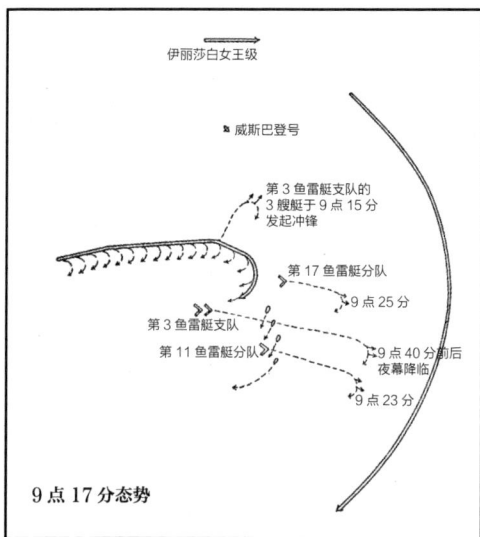

■ 9 点 17 分态势

于从阵列末端匆匆赶来的第7鱼雷艇支队，则完全失去了攻击机会。总的来说，各鱼雷艇支队的行动，达到了预定的目的。

9点17分，我军战列舰纵队第三次转向，以回到正西航向。尽管旗舰腓特烈大帝号给出了明确的信号，要求向右回转，并且各舰都已明确无误的照办，但是考虑到腓特烈大帝号当前在阵列中的位置过于靠近整个阵列的转向轴心，于是我下令旗舰单独左转。

旗舰自身的运动与其发出的信号不符。这显然会给跟随在旗舰身后的各舰带来理解上的困扰。幸好，在紧随旗舰的东弗里斯兰号战列舰上，第1中队指挥官厄哈德·施密特中将准确理解了旗舰的意图。于是，他毫不迟疑地命令东弗里斯兰号战列舰右转，以此向整个第1中队发出了明确的转向信息。该中队其余各舰，从身处尾部的舰船开始，依次右转，以避免在转向过程中发生碰撞事故。整个过程最终非常顺利。它清楚地表明了德国舰队中的指挥官们理解和把握战场形势的能力，以及在困难形势下掌控麾下舰艇运动的本领。

在完成转向后，我军又一再调整航向。先是朝西南方向，接着是正南方，最后确定了东南航向。这是为了应对敌人对我军做出的包围运动而选择的最终航向。只有这条路才能确保我们不会离家越来越远，进而保住回家的希望。而在我军转向之后，敌人很快就停止射击，并且从我们的视野中消失。我们

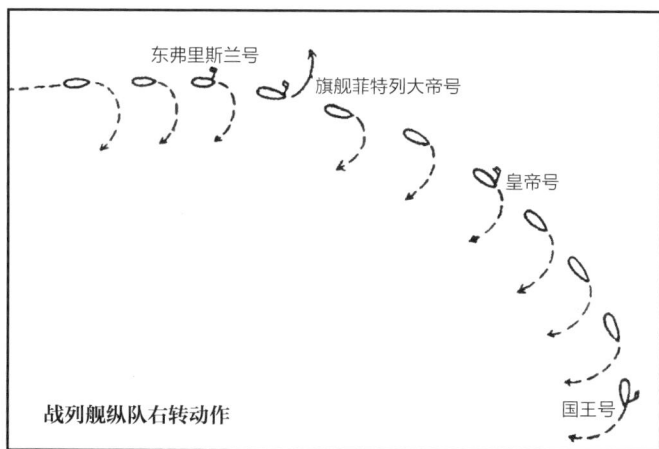

战列舰纵队右转动作

很难估计，敌人在刚才的战斗中所遭受的伤亡情况。

除了我们能观察到的，因炮弹直接命中而闪现出的爆炸火光以外，英国人只承认，战列舰马尔波罗号被鱼雷命中。（杰利科海军上将承认，我军发射的鱼雷抵达了英国战列舰阵列所处位置。但是由于巧妙的回避动作，除马尔波罗号以外，英国人再未因鱼雷遭到更多损失。我方估计认为，早在我军鱼雷艇发射鱼雷之前，他已经指挥舰队转向后退了。）而我方所有战列舰都能继续维持 16 节的航速，并且仍然保持阵列完整。这足以应对夜间战斗的需要。

→⚓ 夜战 ⚓←

现在，黄昏降临。我只有通过亲自观察，才能确认那些刚刚遭受敌方炮火蹂躏的军舰的状况，特别是战列巡洋舰吕佐号的情况。它虽然受到重创，但目前仍能跟随大部队前进。在 9 点 30 分，这艘战列巡洋舰出现在旗舰的左舷位置，并且传来报告称它仍能维持 15 节的速度。鱼雷艇部队则递交报告，对敌方的兵力构成和整个战列舰阵列的长度做出了估计。这份报告清楚地表明，我们是与整个英国舰队作战。有理由预计，在天黑之前，敌人将继续以强大兵力对我军施加压力，然后在夜间利用驱逐舰发动鱼雷攻击。杰利科有足够的实力，采取这些行动，以迫使我军向西撤退，进而在第二天天亮之后将我军压迫到一片开阔海域，被迫接受进一步的交战。如果我们能够成功粉碎敌人的包围运动，进而在第二天早上首先抵达哈恩礁（Horns Reef），那么我们就能逃脱厄运。为此，所有鱼雷艇支队都接到了准备实施夜间攻击的命令。我们预料到，夜间攻击行动有可能使鱼雷艇部队遭受重大损失。而且我们也预计，第二天天亮之后我们还将会与敌人交战，并且届时仍然需要这些鱼雷艇。但是在目前的状况下，我们必须承受鱼雷艇部队遭到重创的风险。主力舰队的任务，则是沿着最短的路线，向哈恩礁前进。为了确保不会出现掉队和偏离航向的情况，各舰必须排列成紧密队形，即便在遭遇敌方攻击时也不允许擅自脱离编队和偏离航向。为此必须做好充分的夜战准备。

9 点 20 分，鱼雷艇舰队总指挥官和副总指挥分别收到指示，要求其做好夜间攻击准备。同时，舰队司令部又一次下达转向的命令，全舰队左转至正南方向，由此导致战列舰纵队阵型发生变化。3 分钟之前发布的"右舷大回转，以向西航行"的命令，使得原先居于整个战列舰纵队末端的第 2 中队，现在变成了先导部队。但是该中队的舰船速度较慢。所以当再次转向时，该中队无法跟随身后第 1 和第 3 中队的步伐。以至于，当第 1 和第 3 中队进入新的向南航行的航向时，第 2 中队仍未完成转向动作。看上去，第 2 中队就像被甩出了队列，落到了整个阵列的右舷位置。第 2 中队现在试图开足马力，全力以赴赶到第 1 中队的前面。这个举动使其在天黑前的最后时刻，阴错阳差地介入到我军战列巡洋舰与敌人短暂而猛烈的遭遇战当中。对于我军战列巡洋舰而言，第 2 中队的介入真可谓是及时且有力的支援。第 1 和第 2 侦察舰队当时正在奋力赶路，以将自己置于主力舰队前方位置。但他们于 10 点 20 分，再次遭到来自东南方向的重炮轰击。而且，除了炮口闪光之外，根本看不见敌人的身影。那些身受重伤的战舰，现在再次遭到命中，且无法还击，遂右转，穿过第 1 和第 2 中队之间的缝隙，以躲避敌人的火力。当天晚些时候，由于速度不济，第 2 中队到还是落到了第 1 和第 3 中队的身后。但是在当前，该中队还在竭尽全力奋勇前进，试图恢复自己在战列舰纵队中的先导身份。这使其当前仍然位于战列舰纵队右舷靠前位置，从而继续为战列巡洋舰分担着敌人的炮火。

侦察舰队的右转动作，使其横越过第 1 中队的正前方。后者不得不跟随这些巡洋舰的运动轨迹，也向右转向。与此同时，正在枪林弹雨中挣扎的莫夫少将也意识到，海面上急速黯淡的光照使其无法有效展开反击。于是他下令第 2 中队各舰全体右转，试图引

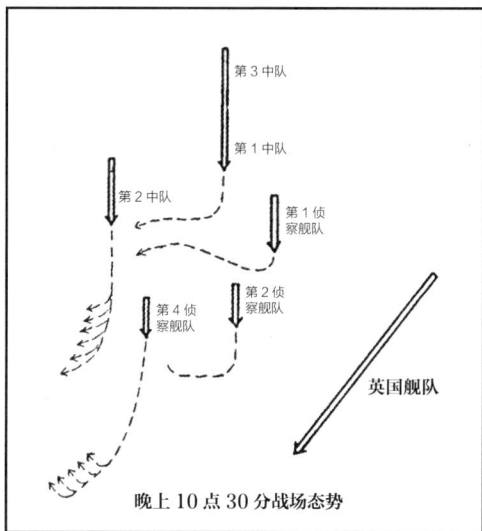

■ 晚上 10 点 30 分战场态势

诱敌人前来。果真如此的话，敌人就会暴露在第 1 中队的炮口面前。但是英国人不为所动。他们只是简单地选择停火，却并未改变航向。

与此同时，身处同样境地的第 4 侦察舰队，在指挥官冯·赖特少将的带领下，发现了敌方 5 艘巡洋舰，并与其中 4 艘发生短暂交火。我们只能确认，敌舰中至少有部分是汉普郡级巡洋舰。

与敌人的短暂战斗结束之后，我们立即意识到，必须马上回到东南航向。于是，刚刚回归到纵队前端的第 2 中队，再次被甩出阵列右舷外侧。鉴于当前形势，主力舰队纵队前端的军舰必须能够抵挡住敌人的进攻，而且到第二天天亮时，必须保证在纵队前端配置强有力的战舰。基于这两个理由，第 2 中队只能被置于纵队末端位置。晚上 11 点，向全军下达命令："航向东南偏南，航速 16 节。"当前我军地理坐标位于东经 5 度 30 分、北纬 36 度 37 分。

考虑到第 1 侦察舰队受损严重，他们被安排负责掩护舰队末尾。第 2 侦察舰队充当前卫。第 4 侦察舰队掩护右舷侧翼。鱼雷艇部队指挥官部署麾下各支队，转向调头，从东南偏东航向转为西南偏南航向，向我们估计的敌方舰队所在位置搜索前进。相当数量的鱼雷艇已经耗尽鱼雷。它们之中，有几艘被留在身后，照顾严重损毁的吕佐号。剩下的被置于鱼雷艇舰队总指挥官的直接掌控之下，以备急需。正因为如此安排，当埃尔宾号和罗斯托克号巡洋舰遭受劫难时，我们才能设法救出船员。

最终，只有第 2、第 5、第 7 支队，连同第 6 和第 9 支队的部分鱼雷艇，前去搜索敌人。他们与敌人的轻型巡洋舰爆发了多次战斗，但未能发现其主力舰队。6 月 1 日早晨 5 点，L24 号飞艇报告称，在日德兰半岛北端的简莫尔湾（Jammer Bay），发现了英国主力舰队的部分兵力。我们据此推断，敌人在战斗结束后向北退去。第 2 鱼雷艇支队先前曾抵达简莫尔湾的北端，但是遭到敌方巡洋舰和驱逐舰的驱赶，被迫绕过日德兰半岛顶端的斯卡恩镇（Skagen），进入波罗的海。其他鱼雷艇支队则于早上 4 点天色破晓时，与主力舰队汇合。

各战列舰中队在夜间航行时保持如下队列：第 1 中队在前；旗舰紧随其后；然后依次是第 3 中队和第 2 中队。这就是说，第 1 中队和第 2 中队的交换了位置。原先位于第 2 中队之后的第 1 中队，现在在领头。而第 2 中队靠后。

在这个短暂的夜晚，我们也曾尝试，令舰队加速前进。但是终因时间不够和光线太暗而作罢。整个战列舰纵队只能鱼贯前行。走在舰列最前端的威斯特法伦号，及其舰长瑞德利奇上校，承担着引领整个纵队前行的重任。敌人位于我军的东面。整个晚上，敌方轻型舰艇和重炮火力不停地向我军发起攻击。这些攻击大多落到我方第1、第2侦察舰队和第1中队的头上。尽管我们并未遭受太多损失，但是压力巨大。为了及时应对威胁，我们必须仔细地观察黑暗中的海面。既要以高超的技巧操纵舰船，以躲避敌人发射的鱼雷，同时还要尽可能将敌人置于我军火炮射程之内。这意味着，整个战列舰纵队处于持续的运动变化状态中，对于队列中所有的舰长都是巨大的考验。他们必须巧妙地操纵舰船，维持自己在队列中的位置，同时还必须时刻警惕他们前方舰船的运动状态，以防发生碰撞事故。在这个夜晚的战斗中，探照灯终于被证明，基本没什么用处。因为灯光会暴露自己，从而招致攻击。而且德国舰船上的探照灯布置不合理，过于靠近副炮和航行控制的舱室。再加上负责导航的官兵们，往往为了获取更好的视野，而将自己置于毫无保护的暴露状态下。由此导致了一些不幸的伤亡。奥尔登堡号战列舰的舰长霍夫纳上校，就是因此被一颗炮弹打成重伤。他手下数名官兵则因此阵亡。

大约凌晨2点左右，第1中队的图灵根号和东弗里斯兰号发现，有1艘有四个烟囱的英国巡洋舰（明显是克雷西级）正在向自己靠近。双方距离很快缩短到不足1500米。对这艘英国巡洋舰而言，这显然是个致命失误。我军开火仅四分钟，这艘巡洋舰就在巨大的爆炸声中沉没。由于距离如此之近，以至于我们能通过探照灯观察到，我军炮弹准确落下进而爆炸的场面。英国水兵们则在燃烧的甲板上狼狈奔逃。这幅毁灭的场景真是既壮观又恐怖。而在另一次为躲避鱼雷实施的规避动作之后，第1中队报告称，拿骚号未能回归队列，且失去联系，可能已被鱼雷击沉。但是在天亮后，该舰终于发来了一封内容含混的电报，报告自己已经抵达了哈恩礁。对于昨晚的失踪，电报解释称，当时自己与1艘驱逐舰相撞。进而，舰长决定，与其在黑暗中摸索着返回队列，不如独自前进，争取在天亮时与大部队会合。

在经过仔细评估之后，我们认为，敌人在夜战中损失了1艘战列巡洋舰、1艘轻型巡洋舰和至少7艘驱逐舰。此外还有数艘战列巡洋舰和驱逐舰受到重创。这些战果中的大部分，应归于第1中队下辖的第2战列舰分队。由于处于整个战列舰纵队的前端，他们成功击退了敌方的数次鱼雷攻击，并且击沉击伤至少 6 艘驱逐舰。

我方被击沉的舰艇包括：轻型巡洋舰弗洛伦堡号、战列舰波墨恩号、和鱼雷艇 V4 号。此外，轻型巡洋舰罗斯托克号和埃尔宾号在受到重创后被放弃和自沉。其中，弗洛伦堡号的沉没时间大约是 0 点 45 分。当时第 4 侦察舰队正在与 4 艘英国城级巡洋舰交火。弗洛伦堡号被敌方鱼雷命中下沉，但仍奋战至最后一刻。生还者寥寥无几。

战列舰波墨恩号则是在早上 4 点 20 分被鱼雷击中，然后在一声巨大的爆炸声中沉没。爆炸产生的碎片迅速扩散并消失，以至于即便是该舰身后距离仅 500 米处的友舰，也无法在海面上发现任何漂浮着的残骸，更没有找到任何幸存者。

在早上 4 点 50 分，V4 号鱼雷艇因触发敌方布设的水雷而沉没，同样没有生还者。而罗斯托克号和埃尔宾号的遭遇较为复杂。凌晨 1 点 30 分，这两艘巡洋舰正处于第 1 中队左舷前方，并与敌方驱逐舰展开交战。但是为了避免阻碍战列舰火炮的射击，这两艘军舰转向撤退，并横穿了第 1 中队的队列。在此过程中，罗斯托克号不幸被一枚鱼雷命中。埃尔宾号则与战列舰波森号发生相撞事故。两舰皆瘫痪在海面上。早上 5 点 45 分，眼见敌人在望，罗斯托克号不得不被放弃。船员被第 3 鱼雷艇支队收容。军舰则被自行炸毁。第 3 鱼雷艇支队同样收容了埃尔宾号上的大部分船员。但是该舰舰长马德伦上校，连同大副，鱼雷军官，以及少量船员仍在设法努力，使军舰尽可能浮在水面上。然而大约在早上 4 点，也是因为敌人在望，军舰最终自沉。剩余的船员依靠一艘救生艇撤离。他们随后被一艘荷兰渔船救起，最终成功返回祖国。

战列巡洋舰吕佐号则是在凌晨 3 点 45 分沉没。事实上，直至 5 月 31 日晚上 11 点 15 分，位于战列舰纵队末端的国王号战列舰，仍可目视观察到吕佐号的身影，但随后就失去了踪迹。吕佐号的前部舰体受损严重，只能通过船尾的操舵室控制军舰航行。但是所有试图阻止船体进水的努力都失败了。最终船体进水达 7000 吨。船员被迫弃舰。V45 号、G37 号、G38 号和 G40 号鱼雷艇接走了吕佐号上包括伤员在内的总计 1250 名船员，随后用鱼雷击沉了这艘军舰。在返航途中，这 4 艘鱼雷艇两次遭遇英国巡洋舰和驱逐舰编队。但是在拜尔森中校的指挥下，还是成功突破拦截，返回德国湾。只是在最后一次与英国人交锋时，G40号鱼雷艇引擎被毁，必须由其他船只拖带前行。

当要求拖带的报告抵达主力舰队后，身处雷根斯堡号上的鱼雷艇舰队副总指挥立即下令足下的巡洋舰调转航向，前往执行拖带G40号的任务，而丝毫不顾及此举可能令自己遭遇到敌方的优势兵力拦截。第1鱼雷艇支队下辖的S32号鱼雷艇，同样是在午夜1点前后遭到攻击，且锅炉被击中，蒸汽泄漏。艇长弗勒利希上尉下令向锅炉中注入海水。由此产生的蒸汽使得S32号艇勉强抵达丹麦水域，然后再被派去救援的鱼雷艇拖回基地。

这些行动表明，英国舰队无意占据战场与哈恩礁之间的有利位置，以阻挡我军撤退。

也是在5月31日至6月1日的晚上，我军各舰才获得机会，上报他们捞获的敌人俘虏的数量，以及从他们口中获知的关于敌方的损失情况。由此我们得知，在先前战斗中被我们观察到并且被确认受到重创的战列舰厌战号，已经沉没。此外还有战列巡洋舰玛丽女王号、不倦号和无敌号。这使得我们确信，英国舰队的损失远在我们之上。

早上5点，我军终于抵达哈恩礁。我立即下令舰队原地待命，以等待掉队的吕佐号。此时我还不知道这艘军舰已经沉没。昨晚11点30分时，该舰尚可维持13节航速。最后一份报告是在凌晨1点55分由护航的G40号鱼雷艇拍发的。报告称，吕佐号目前位于海图方格坐标E16位置，正朝正南方航行，但是航速极为缓慢，而且舰上的弹药储备已降至原先的五分之一。早上5点30分，终于传来报告称，吕佐号已于一个半小时前被放弃。

5点30分之后，我无须费多大努力即可做出明确判断：鉴于我军周围未发现任何英国舰队的踪迹——哪怕一艘鱼雷艇也未看到，这说明杰利科无意率领整个英国舰队南下与我军交战。他显然正在撤退。

➛ 6月1日早上的形势 ↤

5月31日至6月1日夜，L11、L13、L17、L22和L24号飞艇相继起飞，执行侦察任务。6月1日早上5点10分，L11号飞艇报告称，在泰尔斯海灵岛至哈恩礁一线的中间位置，发现12艘英国战列舰，以及大批巡洋舰和驱逐舰，正在朝北方行驶。很快，L11号又传来报告称，在先前所发现的英国舰队北方，又出现了大批战列舰和战列巡洋舰。飞艇本身也遭到炮火驱赶。虽努力与敌人保持接触，但最终还是被迫撤退，再加上海上浓雾的影响，最终丢失了目标。以下是摘自L11号飞艇战争日志所做的报告：

"6月1日凌晨1点30分，作为掩护公海舰队侧翼的第四号飞艇，L11号飞艇从诺尔德霍尔茨（Nordholz）基地起飞，航向西北，然后在赫尔戈兰岛转向正西方向。全体齐装满员。空中刮西南风。由于大雾天气，能见度欠佳，视野所及最多只有2至4海里，以至于无法从空中观察到赫尔戈兰岛。大约5点钟，在海图方格坐标O33B处发现北方海面上有大片浓烟，遂前往查看。5点10分，发现一支由12艘战列舰组成的强大敌军编队，此外还有大量巡洋舰和驱逐舰。航向东北偏北，高速行进中。L11先是尾随其后，然后绕行至其东面，以与其保持接触，并发送无线电。5点40分，在先前发现的英国舰队东面，又发现了6艘大型战列舰，同样拥有大批轻型舰艇随行。该舰队当时航向正北，但随后即转向西方，以与先前那支舰队汇合。由于新发现的敌舰队与我方主力舰队距离较近，L11遂向其靠拢，抵近侦察。但是在5点50分，在东北方向又发现了第三支英国舰队。该舰队由3艘英国战列巡洋舰和4艘小型军舰组成，正在向南航行。L11号飞艇此时距离海平面1100至1900米。但是由于能见度恶化，已不可能同时观察所发现的全部三支英国舰队的动向，只能着重侦察其中一支舰队。而随着太阳跃出海平面，L11号将自己置于明亮的背景之下，因而能被敌人清楚地看到。"

"早上5点15分，也就是刚刚发现第一支英国舰队后不久，L11号即遭到英舰攻击。不仅是舰上的高射炮，甚至连战列舰的主炮也参与进来。尽管这些船只被隐藏在烟雾之中，但是炮口喷出的火光仍然清晰可辨。几乎所有的英国军舰都加入了对空射击，炮火极为猛烈。尽管这些射击缺乏实效，但是身边不断爆炸的榴弹还是产生了强大气浪，对飞艇产生了冲击，迫使其与敌人拉开距离。英舰的射击持续不断。直至 6 点 20 分，随着英国战列巡洋舰逼近，L11 号飞艇被迫向东北方向退避。此时海上能见度恶化，使得敌人终于停止对 L11 号飞艇射击。但是这艘飞艇也同时失去了敌人的踪迹。"

"随后为侦察敌人，L11 号飞艇再次向北方行驶，并且降低高度至 500 米。但此时海面能见度最多不超过 2 海里。在如此恶劣的条件下，根本无法发现敌人。所以尽管 L11 号飞艇随后又在南北航向上来回搜索，但是再未发现敌人的踪迹。"

"早上 8 点，公海舰队指挥官发布命令，要求所有飞艇返航。L11 号飞艇在回航途中又发现大量正在向基地汇聚的我军鱼雷艇，遂立即上前提供掩护。随后，L11 号飞艇伴随这些鱼雷艇，远至叙尔特岛（Sylt）。最终于下午 2 点，L11 号飞艇抵达诺尔德霍尔茨基地。"

L24 号飞艇，则是于早上 4 点，在丹麦海岸以西 50 海里处发现了一个英国驱逐舰支队，并立即遭到后者的火炮攻击。L24 号随即回敬以炸弹。然后，L24 号继续向北飞行，直至在简莫尔湾发现了另外 12 艘敌舰。后者当时正在向南航行。由于天气恶劣，云层底至 800 米，无法与目标保持持续接触。

从主力舰队的视角看，无迹象表明我军将在破晓时分与敌人遭遇。恶劣的天气既有利于隐蔽自己，又不利于对敌侦察。我认为，L11 号飞艇所发现的向西南方向航行的敌舰，并非敌方主力舰队的一部分，而是来自于英吉利海峡的增援部队。之所以没有与这支敌军舰队遭遇，绝非偶然，而是完全拜恶劣天气所赐。我军当前形势并不乐观。根据各部队提交的报告，由于前一天的激烈交战，第 1 侦察中队和第 5 战列舰分队的弹药储备已经所剩无几，不可能再支持一场长时间战斗。轻型巡洋舰的情况也不乐观，仅剩下雷根斯堡号、法兰克福号和皮劳号，尚保有继续作战的能力。而且在如此天气状况下，空中侦察也指望不上。基于以上因素，可以断定，如果前去追踪 L11 号飞艇所发现的这支敌军，将是一个错误，只能在将来寻找机会予其打击。于是我下令，公海舰队当前不再追求任何进一步的作战行动，全体返航。

早上 7 点 30 分，返航途中的东弗里斯兰号战列舰撞上了一颗水雷。我们的海图上没有将此区域标注为雷区，所以这颗水雷肯定是敌人在不久前布下的。我发出信号，全体继续前进。幸运的是，除了东弗里斯兰号以外，再无舰船受损，安然通过了这片雷区。东弗里斯兰号的损伤也不大。船体进水 400 吨，仍能自行返回港口。

返航中的舰队还得到了飞艇的掩护和支援。由于后者始终保持着高度警惕，敌人潜艇数次尝试发动攻击，但全归于失败。飞艇一直护送舰队抵达杰德河口，使所有战舰安然进港。这里还需要对战列巡洋舰塞德利茨号提出表扬。该舰身受重创。多亏了舰长冯·埃吉迪上校及其麾下水兵的卓越努力，该舰才能死里逃生，最终爬上威廉港的船坞。

所有在英国港口外待命的潜艇也接到通知，要求他们在现有阵位上继续停留一天。6 月 1 日早上 6 点 20 分，U46 号潜艇在泰尔斯海灵岛附近发现了 1 艘受伤的铁公爵级战列舰（其实是马尔波罗号）。但当时该舰受到严密保护，潜艇无法抵近攻击。最后 U46 号勉强发射了一枚鱼雷，因距离过远而失败。其余各艘潜艇中，只有 U21 号和 U22 号取得了战绩。他们分别在 5 月 31 日和 6 月 1 日成功击中 1 艘敌方驱逐舰。然而由于敌人迅猛的反潜攻击行动，潜艇每次都必须及时下潜躲避，所以无法确定目标是否沉没。除此之外，就只有 1 艘前往奥克尼群岛附近布设水雷的潜艇，取得了重大战绩。6 月 5 日，11000 吨级的英国装甲巡洋舰汉普郡号在此触雷沉没。牺牲者中包括英国陆军元帅基钦纳爵士和他的全体参谋人员。

↣ 双方损失 ↢

经过仔细评估，我们认为，敌人的损失如下：

1 艘伊丽莎白女王级战列舰：28500 吨；

3 艘战列巡洋舰：玛丽女王号、不倦号、无敌号：共 63000 吨；

4 艘装甲巡洋舰：黑王子号、防御号、武士号和 1 艘舰名不详的克雷西级：共 53700 吨；

2 艘轻型巡洋舰：共 9000 吨；

13 艘驱逐舰：共 15000 吨；

总计：169200 吨。

我方损失如下：

1 艘战列巡洋舰吕佐号：共 26700 吨；

1 艘老式战列舰波墨恩号：共 13200 吨；

4 艘轻型巡洋舰：威斯巴登号；埃尔宾号；罗斯托克号；弗洛伦堡号：共 17150 吨；

5 艘鱼雷艇：共 3680 吨；

总计：60730 吨。

此外，敌人的损失几乎都是全员损失。而我军成功救回了吕佐号、埃尔宾号、罗斯托克号，以及半数鱼雷艇上的船员。

我方的人员伤亡情况：阵亡 2400 人；受伤 400 人。

敌方的人员损失估计超过 7000 人。

1916 年 6 月 18 日，杰利科上将公布了英国方面对于我方损失情况的统计。这份统计清楚表明，英国人对我军损失做出了夸大的估计：战列舰，确认击沉 2 艘无畏级战列舰和 1 艘德意志级战列舰，另外可能击沉 2 艘无畏级战列舰，或者是 1 艘无畏级战列舰加上 1 艘战列巡洋舰；轻型巡洋舰，确认击沉 4 艘，可能击沉 1 艘；鱼雷艇，确认击沉 6 艘，可能击沉 3 艘；潜艇，确认击沉 1 艘，可能击沉 3 艘。

由于根本没有潜艇参战，杰利科将军对于击沉了我军潜艇的说法，是完全错误的。我对于此次战斗的印象和结论，已经全部写入了呈送给皇帝陛下的报告之中。现摘录如下：

"我军之所以能够取得辉煌战绩，归功于积极果敢的攻击精神、高效率的指挥体系以及全体官兵高昂的士气和旺盛的斗志。我们的舰队装备精良，训练有素，组织有方。这场战役充分证明，在组织和实施这种由多舰种共同参与的大规模作战行动中，我们已经掌握了正确的战略战术，因此我们必须在已经取得的成果的基础上更上一层楼。尽管所有各兵种都直接或者间接地为这场战役的胜利做出了自己的贡献，但是战列舰上装备的远程大口径火炮才是决定性因素。敌人的大部分损失都是由我军的炮火造成的。并且，正是由于炮火的掩护，我军的鱼雷艇才能成功地对敌方主力舰队发起冲锋。当然，这个论点并无贬低鱼雷艇部队的意思。毕竟，正是鱼雷艇部队的冲锋，使得我军主力舰队成功地冒着敌人的炮火转向，然后与其脱离接触。所以，无论是现在还是将来，作为主力舰的战列舰和战列巡洋舰，仍将是海权的基础。当前，我们有必要进一步增加军舰的大炮口径，提升舰船航速，优化防御装甲设置，以及改进船只的水下防御能力。"

"最后，我谨向陛下报告，到 8 月中旬，除德弗林格号和塞德利茨号以外，公海舰队将做好再次出击的准备。尽管通过一次成功的后续打击行动，敌人无疑将蒙受重大损失，但是即便是公海舰队最成功的作战行动，也不可能迫使英国屈膝投降。与这个岛屿帝国相比，我们在地里形势上具有先天劣势。而且，敌人拥有巨大的物质优势。对于这样一个岛屿帝国，如果我们不将手头所有的潜艇投入对敌人的封锁斗争中，那么我们就无法像敌人加诸在我们身上的经济压力那般，向敌人施加巨大的经济压力。如果希望在不久的将来，赢得战争的胜利，唯一的办法就是利用潜艇攻击英国的海上贸易，进而切断这个国家的经济生命线。基于我所肩负的责任，我在此诚挚地建议陛下您，避免受到那些关于反对发动潜艇战的观点的影响。这些显得过于仁慈的观点认为，由于在英国水域内存在着广泛的美国利益，因此即便军方领袖真诚地信赖潜艇战，其所获得的收益，也不足以抵消其所冒的风险。因此，除非我们愿意做出最大努力，并采用最严厉的作战方式，否则，为了避免触动美国的利益，我们就不得不接受当前这种屈辱性的不利处境，即允许英国对我们实施严厉的经济封锁，而我们却不能对其施加同等报复。"

在英国新闻媒体曝光杰利科上将关于此次战役的报告之后，我于 7 月 16 日向皇帝陛下递交了进一步报告，以补充关于此次战役的更多细节。在此，我引述杰利科报告的部分内容，因为它们充分证实了我方在战役过程中的诸多观察结果。

1. 英国舰队的兵力构成

贝蒂海军中将统辖的部队包括：

第 1、第 2 战列巡洋舰中队；

第 5 战列舰中队（伊丽莎白女王级）；

第 1、第 2、第 3 轻型巡洋舰中队；

第 1、第 9、第 10、第 13 驱逐舰支队；

杰利科海军上将统辖的部队包括：

第 1、第 2、第 4 战列舰中队（舰队旗舰位于第 4 战列舰中队前端）；

第 3 战列巡洋舰中队（无敌级）；

第 1、第 2 装甲巡洋舰中队；

第 4 轻型巡洋舰中队；

第 4、第 11、第 12 驱逐舰中队。

2. 英国主力舰队的拦截战斗

当最初收到发现敌舰的消息时，杰利科上将正位于贝蒂部队的西北方向。杰利科随即以纵队队形向东南方向全速前进。第 1 和第 2 装甲巡洋舰中队位于其队列的最前端，以承担侦察任务。此外，得到战列舰阿金考特号（已被第 2 侦察舰队观察到）支援的第 3 战列巡洋舰中队前出，以支援贝蒂。7 点 30 分，第 3 战列巡洋舰中队穿越贝蒂舰队的东侧，亦即其行进方向的前端。此时，该中队发现了在其西南方向的炮声及炮口闪光，遂派出轻型巡洋舰切斯特号前去侦察。而自身则取西北航向。8 点之前，切斯特号遭遇第 2 侦察舰队，并被其击中起火。在追击切斯特号的过程中，第 2 侦察舰队遭到了第 3 战列巡洋舰中队火炮攻击。8 点钟，我军第 9 鱼雷艇支队和第 12 鱼雷艇分队向第 3 战列巡洋舰中队发动了攻击。

贝蒂将军于 8 点 10 分发现了第 3 战列巡洋舰中

■ 5 月 31 日晚 8 点英国舰队阵位

队，随后于 8 点 21 分与其汇合，并将其置于第 1 和第 2 战列巡洋舰中队的先头位置。

至晚上 7 点 55 分，杰利科已可看见交战炮火，但尚不足以弄清我军的确切位置。他的海图坐标与贝蒂将军手中的海图坐标并不一致，从而加剧了对于形势判断的困难程度。其所收到的报告称，难以区别敌我双方的炮火。8 点 14 分，英军各战列舰中队转向东方，排列成单纵队阵型。贝蒂麾下的第 1 和第 2 战列巡洋舰中队位于此单纵队之前，而其第 5 战列舰中队排在纵队末尾。8 点 17 分，英军第 1 战列舰中队向我军战列舰纵队之先头部队开火。截至 10 点 20 分，除少数几次中断以外，英军各战列舰中队始终处于交战状态。

就在各战列舰中队抵达战场之前，第 1 装甲巡洋舰中队连同配属主力舰队的轻型巡洋舰部队，已经投入战斗。所以在 8 点 50 分，即我军两次冲锋之间隙，贝蒂将军下令将第 3 战列巡洋舰中队置于第 2 战列巡洋舰中队后方。9 点 06 分，英军战列舰纵队之前方各舰，开始转向向南航行。以上由英国新闻媒体透露出来的情况，与我军在战场上所获得的印象，完全符合，无须再做修正。

3. 敌方的夜间行动

在我的报告中已经详细阐述了我军主力舰队转向之后，我军先头部队，即第 1、第 4 侦察舰队与敌人发生战斗的情况。所以在 9 点 45 分，也就是我军转向之后不久，贝蒂失去了我军的踪迹。他派遣第 1 和第 3 轻型巡洋舰中队向西搜索前进，随后又于 10 点 20 分加派第 1 和第 2 战列巡洋舰中队前去支援。我军的转向必定使敌人以为，我军正向西逃逸，从而促使他向西方搜索。然而与此同时，我军正在再次转向至东南方向航线，同时调整队列，将第 2 中队置于末尾，以第 1 中队为先导。这些行动使得贝蒂从我军的正前方横穿而过，向西方前进，最终与我军失之交臂。很明显，在交战之后，英国主力舰队分成了两支部队。尽管杰利科上将的报告对此未作提及。其中一支由战列舰和轻型舰艇组成的编队，向东北方向行进，从而使得我军 L24 号飞艇于 6 月 1 日早上 5 点在简莫尔湾发现了它们。这支舰队很可能是处于杰利科所排布的战列舰纵队中的尾部的部队。它们在遭到我军第 6 和第 9 鱼雷艇支队的攻击后，与其主力舰队失去了联系。另一支由杰利科亲自指挥的部队，就是被 L11 号飞艇在 6 月 1 日上午发现的那支由 18 艘战列舰、3 艘战列巡洋舰（很可能就是第 3 战列巡洋舰中队），以及大批轻型舰艇组成的舰队。当时该舰队正在向南航行，随后又转向至西南航向。从截获的英军无线电通讯得知，杰利科亲自率领的这支舰队，前后长度达到了 15 海里。基于这支舰队的航向和航速，它必定是在午夜前后，从我军正前方 10 至 15 海里处通过，随后前往泰尔斯海灵岛至哈恩礁一线的中间位置。也就是在那里，被 L11 号飞艇发现。

4. 敌方夜间行动的后果

　　杰利科上将必定是打算，在天亮后与我军重新开战。所以，部分英国战列舰前往简莫尔湾的举动令人费解。同样不可理解的，还有敌方轻型水面舰艇的表现。它们与我军主力舰队的交战持续了整个晚上，直至早上 4 点 36 分才告结束。所以它们完全可以向杰利科和贝蒂通报我军的动向。即便不主动报告，夜幕中我军的炮火和敌方燃烧着的巡洋舰和驱逐舰，也会向英国主力舰队指明我军位置所在。无论如何，在 6 月 1 日早上，英国舰队已经分裂成三个彼此相互独立的部队。其中一支位于北方水域；第二支由贝蒂指挥的部队则在西北方水域；由杰利科指挥的第三支部队在哈恩礁西北方。如此分散的配置只能说明，在经历了 5 月 31 日的战斗后，杰利科已经丧失了对部队的控制。这也就促使他放弃了进一步与我军交战的企图。

日德兰海战

约翰·杰利科 [1]

① 译注：约翰·杰利科海军上将于第一次世界大战爆发之际，就任英国皇家海军大舰队总司令。所谓的大舰队 (the Grand Fleet)，是指战争期间屯驻苏格兰斯卡帕湾基地的英国主力舰队。它是英国用于对抗德国公海舰队的中坚力量。丘吉尔曾经将杰利科称为，唯一一个可以在一个下午的时间里，令英国输掉战争的人。由此可见杰利科上将所肩负的重任。1916 年 5 月 31 日至 6 月 1 日，杰利科上将指挥他的大舰队参加了日德兰大海战。本文摘自其回忆录《大舰队 1914-1916：创建、发展和作用》。

⇥ 战前形势 ⇤

首先，有必要介绍一下 1916 年春天的总的海军形势。在日德兰海战前夕，战略形势是怎样的？如果无法对新出现的战场环境做出充分的估计，那么大舰队能够承担多大程度的风险？

大舰队囊括了我们几乎全部可用的主力舰，所以也就不再有任何后备力量。不归大舰队统辖的战列舰中，除了全部的前无畏级战列舰以外，就只剩下一些战斗力较差的舰艇，包括 7 艘爱德华七世级、2 艘纳尔逊勋爵级和 4 艘皇后级。其中，除了 5 艘爱德华七世级以外，全都被打发去了地中海，要么负责协助意大利舰队的作战行动；要么就在爱琴海上执行任务。此外，还有 5 艘轻型巡洋舰也被调往地中海。

当然，法国和意大利在地中海都部署了自己的舰队。但是出于政治考虑，以及监视奥匈帝国舰队的需要，这两个国家的海军不可能被要求离开地中海，前来支援我们。

如果将当前的战略形势与百年前做一番对比，将会有一个有趣的发现。在 1805 年 9 月，即特拉法尔加海战前夕，英国海军在本土水域和地中海战场的兵力分布状况，如下表所示：

分布位置	指挥官	主力舰数量	护卫舰数量	小型舰船数量	合计
从设德兰岛到比奇角	基斯勋爵	10	15	165	180
英吉利海峡	波特上将	0	1	51	52
泽西岛和根西岛	萨默尔斯爵士	0	2	12	14
乌尚特岛外	科林威尔斯上将	26	15	20	61
爱尔兰	加德纳勋爵	0	10	14	24
地中海	纳尔逊勋爵	26	19	24	69
维修中的后备舰船		11	7	17	35

除了纳尔逊麾下的 26 艘主力舰和 19 艘护卫舰以外，海军在本土和地中海水域还拥有 47 艘主力舰和 50 艘护卫舰，主要负责监视乌尚特岛和布列斯

特港。在设德兰岛至比奇角之间，还有 155 艘小型舰船。

而在 1916 年，除了大舰队的 39 艘主力舰（包括战列巡洋舰）和 32 艘巡洋舰和轻型巡洋舰以外，我们分布在本土水域和地中海的剩余兵力仅有 13 艘主力舰（所有前无畏级战列舰已经过时，故不在计算之内）和 5 艘轻型巡洋舰。在设德兰岛至比奇角之间，除了我们的大舰队和哈里奇支队以外，就只剩下 60 艘老式驱逐舰、6 艘巡逻艇和 33 艘老式鱼雷艇。

在 1805 年 9 月，英国尚处于建造中的军舰包括 32 艘主力舰和 36 艘护卫舰。此外还应将俄国正在建造的 10 艘主力舰计入我方阵营。而在 1916 年 5 月，我们在建的军舰只有 5 艘主力舰和 9 艘轻型巡洋舰。

只需稍作对比即可发现，当前的形势与特拉法尔加海战前夕迥然不同。投身特拉法尔加海战的英国舰队，只占当时英国海军全部兵力的一小部分。而在 1916 年，英国大舰队掌握着绝大部分主力舰。而国家的安全正仰仗于这些主力舰的存在。

早在战争初期的 1914 年 10 月底，我就以书面形式向海军部指出，在与德国舰队交战的前夕和整个交战过程中，敌人如果能够善于利用潜艇、水雷和鱼雷艇，就能对大舰队构成重大威胁。因此，我已向海军部阐明我的行动原则，即只有当出现取得决定性胜利的机会时，才会与德国舰队交战。并且，应尽可能将实际交战的时间压缩至最低限度。此外，我还要求发展新的战术，以应对可能出现的潜在威胁。

海军部对我的回复表明，他们完全支持我的观点。这更坚定了我的信念，使我在指挥大舰队作战的过程中，充分考虑到各种潜在威胁因素，并贯彻以上原则。

无论是在 1914 年 10 月，还

■ 约翰·杰利科海军上将

是在 1916 年 5 月，英国大舰队都无法树立起针对德国公海舰队的绝对优势地位。这促使我坚信，只有在充分分析和考虑各种因素的基础之后，才能驱使舰队投入到目标明确的战斗当中，并且还要时刻警惕敌人的鱼雷威胁。

在做出将舰队投入战斗的决定时，还必须考虑到，大舰队身上所受到的种种严格束缚。同时也存在着这样一种可能性，即当大舰队真正被投入战斗时，它将面临比先前预料到的更为复杂严峻的局面。

从 1916 年下半年开始，英国大舰队所面临的形势有所改善。这首先归功于所有皇权级战列舰陆续加入大舰队，从而提升了与德国公海舰队的实力对比。1917 年初，4 艘皇后级战列舰从亚德里亚海撤出，从而大大缓解了人力资源的紧张状况。1917 年 4 月，美国加入协约国阵营参战，使得一支美国战列舰中队于 1917 年 12 月加入大舰队。而且很明显，如果有必要，我们完全可以要求美国海军的所有战列舰来支援我们。

最后，也许是最为重要的一点是，自日德兰海战之后，大舰队统辖下的轻型巡洋舰和驱逐舰的数量稳步提升，从而使得舰队在水面战斗行动中所面临的鱼雷威胁大幅度减少。此外，我们的高速潜艇——即 K 级潜艇，也在 1917 年被编入大舰队序列。这就意味着，如果在战斗行动中我方舰船遭遇敌方潜艇或鱼雷艇的重创，那么敌人很可能也会因同样原因而遭受惨重损失。

然而尽管有了这些有利因素，到 1918 年，我军在战列巡洋舰领域的状况仍不能令人满意。所有这些有利或者不利的因素，都对大舰队的战术原则和安排产生了巨大的影响。所以在 1916 年，我们处在一种明确的形势之中，即我们有本钱、有实力去冒着风险与敌人打一仗，但是这么做并不明智。这种局面此后一直未有改变。

⟶ 日德兰海战 ⟵

1916 年 5 月 31 日，大舰队与公海舰队之间爆发了日德兰战役。有关此次战役的公报于数周之后公开出版。但此份公报并非完全由我本人执笔撰写。因为在 6 月初海军部召开的一次会议之后，对于此份新闻公报的细节做了若干修改。之所以如此，部分是因为不希望敌人从我们的新闻公报中获取有价值的信息。另一个理由则是，我们不希望英国战舰设计方面问题，成为世人关注的焦点。设计问题集中在战列巡洋舰身上的装甲防护能力不足。

在整个战争期间，我们对于战列巡洋舰的作战使命是一以贯之的，即要求它们在轻型巡洋舰的支援下，前出至我军战列舰队前方。通常情况下，战列巡洋舰应与战列舰队保持相对较远的距离，以便能够与敌人保持接触，随时报告其动向，进而以大口径火炮攻击敌人。英国战列巡洋舰的设计和建造，都是围绕这些战术设想展开的。战列巡洋舰的角色定位，就是为主力舰队搜寻敌方主力舰队的位置，进而确定其实力，并及时向上汇报。1915年1月24日，德国舰队对英国海岸发动袭击。当时，我军战列巡洋舰以最高速度奔赴战场，成功拦截了德国战列巡洋舰部队。由此可见，我们对于战列巡洋舰使命的设定，是有道理的。如果没有战列巡洋舰，这样的拦截作战是不可想象的。

到1916年中，我们在战舰数量和大炮口径方面都占有优势。如果与敌方舰队爆发大规模战斗，我们所需承担的风险主要体现在，我军战列巡洋舰部队很可能会与敌方战列舰交战，进而损失1到2艘战列巡洋舰。如果战斗发生时天气晴朗，且我军战列巡洋舰未遭到重创，它们完全有可能凭借自身的高速度，躲在敌方主力舰队的射程之外，从容对其实施监视，同时驱赶敌方的一切轻型舰船。再加上第5战列舰中队的支援，我军的战列巡洋舰部队所享有的战术优势就更明显了。之所以让第5战列舰中队加盟战列巡洋舰部队，是因为第3战列舰中队被调往斯卡帕湾，导致战列巡洋舰部队阵容不完整。此外，第5战列舰中队航速较快，足以与敌方速度最快的战列巡洋舰相匹敌，所以完全能够胜任与敌方战列巡洋舰交战的任务。

在此，我深深地感到，有必要对我军战列巡洋舰在日德兰海战中的惨重损失，予以解释。对于我们在战列巡洋舰舰上服役的官兵而言，这个解释尤为必要。毕竟，在海战的第一阶段，我们在战列巡洋舰方面拥有6比5的优势。更何况，我军还得到了第5战列舰中队的4艘伊丽莎白女王级战列舰的支援。而我们的对手，尚不能从公海舰队的战列舰那里得到任何帮助。对此问题的深入研究表明，与德国海军的战列巡洋舰相比，我方战列巡洋舰的装甲防护欠佳。所以在战争期间，我们不希望将这一弱点公之于众。

关于一艘战舰上的火力与防护，究竟何者为重的问题，已经被探讨多时，并且始终是我们关注的重心所在。研究海军问题的专家学者们，对此问题已经做了大量的论述。一些人认为，在这二者之间，还是应该着重于火力，为此应该牺牲装甲防护能力。这种论调是基于"进攻是最好的防御"这一信条。尽管在战略层面上，此观点的正确性毋庸置疑，但是在实战中，此观点的荒谬性也已经昭然若揭。截止日德兰海战结束时，英国海军中损失的战列巡洋舰和巡洋舰有：好望角号、蒙默斯号、玛丽女王号、不倦号、无敌号、防御号和武士号。对这些战舰损失原因的思考，使得我们这些战役幸存者们确信，我们手中这些战舰的防护能力不足。所以即便它们拥有更加强大的火力，也不应该与敌方防护能力较好的军舰作战。尽管在并非身处一线的人们那里，这样的观点并未得到广泛接受。但我们对于自己的观点仍然坚信不疑。因为敌人的表现从反面证明了我们的正确。与我军那些沉没的军舰相比，敌人的战舰遭到了更密集的火力打击，包括被炮弹和鱼雷命中、被水雷毁伤。可事实是，即便如此，他们仍能将船只开回港口。这一成就，部分归功于其舰船优越的防护能力；但也有部分原因在于我军穿甲弹质量欠佳。

以往，当人们比较英德两国海军的实力，进而以此确定两国的海军军备竞赛的下一步动向时，存在着一种天然的倾向，即以双方舰船的火力作为实力对比的基本因素。在这方面，英国海军显然拥有优势。但这也遮蔽了人们对其他一些因素的关注。战前，当我还在海军部工作时，就已经出现了这样的情况。对此，我早有异议，并指出，真正的实力对比应该建立在同级别战舰的排水量对比方面。因为正如我们早已预料到的——并且在战争中展现出来的那样，德国舰船设计师和建造工人的水准，决不在我们之下。所以很明显，如果是同一时期建造的同等排水量和同等速度的军舰，既然我们在火力方面拥有优势，那么德国人必定会在其他领域掌握优势。海军部早就知道，卓越的防护性能和强大的鱼雷攻击能力，乃是德国舰队的主要优势所在。

我们也很清楚，德国舰船装备的是小型水管锅炉。在输出功率相等的条件下，此种锅炉重量较轻，从而使德国人能够利用节省下来的重量加强舰船的防护性能。换句话说，他们采用了一种完全不同的重量分配策略。

下表列出了日德兰海战中英德两国主力舰在武器、防护、和排水量方面的参数对比。

英国战列舰：

参数\舰名	规划建造年份	排水量（单位：吨）	航速（单位：节）	燃料携带量（单位：吨）	主炮和副炮（数量×口径：英寸）	水下鱼雷发射管数	装甲厚度（单位：英寸）							备注
							主装甲带	上层装甲带	船首装甲	船尾装甲	副炮炮塔装甲	主炮前装甲	防护甲板	
5艘皇权级	1913-14	25750	21.5	3400	8×15 / 14×6	4	13	6	4	4	6	13	1-4	舷侧装甲带覆盖至上甲板，且副炮位于上甲板上方
5艘伊丽莎白女王级	1912-13	27500	25	3400	8×15 / 12×6	4	13	6	4	4	6	13	1-3	同上
4艘铁公爵级	1911-12	23000	21	4300	10×13.5 / 12×6	4	12	8-9	4	4	6	11	1.5-2.5	同上
3艘英王乔治五世级	1910-11	23000	21	4000	10×13.5 / 12×4	2	12	8-9	4	2.5	无	11	1.5-4	舷侧装甲带覆盖至上甲板
4艘曙光女神级	1909-10	22500	21	4100	10×13.5 / 13×4	2	12	8-9	4	2.5	无	11	1.5-4	同上

舰名	年代/备注	排水量	航速		装甲									备注
加拿大号	属于战时紧急计划	28000	22.75	3800	10×14 / 12×6	4	9	4.5-7	4	4	6	10	1.5-4	舷侧装甲带覆盖至上甲板，且副炮位于上甲板上方
Erin		23000	21	2800	10×13.5 / 16×6	3	12	8-9	4	4	5	11	1.5-3	同上
阿金考特号		27500	22	3800	14×12 / 20×6	3	9	6	4	4	6	12	1-1.5	同上
3艘大力神级	1909-10	20000	21	3700	10×12 / 12×4	2	11	8	2.5	2.5	无	11	1.5-4	舷侧装甲带仅覆盖至主甲板
2艘圣文森特级	1907-08	19250	21	3700	10×12 / 13×4	2	10	8	2	2	无	11	0.75-3	同上
3艘伯勒丰级	1906-07	18600	21	3500	10×12 / 12×4	2	10	8	5	6	无	11	0.75-3	同上
无畏号	1906-06	17000	21	4000	10×12 / 20×3	4	11	8	4	6	无	11	0.75-3	同上

英国战列巡洋舰：

参数 ＼ 舰名		虎号	3艘狮级	3艘新西兰级	3艘无敌级
规划建造年份		1911–1912	1909–1910	不属于海军部规划捐赠	1905–1906
排水量（单位：吨）		28500	26350	18800	17250
航速（单位：节）		29	28	26	25
燃料携带量（单位：吨）		6800	4600	4000	3800
主炮和副炮（数量 × 口径：英寸）		8 × 13.5	8 × 13.5	8 × 12	8 × 12
		12 × 6	15 × 4	14 × 4	12 × 4
装甲厚度（单位：英寸）	水下鱼雷发射管数	2	2	2	4
	主装甲带	9	9	6	6
	上层装甲带	6	6	无	无
	船首装甲	4	4	4	4
	船尾装甲	4	4	4	无
	副炮炮塔装甲	9	无	无	无
	主炮前装甲	6	9	7	7
防护甲板		1~3	1~2.5	1~2.5	1~2.5
备注		舷侧装甲带覆盖至上甲板，且副炮位于上甲板上方	"舷侧装甲带覆盖至上甲板"	舷侧装甲带仅覆盖至主甲板	同左

德国战列舰：

参数 ＼ 舰名	4艘国王级	5艘皇帝级	4艘赫尔戈兰级	4艘拿骚级
规划建造年份	1911–1912	1909–1911	1908–1909	1907–1908
排水量（单位：吨）	25390	24410	22440	18600
航速（单位：节）	23	21	20.5	20
燃料携带量（单位：吨）	4200	3700	3100	2800
主炮和副炮（数量 × 口径：英寸）	10 × 12	10 × 12	12 × 12	12 × 11
	14 × 5.9	14 × 5.9	14 × 5.9	12 × 5.9

	水下鱼雷发射管数	5	5	6	6
装甲厚度（单位：英寸）	主装甲带	14	13.75	11.75	11.75
	上层装甲带	10	9	7.75	7.75
	船首装甲	6	7.75	7.75	6
	船尾装甲	6	7.75	7.75	4
	副炮炮塔装甲	8	7.75	7.75	6.5
	主炮前装甲	14	11.75	11.75	11
防护甲板		2.5~3	1.5~4	1.5~2.75	2~4.75
备注		"舷侧装甲带覆盖至上甲板，且副炮位于上甲板上方"	同左，但是在船体后部，舷侧装甲带仅覆盖至主甲板	舷侧装甲带覆盖至上甲板，且副炮位于上甲板上方	同左

德国战列巡洋舰：

参数 \ 舰名		3 艘德弗林格级	赛德利茨号	毛奇号	冯德塔恩
规划建造年份		1911-1912	1910-1911	1908-1909	1907-1908
排水量（单位：吨）		26180	24610	22640	19100
航速（单位：节）		28	26.75	27.25	26
燃料携带量（单位：吨）		5600	3700	3200	2900
主炮和副炮（数量 × 口径：英寸）		8 × 12	10 × 11	10 × 11	8 × 11
		14 × 5.9	12 × 5.9	12 × 5.9	10 × 5.9
装甲厚度（单位：英寸）	水下鱼雷发射管数	4	4	4	4
	主装甲带	12	11.75	11	9.75
	主装甲带	8	8	主装甲带向上延伸消薄，具体数据不详	
	船首装甲	5	4	4	4
	船尾装甲	5	4	4	4
	副炮炮塔装甲	7	6	5	5
	主炮前装甲	11	10	10	9
防护甲板		1~3.2	1~3.25	可能与赛德利茨号相同	
备注		舷侧装甲带覆盖至上甲板，且副炮位于上甲板上方	同左	同左	舷侧装甲带覆盖至上甲板，且副炮位于上甲板上方

同一时期英德两国主力舰装甲重量对比（德国舰船数据为估测值）：

	排水量（单位：吨）	装甲重量（单位：吨）	防护甲板重量（单位：吨）	总计	船只长度（单位：英尺）	船只宽度（单位：英尺）
战列舰						
英国君权级	22500	4560	2010	6570	545	88.5
德国皇帝级	24410	5430	3130	8560	564	95
战列巡洋舰						
玛丽女王级	27000	3900	2300	6200	660	89
赛德利茨级	24610	5200	2400	7600	656	93.5

通过对比，我们可以得出如下结论：

战列舰：

1. 英德两国在同一时期建造的战列舰中，德国战列舰的排水量总是较大；

2. 德国战列舰的装甲重量总是大于英国战列舰；

3. 所有德国无畏级战列舰的舷侧装甲都覆盖到上甲板。而英国建造的9艘早期的无畏舰并未引进此种设计。其舷侧装甲仅能照顾到主甲板。这使其在面对大口径火炮攻击时更为脆弱。我在海军部任职期间所设计的猎户座级战列舰和狮级战列巡洋舰，是第一批舷侧装甲涵盖到上甲板的英国主力舰；

4. 德国战列舰上的主装甲带和上装甲带，其厚度总是大于同时其英国战列舰的装甲厚度。而且对于舰船首尾端的装甲防护能力，德国人也考虑得更为周到细致；

5. 德国战列舰的甲板防护能力要高于英国战列舰，而且德国舰船拥有更加细密的水密舱划分；

6. 与英国舰船相比，德国舰船倾向于安装数量更多的水下鱼雷发射管。

战列巡洋舰：

1. 早期德国战列巡洋舰的排水量要比同期英国战列巡洋舰的排水量更大；

2. 德国舰船所安装的装甲重量比英国舰船多；

3. 我军的9艘战列巡洋舰中，主甲板以上部分缺乏防护能力的就有5艘。

而所有德国战列巡洋舰的上甲板都具有防护能力；

4. 包括甲板防护能力在内，德国舰船的装甲厚度普遍超过英国舰船，且水密舱划分更加细致；

5. 德国舰船安装了更多的水下鱼雷发射管。

德国人总是倾向于为其舰船提供额外的装甲防护；而我们总是希望安装更大口径的主炮。不过德国人在副炮火力方面，仍然超过我们。

此外，还有一点必须指出，即德国人为其穿甲弹装备了延时引信，使炮弹能够穿透装甲板，钻入英国军舰内部再爆炸。而英国炮弹，经常在装甲外侧，或者穿透过程中即发生爆炸。

尽管英国战舰更适合烧燃油，不过两国舰船在燃料携带能力方面并没有什么差别。早在战争爆发之初，我就下令将我军战舰的燃料携带量削减25%。要不是煤炭能够为军舰提供额外的防护能力，削减的比例还会增加。因为我必须考虑到，当我军需要高速追击敌人时，燃料消耗量会急剧增加。而当追上敌人时，如果届时煤炭的储备低于我所设定的"安全线"，就显得很不明智了。因为在接下来的战斗中，舰船舷侧的煤舱还必须拥有必要的煤炭储量，以提供防护能力。换句话说，德国人无意在远离其基地的海域作战，可以对舰船的燃料携带量做适度削减。此举还有利于提升其舰船的航速。

另一个极为重要的因素是两国舰船抵御水下攻击能力的对比。在整个战争期间，德国舰船都拥有这方面的优势。原因有两个：

1. 舰船内部的装甲分布更加广泛，且装甲板厚度较大；

2. 这些装甲与船壳外板之间的距离更远，从而可以更有效地吸收水下爆炸产生的冲击波。

就第一点而言，我军的大部分舰船，其内部装甲防护仅能覆盖包括弹药库在内的有限区域。而德国舰船则能够实现全面防护，几乎贯穿整个船体。

至于第二点，则是因为德国舰船的船体更宽，从而使得设计人员可以优化船身内部的防御舱壁的布置。而如果要在较窄的英国舰船上采取类似措施，势必会影响到诸如弹药库和机械动力舱室的安装布置。与英国舰船相比，德国舰船内部的防御舱壁能够更有效地抵御水雷和鱼雷的爆炸效应。舰船生存能力也就更好。所以，在包括日德兰海战在内的整个战争期间，尽管德国主力舰多次遭到水雷和鱼雷的伤害，但是除了前无畏级战列舰波墨恩号和战列巡洋舰吕佐号以外，没有被击沉的案例。而吕佐号的损失，在很大程度上还应归功于其所遭受到的炮击。

另一方面，英国主力舰一旦遭到水雷和鱼雷的伤害，则很少能幸存。这方面的案例只有两个：在达达尼尔海峡触雷的战列巡洋舰不屈号和日德兰海战中被鱼雷击中的战列舰马尔波罗号。特别是马尔波罗号，尽管鱼雷只是命中了船体的非要害部位，该舰在返回基地的途中还是遭遇诸多困难。

人们不得不追问，为何英国战列舰会如此脆弱？答案在于，我们在战前设计建造的所有无畏级战列舰，都不得不受限于一个基本事实，即英国缺乏适合建造大型军舰的船坞。早在战前本人造访德国海军基地基尔港期间，德国皇帝曾经就此问题当面向我指出，我们在打造出合适的船坞之前，就开始建造军舰。这是一个明显的失误。而他的海军总是先建造船坞，然后再在其中建造军舰。显然，德国皇帝的观点是正确的。但是不可忘记，建造船坞需要相当长的时间，由此导致德国的造舰计划被迫拖延。而英国则及时造出了自己的军舰，使得我们在战争爆发时拥有明显的数量优势。当然，当我们的舰船设计师们孜孜以求，不断拿出新的设计方案时，他们总是要面对一个基本问题，即不可以将船只造得太宽，否则就会面临缺乏船坞的窘境。而如果有人希望设法从政府那里弄到经费，以改造船坞，那他很快就会发现，这是极为困难的事情。这样的改造工程花费巨大。而船坞在公众的眼中毫不起眼，根本不可能激发起人们的兴趣，所以很难争取到拨款。所有这些因素造成的最终结果就是，到1914年8月战争爆发时，我们在舰船数量上拥有优势，但在船坞问题上处于可悲的境地。如果我们的主力舰在战争初期遭遇重大损失，仅仅因为缺乏船坞，就会招致严重后果。

我们那些优秀的船舶设计师们，只能指出这样一个事实，即德国舰船抵御水下爆炸的能力优于我们。我们只能诚心希望，现在我们能够记住这些经验教训，并且在将来予以改正，为舰队提供真正必要的船坞设施。

由于我本人曾在1909至1911年期间担任海军部的舰船设计部门主管，随后又于1913年担任第二海务大臣的职务，所以我对于以上这些问题有着较为充分的了解。正如我们将要看到的，绝对有必要指出和强调这些不利因素。因为在整个日德兰战役过程中，这些因素时时左右着舰队的行动。并且，只有对这些因素有充分的认识，才能对舰队的表现做出正确判断。

在研究判断舰队的种种行动时，必须时刻牢记，舰船之间的信息传递，总是面临着大量的阻碍和延迟现象。通讯时，首先要撰写报告，然后送交无线电室或者是信号站，由他们编码发送，再由对方接收信号，再解码翻译，最后传递给舰桥。这些都需要时间。特别是，使用无线电通讯，比直接使用可视信号，所花费的时间更长。所以，无论是一方从舰桥上发送出报告的时间，还是另一方接收到信号的时间，都不是指挥官已拿到报告，进而做出研读和判断这些信息的时间。

1. 战列巡洋舰的行动

5月30日，大舰队陆续离港，前往北海做例行扫荡。舰队行动完全遵循由我下达的如下命令：

"从克罗默蒂湾（位于苏格兰北端）出发的第2战列舰中队，在马丁·杰拉姆海军中将指挥下，前往东经2度、北纬58度15分的海域，然后于5月31日下午2点，在东经4度15分、北纬57度45分海域，与大部队会合。"

"大卫·贝蒂海军中将指挥战列巡洋舰部队及第5战列舰中队，前往东经5度40分、北纬56度40分海域。预计他将在此位置保持阵位，直至5月31日下午2点。随后，他们应向北行驶，直至与战列舰队保持目视接触距离。整个行动过程中，伴随护航的驱逐舰应尽量节约燃料。"

"战列舰铁公爵号率领第1、第4战列舰中队，连同第3战列巡洋舰中队，于5月30日晚离开斯卡帕湾，朝A点位置前进（东经4度15分、北纬57度45分）。新服役的轻型巡洋舰切斯特号和坎特伯雷号，目前正在斯卡帕湾实施炮术和鱼雷射击训练。它们也将随同出海。5月31日上午11点15分，舰队将在东经2度42分、北纬58度13分海域，与第2战列舰中队汇合。在出海之前，贝蒂中将已被告知，一旦大舰队到达A点位置，将继续朝哈恩礁方向前进。"

5月31日下午2点，战列舰队以第5号队形，航行于A点位置西北方18英里处海面。具体坐标为东经3度45分，北纬57度57分。由于在航行途中，需要对所遇到的渔船和商船做例行检查，所以舰队当前的位置稍晚于原计划。本来，只需派遣少量舰船执行临检任务，而不会令整个舰队耽误行程。但如果这么做的话，那些执行临检任务的护航舰艇，必须在检查完毕后加速赶上舰队，由此会导致不必要的燃料浪费。为避免出现这种情况，整个舰队必须统一行动，所以有所耽搁。而且，我们时刻依赖这些护航舰艇，以随时警惕敌方侦察兵力。战列舰队排列成六路纵队，从左至右依次排列。第 4、第 11 和第 12 驱逐舰支队环绕在战列舰周围，提供保护。第 4 轻型巡洋舰中队位于战列舰队前方 3 英里处，负责领路。此外，在战列舰队前方 16 英里处的海面上，还有两个巡洋舰中队（译注：即第 1 和第 2 巡洋舰中队），总共 8 艘巡洋舰。每艘巡洋舰可得到一艘驱逐舰的保护。这些巡洋舰排列成一条东北 – 西南走向的线列，长度达 8 英里，占据了东西宽约 6 英里的海面。其队形如下图所示：

在战列舰队的侧翼，同样有 4 艘巡洋舰伴随，即积极好、博阿迪西亚号、布兰奇号和女战神号。此外，位于战列舰队前方 20 英里处的第 3 战列巡洋舰中队，也得到 2 艘巡洋舰的支援，即切斯特号和坎特伯雷号。当时这支舰队正以 14 节航速向东南方向做 Z 字航行。

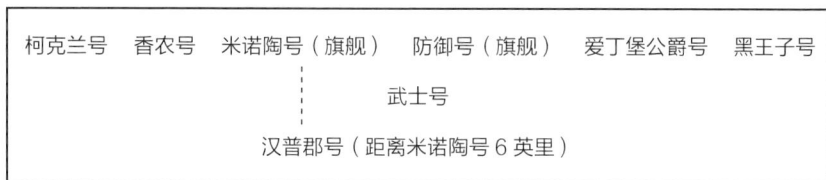

柯克兰号	香农号	米诺陶号（旗舰）	防御号（旗舰）	爱丁堡公爵号	黑王子号
		武士号			
		汉普郡号（距离米诺陶号 6 英里）			

■ **大舰队前方第1和第2巡洋舰中队队形**

前进方向

第 1 战列舰纵队	第 2 战列舰纵队	第 3 战列舰纵队	第 4 战列舰纵队	第 5 战列舰纵队	第 6 战列舰纵队
英王乔治五世号	猎户座号	铁公爵号	本鲍号	百眼巨人号	马尔波罗号
阿贾克斯号	皇权号	皇家橡树号	伯勒丰号	柯林伍德号	复仇号
百夫长号	征服者号	卓越号	鲁莽号	海神号	大力神号
爱尔兰号	雷霆号	加拿大号	前卫号	圣文森特号	阿金考特号

■ **大舰队六路纵队队形**

战列舰队排列队形如下所示。

大舰队麾下参战将官及其座舰：

铁公爵号：约翰·杰里科上将：大舰队指挥官

英王乔治五世号：马丁·杰拉姆中将：第 2 战列舰中队指挥官

猎户座号：A·C·利文森少将：隶属于第 2 战列舰中队

壮丽号：A·L·达夫少将：隶属于第 4 战列舰中队

本鲍号：达夫顿·斯图第中将：第 4 战列舰中队指挥官

巨人号：E·A·冈特少将：隶属于第 1 战列舰中队

马尔波罗号：塞西尔·伯内利中将：第 1 战列舰中队指挥官兼大舰队副总指挥

战列巡洋舰舰队连同第 5 战列舰中队，以及伴随左右的驱逐舰，于 31 日下午 2 点，位于东经 4 度 40 分，北纬 56 度 46 分海域。这支舰队随后转向东北方向。航速 19.5 节。

狮号与第 1 战列巡洋舰中队呈单纵队前进。轻型巡洋舰优胜者号率领第 13 驱逐舰支队的 10 艘驱逐舰为其护航。在该部队东北偏东方向，是第 2 战列巡洋舰中队，同样是一字纵队，由哈里奇支队的 6 艘驱逐舰为其护航（这些驱逐舰于出海前都在罗赛斯基地，所以也被拉了出来）。第 5 战列舰中队位于狮号的西北偏北方向。轻型巡洋舰无恐号率领第 1 驱逐舰支队的 9 艘驱逐舰为其护航。三个轻型巡洋舰中队组成一个 5 英里长的双纵队阵列，在海图上呈现出东北－西南走向，位于第 1 战列巡洋舰中队的东南偏南 8 英里处。其队形如下图所示：

第 2 轻型巡洋舰中队		第 3 轻型巡洋舰中队		第 1 轻型巡洋舰中队	
南安普顿号（旗舰）	诺丁汉号	法尔茅斯号（旗舰）	伯肯黑德号	因康斯坦号（旗舰）	拉蒂号
伯明翰号	都柏林号		格洛斯特号	科黛拉号	辉腾号

战列巡洋舰队麾下部分参战将官及其座舰：

狮号：大卫·贝蒂海军中将：战列巡洋舰队指挥官

皇家公主号：O·B·布鲁克少将：第 1 战列巡洋舰中队指挥官

新西兰号：帕肯汉姆少将：第 2 战列巡洋舰中队指挥官

巴勒姆号：伊文－托马斯少将：第 5 战列舰中队指挥官

在轻型巡洋舰格洛斯特号和科黛拉号之间，还有一艘水上飞机母舰恩加丹号。此外，轻型巡洋舰雅茅斯号位于狮号和巡洋舰中队之间，充当发送信号的中转站。

下午 2 点 20 分，贝蒂将军收到了坐镇加拉蒂号的第 1 轻型巡洋舰中队司令亚历山大·辛克莱尔准将发送的报告。后者声称，在东南偏东方向发现两艘敌舰。后者明显正在逼停一艘中立国商船，并准备登船检查。贝蒂中将立刻意识到，当前形势有可能将有利于我方，遂立即掉转航向至东南偏南，朝着哈恩礁方向前进，试图截断敌人返回其基地的退路。

2 点 35 分，加拉蒂号再次报告称，在东北偏东方向发现大片烟雾，并且"似乎是从一支舰队发出的"。紧随而来的第三份报告声称，敌舰正在向北行驶。战列巡洋舰队的航向遂向东偏转，朝着烟雾的方向驶去。3 点 31 分，敌人已进入目视距离，随后被确认为是 5 艘战列巡洋舰，并且伴随有驱逐舰护航。

与此同时，为进一步查明战场形势，第 1 和第 3 轻型巡洋舰中队不等新的命令传来，即向东方水域散开，在我军战列巡洋舰前方构建起一道屏障。随后，我军轻型巡洋舰发现了敌方轻型巡洋舰，并与其发生远距离交火。坐镇南安普顿号的第 2 轻型巡洋舰中队指挥官古德诺夫准将，率领他的中队高速插入我军战列巡洋舰编队前方，并且向东南偏东方向前进。正是他在 3 点 30 分，发现了敌方战列巡洋舰，方位东北偏东。

在接到加拉蒂号的报告之后，贝蒂中将曾命令恩加丹号派出一架水上飞机，对东北偏北水域实施侦察。这是水上飞机首次在一场海战中从事侦察任务，颇具历史意义。尽管云层低垂，令空中观察困难重重，但是飞行员拉特兰上尉和观察员特里温准尉还是设法在云层下低空飞行，并且成功识别出了敌方 4 艘轻型巡洋舰。当然，敌人也发现了这架飞机，并向其猛烈开火。空中侦察报告于 3 点 30 分送达贝蒂的旗舰。此时，根据贝蒂中将的命令，第 2 战列巡洋舰中队已经与第 1 战列巡洋舰中队汇合，并且跟随在其身后。所有战列巡洋舰统一排列成单纵队阵型。此举可以避免各舰喷吐出的烟雾相互影响视线。航向东南偏东，几乎与敌人平行。航速 25 节。距离 23000 码。第 9 和第 13 驱逐舰支队也已在战列巡洋舰的前方占据阵位。

而伴随贝蒂的第 5 战列舰中队，此刻仍在朝西北偏北方向航行。它与战列巡洋舰的距离增至 10000 码。此时天气理想。能见度良好。风向东南。阳光就在我们身后。

与此同时，加拉蒂号发送给狮号的无线电报，也已经被铁公爵号接收到。我随即向舰队发布命令，要求各舰提升蒸汽压力，准备全速前进。而巡洋舰早在此之前就已接到同样的命令。3 点 10 分，战列舰队接到了"准备战斗"的命令。3 点 30 分，我向各纵队指挥官通报了当前形势，并由他们向下属各舰传达。来自加拉蒂号的第一份报告只是声称，发现了敌方轻型巡洋舰和驱逐舰。由于这些敌舰正位于我军东方，我的初步判断是，他们将穿过斯卡格拉克海峡，逃往波罗的海。所以即便贝蒂切断了敌人与其北海基地的间的通道，也不会对敌人造成多大威胁。因此，第 3 战列巡洋舰中队正好可以派上用场。以其目前的所处的理想位置，不难截断敌人通往波罗的海的航道，粉碎其逃亡企图。但是在 3 点 40 分，我接到了贝蒂中将发来的电报，声称已发现敌方 5 艘战列巡洋舰和大量驱逐舰。同时他也报告了自己当前所处位置的坐标。又过了 20 分钟，也就是下午 4 点，第 3 战列巡洋舰中队才收到转发过去的贝蒂的电报，遂转向增援贝蒂。

而此时，整个战列舰队也已经转向，向我军战列巡洋舰部队靠拢。自从接到了加拉蒂号发出的第一份电报后，舰队已停止做 Z 字形反潜运动。而且，为了尽可能加快速度，身处队列中的所有战列舰都被要求，与其前方舰船保持适当距离，避免自身航速受到前方舰船的螺旋桨尾流的影响。到 4 点钟，整个舰队已经达到了前所未有的 20 节的高速度。

3 点 48 分，敌我双方的战列巡洋舰在 18500 码距离上几乎同时开火。一开始，德舰的火力既快且准。交战仅三分钟，狮号就被两次命中。截至 4 点钟，狮号、虎号和皇家公主号，都被命中数次。当然，根据我方的观测人员的报告，在此阶段的交战中，我军的火力同样富有成效。

截至下午 4 点，双方的交战距离已经缩短至 16000 码。敌方精准的火力表明他们的测距极为准确。此外我军战列巡洋舰纵队位于敌方纵队的斜后方。为扰乱敌人的火控系统，我军战列巡洋舰向南稍作偏转。此后，基于同样的目的，这样的偏转又重复了两到三次。而德国战列巡洋舰，基于同样的扰乱火控的目的，也在频繁实施 Z 字形机动。

到目前为止，敌舰的火力又快又准。狮号屡遭命中。特别是在 4 点钟前后，一座炮塔的顶盖被击穿，随后引发炮塔内部爆炸。大约在 4 点 06 分，不倦号被敌人击中。敌人显然向不倦号进行了一轮齐射。其中一颗炮弹落在了尾炮塔附近的上甲板边缘位置。很明显，这颗炮弹爆炸的威力波及弹药库，遂引发了另一次大爆炸。船只掉队，并且从船尾开始下沉。很快，不倦号遭到敌人的下一轮齐射。又有一颗炮弹命中。该舰很快翻转、倾覆、沉没。

4 点 08 分，第 5 战列舰中队终于投入战斗。他们在 19000 至 20000 码的距离向敌人开火。与我们的战列巡洋舰相比，该中队的战列舰速度较慢。所以他们现在位于我军战列巡洋舰后方，且与其拉开了相当距离。这对其观测极为不利。此刻，天色较晚，东方海平面逐渐黯淡下来。再加上敌舰喷吐出的浓烟，这些不利因素都对观测产生影响。该中队所能观察到的敌舰，从未超过 2 艘。到 4 点 12 分，尽管第 5 战列舰中队对其航向稍作调整，以便靠近敌人，但是双方距离还是增至 23000 码，由此也导致火力变得稀疏起来。

在此之前，已经有不止一艘我军舰船报告称，发现敌方潜艇的潜望镜。而现在，又有报告称，发现敌方鱼雷正在穿越我方战列巡洋舰阵列。

早在战斗打响之前，贝蒂中将即指示麾下驱逐舰部队，一旦找到机会，就应自行发动攻击。所以 4 点 15 分，驱逐舰内斯特号、流浪者号、尼卡特号、纳伯勒号、鹈鹕号、火花号、顽固号、尼莉莎号、摩索姆号、汹涌号和泼妇号开始发起冲锋。德国驱逐舰几乎同时采取行动。兵力包括 1 艘轻型巡洋舰和 15 艘驱逐舰。双方首先冲到己方战列巡洋舰纵队的先头位置，然后转向冲锋。这些轻型舰艇很快就展开了一场激烈的近距离混战。我军不仅成功阻止了敌方的大部分鱼雷攻击，而且击沉了敌方 2 艘驱逐舰。当然，敌人也成功发射了部分鱼雷。其中两条鱼雷一直朝第 5 战列舰中队冲来。迫使这些战列舰转向规避。

在驱逐舰混战中，我军有部分驱逐舰被敌人逼退至我军战列巡洋舰纵队的尾部，从而使其丧失了向敌方战列巡洋舰发射鱼雷的有利位置。但是无论如何，我军驱逐舰的战斗，应该受到高度褒奖。特别是坐镇内斯特号驱逐舰的宾汉姆中校。他带领内斯特号、流浪者号和尼卡特号三舰，向敌方发起了坚决冲锋。其中流浪者号运气欠佳，未能进入鱼雷射程即被敌方炮火命中并掉队。只有内斯特号和尼卡特号，顶着敌方战列巡洋舰上发射出的大量 150 毫米炮弹，成功接近敌舰并发射鱼雷，迫使其转向规避。内斯特号随后也被敌方轻型巡洋舰击伤，并丧失动力，漂浮在敌我双方的战列巡洋舰阵列之间。随后，当德国战列舰队赶到时，内斯特号在发射了最后一枚鱼雷之后，被敌人击沉。流浪者号的最终命运也是如此。只有尼卡特号最终成功返回。此外，火花号、尼莉莎号、汹涌号和泼妇号也在 7000 码距离向敌方战列巡洋舰发射出了鱼雷。而摩索姆号则单独以鱼雷攻击了敌方战列舰队，并成功返回。至于内斯特号和流浪者号上的官兵，包括宾汉姆中校在内，大多数人幸运地被德军救起。他们的战斗无疑显示了高度的勇气和荣誉感。特别是宾汉姆中校，以其英勇表现赢得一枚维多利亚十字勋章。

就在双方驱逐舰展开混战的同时，战列巡洋舰之间的对抗仍在激烈进行中。4 点 18 分，我军战列巡洋舰阵列中的第三艘舰被击中起火。而第 5 战列舰中队也遭数次命中，多有损伤。敌方的火力效率似乎显露无遗。但随后，无论是射击准确性，还是射速，都开始恶化。我们自己的射击也遇到了麻烦。敌人施放了烟雾，导致战场能见度下降。并且敌人还在烟雾的掩护下改变航向，逃出我军的火力范围。

4 点 23 分，第 5 战列舰队旗舰巴勒姆号，首次被敌人命中。

大约在 4 点 26 分，惨剧再次降临到我军战列巡洋舰身上。敌舰向玛丽女王号打出了一轮齐射。其中一颗炮弹准确命中 Q 炮塔，引燃了弹药库，导致了灾难性的大爆炸。爆炸产生了大量浓烟，以至于当紧随其后的虎号穿越这片浓烟时，大量碎片残骸掉落在其甲板上。而玛丽女王号已然消失无踪。与不倦号类似，玛丽女王号上也只有少量幸存者。他们都被我军驱逐舰救起。这两艘战舰——连同其船员——的损失，无疑是对我军战列巡洋舰部队的沉重打击。特别是，每一次灾难总是瞬间降临，更是加重了人们的震撼。（我本人直至 6 月 1 日早上，才得知这两艘战舰沉没的消息。）

4 点 38 分，第 2 轻型巡洋舰中队指挥官古德诺夫准将报告称，在东南方向发现德国战列舰队。且后者正在朝北方驶来。古德诺夫及其麾下的巡洋舰当时位于贝蒂的战列巡洋舰的前方位置，所以能够首先观察到这个新出现的敌人。他还一并给出了敌人当时的方位。四分钟之后，贝蒂自己也已能望见德国舰队了。他下令麾下战列巡洋舰向右舷转过 16 个罗经点，同时召回驱逐舰。第 5 战列舰中队和敌方战列巡洋舰随后也跟随贝蒂转向。古德诺夫及其第 2 轻型巡洋舰中队现在距离德国战列舰队只有 13000 码。这是观察敌人动向的理想位置。这些轻型巡洋舰冒着敌人射出的猛烈炮火，忠实地履行着自己的职责，不断发送回新的情报。同时，古德诺夫及其手下的舰长们，还必须以高度的技巧操纵其舰船，躲避敌人的炮火，使自己免遭重大损失。但由于这些巡洋舰正处于高速不规则运动状态，它们自身的位置信息不可能非常准确。古德诺夫的旗舰南安普顿号尤其如此。这也是可以理解的。但这也导致他们对敌方舰队所处位置的估算出现偏差，从而减损了他们的侦察报告的价值。当这些报告最终传递到铁公爵号上时，变成了一连串不准确的信息。尽管在当前状况下，这也是无可奈何之事。但是眼下正是我们需要依据这些情报来决定己方舰队下一步行动的时候，这些信息误差还是极大地增加了决策的困难程度。

先前贝蒂在与敌方战列巡洋舰的战斗过程中，一路向南高速航行。其速度已超出战列舰队的最高上限。所以两者之间的距离已经拉大，以至于现在当贝蒂转向北方时，他的旗舰狮号距离我的铁公爵号有足足 50 英里之遥。以当前双方的速度计算，我们每小时可缩短 40 英里距离。

此外还有胡德少将率领的第 3 战列巡洋舰中队。自从收到贝蒂关于发现敌人的消息之后，胡德立即前往增援。贝蒂不断通过无线电发送关于自己方位、航向和速度方面的信息。这些都被胡德接收到，足以为其提供航向指引。同时，他也在不断将自己的方位、航向和速度信息发送给我。所以我得知，他目前仍在驰援途中。航向东南偏南，航速 25 节。与此同时，我们整个战列舰队都已得知，我军战列巡洋舰正在与敌人交战。我还特别发电报给第 5 战列舰中队的伊文 −

托马斯少将,询问其是否正在与贝蒂并肩作战。后者很快就给予了肯定的答复。

至此,我有充分理由相信,一旦交火,我方6艘战列巡洋舰,连同4艘最快最好的战列舰,再加上贝蒂将军的坚强领导,足以重创敌人的5艘战列巡洋舰。

而且,第5战列舰中队据信能够达到25节的高速。然而我并不真正指望这些战列舰的航速能够超过24节。不过这已经足够了。我所得到的情报显示,德国战列舰的设计航速不会超过20.5节。所以即便"敌方战列舰队出现在战场上"的消息传来,我也无须为贝蒂麾下的舰船的安全过分担忧。即便德国人能够令其舰船的实际航速超过设计值;即便与德国战舰相比,我们的战舰需要携带更多的燃料和其他物资;我也有充分理由相信,贝蒂将军麾下的战列舰和战列巡洋舰可以轻易逃出敌军的火炮射程,并坚持到我去援助他为止。直到晚些时候,我才得知,我军第5战列舰中队,即便以最高航速行驶,也未能逃出敌方第3战列舰中队的火力范围。返回斯卡帕湾后,我才接到海军部的报告称,德国第3战列舰中队配备的国王级战列舰,短时间冲刺时的速度可以达到23节。这是我首次获悉德国战列舰可以达到如此速度。

现在再来看贝蒂将军。就在他向北行驶,试图向我靠拢时,双方的战列巡洋舰再度爆发激战。第5战列舰中队也参与进来。其下属的4艘战列舰以单纵队尾随贝蒂的战列巡洋舰身后。其中位于队列前端的巴勒姆号和勇敢号,负责支援战列巡洋舰;而位于队列尾端的厌战号和马来亚号,则在19000码的距离上与德国战列舰队中的先头部队交战。

轻型巡洋舰无恐号,率领第1驱逐舰支队占据战列巡洋舰前端位置。轻型巡洋舰优胜者号,率领第13驱逐舰支队,陪伴在第5战列舰中队身边。三个轻型巡洋舰中队先前都处于舰队的最南端位置,现在也悉数返回。第1和第3轻型巡洋舰中队在战列巡洋舰纵队的右舷占据阵位。而第2轻型巡洋舰中队则位居其左舷。天色渐晚,东方海面愈发黯淡。这对于身处敌人西侧的我军不利。敌人的火力仍然保持着相当的准头。而我军只能断断续续的予以还击。

在5点到6点之间,西方海面上的光线依然非常充足。于5点15分在马来亚号上拍摄的一张照片足以证明,此时西方海面上的地平线清晰可见。在

第 1 轻型巡洋
舰中队

第 3 轻型巡洋
舰中队

德军第 2 侦
察舰队

不倦号

第 5 战列舰中队

德军第 1 侦察舰队

吕佐号

巴勒姆号

玛丽女王号

战列巡洋舰队

狮号

第 2 战列巡洋舰中队

北

第 2 轻型巡洋舰中队
公海舰队前卫舰只
国王号

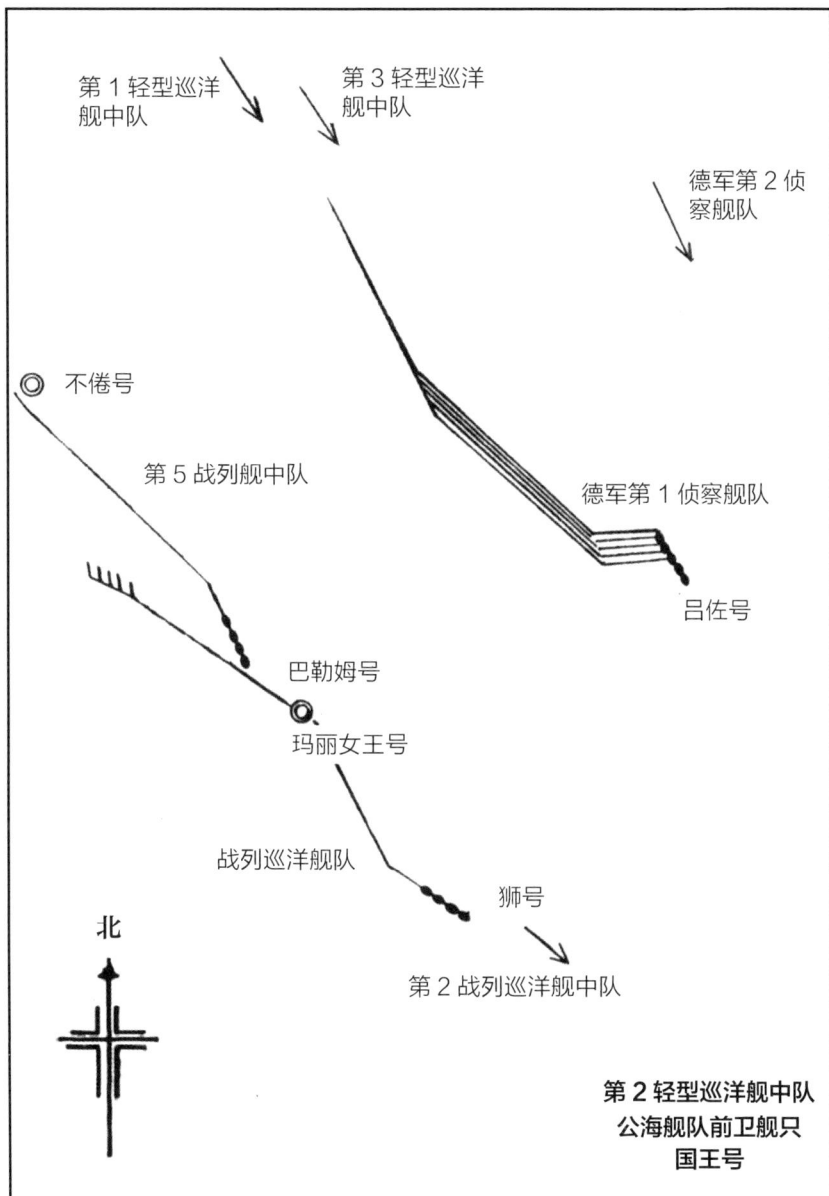

■ 战列巡洋舰交战态势图

这明亮的背景之下，16000 码外我军驱逐舰的侧影，被映衬得一清二楚。想必
敌人看我们也是如此。

5点12分，由于失去了敌人的踪迹，我军战列巡洋舰不得不暂时停火。直至5点40分，才在14000码距离上勉强辨识出三到四艘敌方战列巡洋舰的身影，并向其开火。此后十分钟内，我军的火力貌似有效。仅狮号就打出了15轮齐射。

莫尔斯比号驱逐舰原先负责支援水上飞机母舰恩加丹号，以帮助后者回收自己的水上飞机。直至完成任务后，该舰才返回到战列巡洋舰队列附近。这使其于5点10分阴错阳差地使自己处在一个理想的向敌人发射鱼雷的位置。该舰随即在6000至8000码距离，对敌方战列巡洋舰纵队的先导舰发射了鱼雷。

为了尽快与我的战列舰队汇合，贝蒂于5点35分将其航向稍微向东偏转。敌方战列巡洋舰纵队随即也转向东方。这不仅是为了继续追逐贝蒂，更可能是因为，他们已经收到了己方轻型巡洋舰的报告。后者已经发现了我军第3战列巡洋舰中队，并正在与轻型巡洋舰切斯特号交火。

对于这些舰船的运动轨迹，现陈述如下：

根据我所下达的指示，胡德少将于下午4点率领第3战列巡洋舰中队高速驰援贝蒂。截至5点，无敌号、不屈号和不挠号三艘战列巡洋舰排列成单纵队队形，以25节的速度前进。驱逐舰鲨鱼号、克里斯托弗号、奥菲利娅号和阿卡斯塔号，在战列巡洋舰纵队前方构成反潜屏障。轻型巡洋舰坎特伯雷号位于战巡纵队前方5英里处。轻型巡洋舰切斯特号位于战巡纵队西北方向，且同样高速南行。各舰的相关记录都表明，此时海面能见度正在急剧下降。根据不挠号的记录，能见度从2000码到16000码不等。随后，又提升至5000码到14000码之间。

5点30分，从西南方向传来的炮声已经清晰可闻。切斯特号遂朝这一方向驶去，以查明情况。5点36分，该舰发现其右舷前方有两艘驱逐舰和一艘有三个烟囱的轻型巡洋舰。切斯特号先发出识别信号，但未收到答复，遂进一步上前查看，最终判明为敌舰。

当切斯特号与敌人靠近之后，为防止遭到敌方驱逐舰的鱼雷暗算，遂转向向北，将敌人置于自身左舷后方位置。敌我双方的航向近乎平行。在转向过程中，切斯特号又发现了两艘敌方轻型巡洋舰。它们都跟随在先前发现的那艘敌方轻型巡洋舰身后。而距离最近的那艘敌舰已经在向切斯特号射击了。

此时的能见度最多只有 8000 码。但是双方距离为 6000 码。切斯特号立即开炮还击。敌人的第四轮齐射成功命中切斯特号。该舰左舷一号炮位被毁。包括二号和三号炮位内的多名炮手伤亡。切斯特号所看到的敌舰，无疑是位于敌方战列巡洋舰纵队右舷的侦察部队。

这场战斗中，德舰显然占据优势。它们的火力既快且准。这场众寡悬殊的战斗持续了 19 分钟，直至切斯特号舰长劳森上校下令右转至东北方向，将敌人的火力甩在身后，同时向第 3 战列巡洋舰中队靠拢。最终，劳森舰长成功地在优势敌人面前挽救了自己的战舰，使其免遭重创。

在随后的战斗中，切斯特号先是作为第 3 战列巡洋舰中队的侧翼，随后又加入第 2 轻型巡洋舰中队。在这场战役中，该舰最终有 31 人阵位，50 人受伤。三门火炮及其火控系统被摧毁。船体吃水线附近留下了四个弹洞。也是在这艘船上，诞生了第二枚维多利亚十字勋章。它被授予年仅 16 岁的一等水兵杰克·康沃尔。他所在的战位缺乏防护装甲，因而死伤惨重。在他的周围，全都是受伤和倒毙的炮手。他本人也身受重伤。但他仍平静的坚守岗位，直至体力衰竭而亡。

第 3 战列巡洋舰中队终于在 5 点 40 分望见了远处的炮口火光。胡德少将随即下令舰队右转，向正在追逐切斯特号的敌方轻型巡洋舰冲去。这些敌舰正位于切斯特号左舷后方位置。胡德的转向也打乱了自身的队形。原先位于其前方的驱逐舰屏障，现在被甩到了战列巡洋舰的左舷。而胡德顾不上这些。他率领麾下的三艘战列巡洋舰，连同轻型巡洋舰坎特伯雷号，取西北偏西航向，插入切斯特与其身后的德国巡洋舰之间。5 点 55 分，第 3 战列巡洋舰中队在 10000 至 12000 码距离上对德国轻型巡洋舰开火。敌人随即也调转炮口与其交战，同时还不忘发射鱼雷。不挠号的记录显示，该舰至少发现了 5 枚德国鱼雷的航迹。6 点 10 分，无敌号和不挠号再次右转，以回避敌方鱼雷。而不屈单独左转。至少有 3 枚鱼雷与英舰擦身而过。其中一枚与目标最近时不超过 20 码距离。

与此同时，在这些德国巡洋舰身后，出现了更多的同伴。我军驱逐舰立即发起冲锋。其中鲨鱼号、阿卡斯塔号、奥菲利娅号和克里斯托弗号一马当先。他们遭遇了猛烈的炮火。阿卡斯塔号被重创。鲨鱼号更是丧失了动力。该舰舰长洛夫特斯·琼斯中校以其英勇表现，获得了这场战役中的第三枚维多利亚十字勋章。然而遗憾的是，他本人战死。勋章只能追授。

正是由于我军驱逐舰英勇顽强的冲锋，德国巡洋舰才被迫放弃了更多的鱼雷攻击行动。在冲锋结束之后，我军驱逐舰陆续返回己方队列。就在此时，三艘德国战舰从迷雾中冲出来，向驱逐舰鲨鱼号猛烈射击，导致甲板上多人伤亡。舰长洛夫特斯·琼斯中校也被打伤。阿卡斯塔号舰长巴伦少校，试图前来营救鲨鱼号。但是琼斯中校不愿因为自己，而使得同伴也受到威胁，遂命令阿卡斯塔号离开。这就使得鲨鱼号成为众矢之的。多艘德国战舰向其开火。琼斯中校亲自指挥仅存的一门火炮，向敌人还击，同时命令手下将最后一条鱼雷塞进发射管，将其发射出去。但是在装填鱼雷时，一发炮弹正好命中这枚鱼雷，并将其引爆，导致了更多的伤亡。幸存者们依靠那门仅存的火炮，继续战斗。这无疑是英雄主义的至高表现。琼斯中校随后再次负伤。他的右腿已被一发炮弹削去，但仍不愿放弃战斗。随后，数艘德国驱逐舰靠近了鲨鱼号。该舰面临着被敌人缴获的危险。琼斯中校先是下令军舰自沉。但是随后，他发现那门仅存的火炮还可以继续使用，自沉的命令又被取消。不多久，鲨鱼号又被两枚鱼雷命中。这艘驱逐舰高扬着战旗，沉入大海。第二天，一艘路过的丹麦商船救起了该舰上的6名幸存者。他们也是这艘战舰上仅有的幸存者。基于他们的英勇表现，所有幸存者全部被授予优异服务勋章。他们是：格里芬中士；司炉工费尔里尔中士；水兵霍铂；水兵史密斯；水兵霍韦尔；司炉工斯旺。

现在再来谈一谈处于战列舰队先头的两个巡洋舰中队的情况。大约5点前后，这两个中队仍然位于战列舰队前方16英里处。地理坐标为东经5度12分、北纬57度24分。航向东南。航速20节。根据这些巡洋舰提交的报告，当时它们周围的能见度正在快速衰减，只能勉强看到6英里外的目标。恶劣的能见度迫使这些巡洋舰向战列舰队的右舷靠拢。到5点30分，它们与战列舰队的距离缩短至6英里。此时，在其东方16英里处，第3战列巡洋舰中队正以25节的速度向南行驶。以两者当前航向计算，它们最终将会与第3战列巡洋舰中队汇合。

5点40分，这些巡洋舰中队终于听到了远处的炮声。很快，米诺陶号发现，在远处的迷雾中闪现着军舰的身影。时间点刚刚好。因为坐镇米诺陶号的希斯少将已经将他的第2巡洋舰中队召集起来，并命令它们在米诺陶号前方排列成单纵队阵型。随后，希斯发出信号，要求发起攻击。但是就在开火前，这些巡洋舰发现，他们所要射击的目标，竟然是正在与敌人鏖战中的第3战列巡洋舰中队。后者正在向西航行。对手是德国轻型巡洋舰。

又过了7分钟，排在武士号之后的防御号，在其右舷前方——也就是西南方位——位置发现了3至4艘敌方轻型巡洋舰。防御号随即向左舷转过三个罗经点，以便将敌人置于自己的侧翼。转向完成后，坐镇该舰的罗伯特·奥布思诺特少将立即发出了开火信号。各舰相继开火，集中火力攻击一艘有三个烟囱的敌舰。各自打了三轮齐射。但全都是近失弹。防御号于是右转，以靠近敌舰。后者先是出现在防御号的正前方。到6点01分，随着防御号再次右转，敌舰已经被其置于左舷前方。此时，敌方火力的弹着点已经非常靠近防御号和武士号。这两艘战舰于6点05分利用其左舷炮火还击。两舰边打边走。少顷，它们便从左至右，近距离横越狮号舰艏前端。两舰的第二轮齐射成功命中一艘敌方轻型巡洋舰，很可能是威斯巴登号。后者身受重创，几近瘫痪。我军继续进逼，最近时距离只有5500码。然而从6点10分开始，这两艘军舰遭到敌方战列巡洋舰的重炮轰击。作为有史以来最坚定勇敢的指挥官，罗伯特·奥布思诺特少将仍不愿就此放弃，希望能够再多坚持一会儿，以了结当前的对手。而当时海面上的浓雾，以及舰船喷吐出的浓烟，很可能使他误判形势。敌方战列巡洋舰其实距离他已经非常近了，但是他似乎没有注意到这一点。大约6点16分，防御号在敌人的两轮齐射中连遭命中，导致弹药库爆炸，军舰迅速消失得无影无踪。毫无疑问，奥布思诺特少将是一名宝贵的军官。而防御号上的船员也是一个出色的团队。他们的损失是对我军的沉重打击。武士号同样受损严重。它的轮机舱进水。但是在目睹防御号的惨剧之后，莫尔蒂诺上校还是及时地把自己的战舰撤出了战斗。根据武士号上的海图资料，当时德国战列巡洋舰，在与防御号和武士号交战时，左转了16个罗经点（很可能是为了救援威斯巴登号，又或者希望与己方战列舰队靠拢。）但是在交战结束后，它们又回到了原先的航线。同时在战场附近的爱丁堡公爵号也证实了武士号的判断。但由于雾气和浓烟的影响，很难详细说明当时的状况。从武士号的视角望去，很明显，敌人拥有更有利的观察条件。尽管当时武士号和防御号被频频击中，但是身处武士号甲板上水兵，对于正在向自己射击的敌舰，也只能看到一个模糊的身影。很可能就是因为低能见度，导致奥布思诺特少将未能正确判断敌我距离。而当他醒悟时，为时已晚。他最终被敌方的压倒性火力摧毁。

武士号随后从第 5 战列舰中队尾部横穿而过。这使其得以目睹舵机失灵的厌战号战列舰的窘境。

刚才除了防御号和武士号之外，参与战斗的还有位于它们西侧的爱丁堡公爵号。该舰虽然遵从奥布思诺特少将的命令，对敌开火。但是很快，它就发现，贝蒂的狮号正在通过自己的右舷前方位置。而爱丁堡公爵号，因为担心与战列巡洋舰相撞，所以没有跟随防御号和武士号，横穿其舰艏前方，而是左转，与贝蒂的舰队保持平行，然后再设法重新加入第 2 巡洋舰中队。

当爱丁堡公爵号转向时，它能清楚地看到不远处的黑王子号，也在向左转过 12 个罗经点。但是该舰随后的行动情况不是很清楚。德国人的记录声称，黑王子号与防御号几乎同时被击沉。但是当时我方没有任何一艘舰船发现黑王子号参与了这场战斗。而且在 8 点 48 分，该舰还曾接到一份发现敌方潜艇的电报通讯。很可能，黑王子号于 6 点 30 分穿过战列舰队尾部，然后在当晚靠近了一支德国战列舰中队，并被其压倒性的优势火力击沉。此种猜测的主要证据就是，德国人的报告提及，他们在午夜时分击沉了一艘克雷西级巡洋舰，很可能就是被误认的黑王子号。因为事实上没有任何一艘克雷西级巡洋舰参与到这场海战中。

如前所述，第 3 战列巡洋舰中队于 6 点 10 分中止了与敌方轻型巡洋舰的战斗，以转向躲避鱼雷。就在此时，胡德少将看到了狮号，以及整个第 1 战列巡洋舰中队。6 点 16 分，他挂出信号旗，命令麾下战巡以单纵队阵型，占据狮号前方位置，准备与敌方战列巡洋舰交战。后者现在就在 8600 码之外。

一场激烈战斗很快就在双方之间展开。根据无敌号上观瞄人员的判断，整个战巡中队的火力都显示出了高效率。站在舰桥上的胡德少将和舰长凯伊上校都极为振奋。大约在 6 点 30 分前后，身处前部火控室的枪炮官戴纳鲁瑟中校，清楚地听到传声筒中传来这两人的欢呼祝贺之辞，"打得好！保持快速射击！要发发见血！"此时无敌号也被不止一发大口径炮弹击中，只是损伤尚不严重。但是在 6 点 34 分，一发炮弹直接命中 Q 炮塔，并在其内部爆炸。戴纳鲁瑟中校注意到，炮塔的顶盖被炸开。紧接着是一阵更猛烈的爆炸。很明显是由于弹药库殉爆所致。船体断成两截，迅速沉没。只有包括戴纳鲁瑟中校在内的两名军官和 4 名水兵死里逃生。他们被驱逐舰獴号救起。胡德少将是军中出色的青年将领。而凯伊上校及其手下官兵，都是极为优秀的战士。他们的牺牲，堪称我们最沉痛的损失。即便是在这样的近距离交战中，要想辨识敌人的身份，仍然显得困难重重。无敌号和不挠号认定自己是在同敌方战列巡洋舰交战。而位居这两艘舰之间的不屈号则相信，他所瞄准的是一艘恺撒级或者国王级战列舰。而且这也是它唯一能看到的敌舰。

就在无敌号爆炸之前，我军第 3 轻型巡洋舰中队在奈皮尔少将的率领下，对敌方战列巡洋舰实施了一次有效的鱼雷攻击。法尔茅斯号和雅茅斯号巡洋舰向敌方舰列中的先导舰发射了多枚鱼雷。很快传来了一声清晰的水下爆炸声响，说明至少有一枚鱼雷命中目标。

当无敌号爆炸之后，不屈号带领着身后的不挠号继续前进。他们向右舷偏转了两个罗经点。此举不仅是为了尽快绕开无敌号的残骸，也是为了向敌人靠拢。后者此刻正消失在迷雾中。6 点 50 分，两舰再次右转，以便进一步靠近敌人。但这使得它们发现了德国战列舰队。后者此刻距离它们 3 英里，航向西北偏北。贝蒂中将此时发出信号，命令不屈号和不挠号回归到战列巡洋舰队列中。两舰遂在新西兰号身后占据位置。

对于伴随着第 3 战列巡洋舰中队身边的切斯特号巡洋舰，他的事迹可能更为准确。在 5 点 40 分，该舰位于第 1 和第 2 巡洋舰中队的前方，且正与敌方数艘巡洋舰交战。后者很明显也是德国战列舰队的前卫兵力。交战的结果，就是将敌方轻型巡洋舰吸引到第 3 战列巡洋舰中队所在的方向。后者不得不带着坎特伯雷号巡洋舰，以及部分驱逐舰，转向西北偏西航向，以支援切斯特号。

在支援切斯特号的过程中，4 艘英国驱逐舰对敌方轻型巡洋舰发起了一次冲锋。德国人在战斗结束后提交的报告显示，他们的轻型巡洋舰就是在此时发现了正在向西或者西北方向航行的我军战列舰队。这表明，他们显然将正在冲锋中的我军驱逐舰看作是英国战列舰队的护卫兵力。第 3 战列巡洋舰中队自然也就被误认为是我军战列舰队的前锋。正是这一误判，导致德国公海舰队的先导舰开始右转。

事实上，我军战列舰队此时仍维持先前的东南航向，此后才开始逐渐转向。先是转向南方，然后是西南方，就这样在海面上划出一个巨大的弧形。直至晚上 8 点，战列舰队才最终转向西方航向。

对于与我军第 3 战列巡洋舰中队交战的敌方轻型巡洋舰的损失情况，仍然不太清楚。很明显，与防御号和武士号对阵的是威斯巴登号。所以与第 3 战列巡洋舰中队交战的,应该不是它,而是另一艘轻型巡洋舰。防御号和武士号(隶属于第 1 巡洋舰中队) 是在 5 点 50 分向其右舷位置开火。其左舷火炮的射击一致持续到 6 点 05 分。第 3 战列巡洋舰中队则是在 5 点 55 分后开火。两场战斗几乎同时打响。即便是在低能见度条件下，这两支部队也不大可能是在向同一个目标射击。

这里还必须提及约翰·托维少校指挥的昂丝洛号驱逐舰。6 点 05 分，该舰发现，狮号舰艏前方有一艘德国轻型巡洋舰。而昂丝洛号正处于理想的鱼雷攻击位置。该舰遂冲锋向前，在 4000 至 2000 码的距离上与其展开炮战。尽管受到重创，昂丝洛号还是成功靠近了一艘德国战列巡洋舰，并对其发射了一枚鱼雷。但是在发射更多的鱼雷以前，该舰又遭命中。鱼雷发射被迫中止。托维少校原以为，自己下达的发射全部鱼雷的命令已得到执行，但随后发现并非如此。于是他又朝一艘德国轻型巡洋舰驶去，对其发射了鱼雷。然后托维又发现了德国战列舰队，于是以其为目标,将剩下的鱼雷全部射了出去。至此，昂丝洛号自己也已经瘫痪在海面上。7 点 15 分，同样受损的驱逐舰保卫者号，在帕尔墨少校的指挥下，冒着敌人猛烈的炮火，靠近了昂丝洛号，将后者成功拖离战场。尽管当晚天气恶劣，且两舰都有伤在身，它们还是成功返回英国海岸。6 月 1 日早上，保卫者号终于完成了拖带任务。昂丝洛号被顺利移交给一艘拖船。

2. 战列舰队的行动

下午 5 点至 6 点之间，第 2 轻型巡洋舰中队指挥官古德诺夫准将，向我发送了一系列敌情报告。再加上贝蒂将军于 4 点 45 分从狮号上发来的关于敌方战列舰队的位置的情报，综合这些情报，我们相信，德国公海舰队就在我军正前方。负责大舰队前方警戒的巡洋舰中队，应该很快就能发现他们。然而很明显，贝蒂的战列巡洋舰部队已经连续奋战了两个小时，期间频繁改变航向。所以他们提供的关于敌人位置的信息，不可能太准确。直到我军战列舰队与德国公海舰队真正发生接触时，我们才意识到这个问题的严重性。当时，敌人的实际位置与我们先前在纸面上计算的结果相差了足足 12 英里。而且与我们原先的估计不同，敌人不是出现在我军正面，而是我们的右舷方向。与敌人发生遭遇的时机也早于我们的预期。需要指出的是，自从离开斯卡帕湾后，大舰队的航程始终处于精确"标绘"的过程中，且中途没有受到干扰。这就是说，在铁公爵号上进行的对敌我双方的航向航速计算，是极为精确的。

5 点 40 分，位于巡洋舰屏障右翼的黑王子号（隶属于第 1 巡洋舰中队）发出信号，声称发现部分战列巡洋舰，方位正南，距离 5 英里。尽管我认为黑王子号发现的是我方战列巡洋舰，但这毕竟是大舰队获得的第一份包含准确的位置信息的情报。可惜这份情报当时未能及时送达旗舰。

在此之前，能见度已经开始急剧衰减。我指示我的旗舰指挥官德雷尔上校，命令其手下的测距员们，对各个方向上的舰船进行观察，测定其与旗舰的距离。这么做的目的在于，掌握各个方向上的能见度状况，以便在与敌人遭遇时，能够充分利用当前环境因素，令自己处于最佳的对敌开火方位。德雷尔上校随后报告称，目前南方海面上的能见度相对较好。

5 点 45 分，位于战列舰队前方 3 英里处的酒神号巡洋舰（隶属于第 4 轻型巡洋舰中队，舰长霍瑟姆上校）报告称，发现南方海面上有大炮正在射击。方位西南偏南。很快，我们自己也看到了这幅景象，尽管还看不到任何一艘船。

大约在 5 点 50 分，我收到了第 1 巡洋舰中队指挥官奥布思诺特少将发来的无线电报，声称在西南偏南方向发现舰船。后者正在向东北方向前进。然而暂时还无从辨识这些舰船的身份。我认为，这些舰船很可能是正在交战中的双方战列巡洋舰。

5 点 55 分，我向位于战列舰编队的右前方位置的马尔波罗号战列舰发出信号，询问情况。10 分钟后，铁公爵号收到了坐镇马尔波罗号的塞西尔·伯内利将军的回复："右舷舰艉方位发现重炮射击时的炮口火焰。"

到目前为止，形势仍不明朗。无论是敌方战列舰队的位置，还是其当前队形，我们都不清楚。所以我暂时只能命令我方战列舰队，继续维持当前的六路纵队队形，以20节航速维持东南偏南航向。截至6点整，铁公爵号的位置处于东经5度39分，北纬57度11分。

迄今为止我所收到的所有报告，都还不足以促使我改变当前的队形，做战斗部署。所以从铁公爵号上望去，左右两侧都是我军战列舰。驱逐舰仍然散布在战列舰的前方，构成防卫屏障。在命令这些驱逐舰进入战斗位置之前，很可能必须首先确定整个舰队的部署方向。

5点56分，塞西尔·伯内利将军报告称，在西南偏南方向发现一些奇怪的舰船。后者正在向东航行。6点钟，他再次报告，这些奇怪的舰船是英国战列巡洋舰。其中狮号走在最前方，距离他3到4英里。

这份情报通过灯光信号传递到我这里时，时间已经是6点以后了。这充分表明，从打算发送信号到最终被接收到信号，时间上的延迟是不可避免的。（即便遇到紧急情况，且信号部门未做任何拖延，并保持着充分的工作效率，这样的延迟依然无法避免。）需要注意的是，处于第六纵队先导舰位置的马尔波罗号，和处于第五纵队先导舰位置的巨人号，它们给出的关于我军战列巡洋舰的方位信息并不一致。马尔波罗号声称，我方战列巡洋舰的方位是西南偏南。而巨人号上于6点05分给出的方位则是其右舷前方一个罗经点位置，也就是位于东南偏南位置。距离2英里。

6点之后不久，我们也能从铁公爵号上看到这些奇怪的船。方位西南。距离5英里。它们很快被识别出来，是我军的战列巡洋舰，目前正在向东穿越战列舰编队的前方。由于海上雾气的影响，我们不可能数清楚，究竟有几艘舰船跟随在狮号身后。

现在我们能看到己方战列巡洋舰，但是仍然无法确定敌方战列舰队的具体位置。远处海面上，敌方炮口火焰清晰可见，覆盖了从正前方到右舷侧翼的整个弧面。声音嘈杂且持续不断。位于我军战列舰队前方的巡洋舰似乎正在激战中。但是它们并未向战列舰队靠拢。这说明，它们的交战对手肯定不是敌方战列舰。

要想在不改变当前战列舰队队形的情况下，弄清楚战场形势，就必须令整个舰队稍微向南偏转。所以我在6点02分发出信号，各战列舰纵队先导舰同时向右转过三个罗经点，带领身后各舰依次转向。同时，舰队航速降至18节，以便各舰收缩距离，收紧队形。完成转向后，我们很快就察觉到，敌方重炮火力明显正在靠近。而且距离已经很近了。6点06分，我们观察到狮号正在向我们发出信号，声称敌方战列巡洋舰方位东南。而在此之前的大约5点50分左右，我已经收到了第2轻型巡洋舰中队指挥官古德诺夫准确的无线电报，称敌方战列巡洋舰位于其战列舰队西南方向。换句话说，敌方战列舰队位于其战列巡洋舰的东北方向。

古德诺夫准将的报告显示，敌方战列舰位于其战列巡洋舰前方。也就是说，战列舰队居然超越了战列巡洋舰。这真是令人难以置信。再加上塞西尔·伯内利关于"贝蒂的战列巡洋舰正向东行进"的情报，以及贝蒂发来的关于"敌方战列巡洋舰方位东南"的信号。这些相互矛盾的情报令人倍感困惑，无从判断形势。我只能暂时先沉住气，直至形势明朗再做决定。

然而我心中已有初步打算，即敌人将出现在我军右舷前方位置。为准备对其实施打击，我应该令舰队转入东南航向。所以在6点08分，我发出转向信号。与刚才一样，各战列舰纵队先导舰同时转向，后续各舰紧随其后。各驱逐舰支队也接到命令，占据一号战斗位置。具体部署方案如图所示：

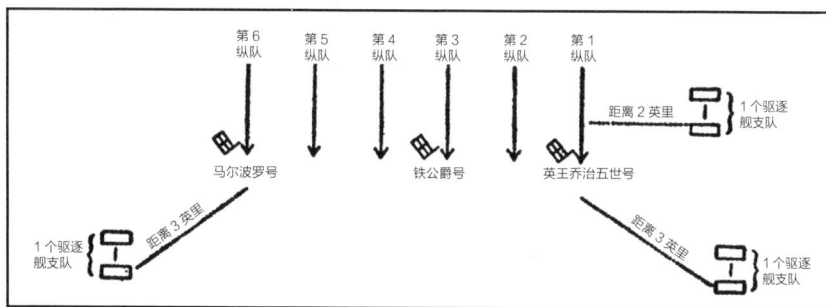

然而，正如前所述，在向驱逐舰发出信号和后者收到信号并执行命令之间，存在着一个短暂的时间间隔。所以驱逐舰不可能在战列舰队完成转向之前，及时抵达新的阵位。即便在战列舰队遵照命令完成新的部署之后，那些应位于战列舰队前方的驱逐舰支队，也会因为进一步的向南和向西的转向动

作，而增加其占领阵位的困难，进而导致时间上的耽搁。按照我原来的计划，两个前卫驱逐舰支队队应在战列舰队前方 3 英里处占据位置。但由于一系列实际困难，最终的阵型稍微向右弯曲。

我于 6 点 01 分——也就是刚刚确认狮号之后——向贝蒂将军发出信号，询问敌人战列舰队的位置。然后又于 6 点 10 分和 14 分两次重复该信号。他发出信号回复称："发现敌方战列舰队。方位西南偏南。"这是我获得的第一手信息，用以帮助我决定，究竟采取何种对策。

6 点 15 分，第 5 战列舰中队指挥官、坐镇巴勒姆号的伊文 – 托马斯少将，也通过无线电发来报告，声称敌方战列舰队位于东南偏南方向。但是由于能见度恶劣，他并未说明距离有多远。考虑到在先前的 6 点 07 分，塞西尔·伯内利将军从马尔波罗号上发来报告称，他已能看到第 5 战列舰中队。那么结合这些信息，我个人估计，敌方战列舰队距离我军最多不会超过 5 英里。

这个猜测几乎同时就得到证实。就在 6 点 14 分，旗舰铁公爵号终于收到了第一份关于敌人战列舰队方位的确切情报。后者位于铁公爵号右舷 30 度方位，或者是马尔波罗号右舷 59 度方位。而且很明显，距离已经非常接近。现在已没有时间可供浪费。当前我军战列舰队尚未展开。在我军完成战斗部署之前，位于铁公爵号右翼的各战列舰纵队，就会与整个德国战列舰队交火。这无疑是个巨大的风险。对于敌人当前的航向，综合各种情报，我们判断其很有可能与我军战列巡洋舰的航向大体接近。基于此判断，我于 6 点 16 分向全舰队发出信号，全体排列成单纵队阵型。航向东南偏东。

此外，舰队航速也被降至 14 节，以便让我军的战列巡洋舰尽快抵达战列舰纵队的前方。否则，以其当前所处位置，势必妨碍战列舰的火力发挥。

从我在铁公爵号上亲眼看到炮口火光并亲耳听到炮声，到现在，时间不算很长。然而有太多的事情在这短短的时间段里发生。而眼下的当务之急，就是必须立即决定舰队部署的具体事宜。

已经汇聚而来的证据都表明，敌人的战列舰队在我们的右舷侧翼。从铁公爵号上望去，应该就在其右舷前方位置。现在的问题是，当前我军的六路战列舰纵队，必须依次驶出阵列，鱼贯而行，首尾相连，才能最终排列成单纵队阵型。那么，第一个驶出队列的，应该是位于铁公爵号左翼外侧的第 1 纵队，还是位于其右翼外侧的第6纵队呢? 这个问题必须立即决定。我的第一感觉是, 应该让右翼外侧的第6纵队首先出阵, 以其为先导, 其余各纵队紧随其后。这么做的好处是, 我们将以最快的速度与敌人交上火。但是越来越近的炮声, 以及来自狮号和巴勒姆号的报告都表明, 敌人正在快速逼近。如果当前与敌人的距离已经很近了, 那么此种部署就会有一个明显的不利之处。因为我们假定, 敌人的驱逐舰应位于其战列舰队的前方。而当前海面上弥漫的雾气, 无疑将为敌方驱逐舰的冲锋提供掩护。那么当右翼各纵队依次出阵时, 恰逢敌人的驱逐舰发起冲锋, 无疑将导致整个舰队在如此紧要的关头陷入致命的混乱, 简直形同自杀。

另外, 我还必须考虑到, 如果德国战列舰队真的如我们估计的那样, 已经相当接近, 那么整个第1战列舰中队将很快陷入巨大的危机之中。其中, 以马尔波罗号为首的右翼最外侧纵队, 所冒的风险最为巨大。理论上, 当该纵队驶出阵列之后, 其余各纵队会依次进入其身后位置, 形成队列, 并与敌人展开炮战。然而事实上, 每个纵队依次驶出队列, 进入前一个纵队身后位置。中间起码间隔四分钟时间。只有当驶入队列后, 战舰才能选择目标, 进而瞄准射击。而且只有当队列完成了向东南偏南的转向之后, 火炮瞄准才能相对稳定下来, 才能真正发挥出火力。这个复杂过程无疑造成进一步的延误。既然敌人已经如此接近, 很可能在其余各纵队能够占据其位置——并投入有效战斗——之前, 德国公海舰队就能集中炮火对首先驶出的第6纵队展开猛攻。而整个第1战列舰中队, 恰恰是我军中相对较旧的战列舰。其防护性能无法与德国主力舰匹敌。

此种部署方案于我方的最后一个不利之处在于, 如果令右翼各纵队首先出阵, 以德国公海舰队当前位置及其航向航速计算, 势必会对我军已经驶出阵列的纵队构成"T"字横头阵位优势。至少敌人战列舰纵队的先头各舰, 其火力覆盖范围必定能对马尔波罗号及身后各舰, 构成优势。后者唯有向左大回转, 才能抵消自己的不利处境。而这对于陆续驶出阵列的其他各纵队, 都是一项沉重的负担。在马尔波罗号领衔的第6纵队驶出之后, 这些后续纵队必须首先右转8个罗经点, 以占据前方纵队身后位置, 组成单纵队阵列, 然后再向左转。相比之下, 如果我命令从我的左翼各纵队开始, 依次转向, 组成单纵队阵列，就不会遇到如此复杂的问题。所以我最终决定，按照此种方案进行部署。

根据战役结束后我所收集到的更多更完整的信息，我的这个决定，是在当时情况下最符合实际的部署方案。

就在我定下部署方案时，位于右舷侧翼纵队的舰船发来报告，声称敌人的战列舰队的前锋距离我军只有 13000 码了。两支舰队显然正在快速交汇过程中。而公海舰队占据着有利位置。当前，它能够对我军实施有效攻击。而首当其冲的右舷侧翼纵队只能孤军奋战。据估计，我方至少需要 20 分钟时间，才能完成依次左转，组成单纵队阵型的部署。在此期间，敌人将逐渐靠近，对我军正在转向中的各纵队的尾部，逐次扫荡。

从一开始，德国人的炮术表现就很优异。他们的舰船始终可以快速测定目标距离。不仅有利于火炮射击，也有利于鱼雷攻击。不仅有利于战列舰作战，也方便了他们的驱逐舰作战。一开始就给予敌人如此巨大的优势，真是个糟糕的战术态势。

所以我们必须充分利用当前已经收集到的各类情报，来帮助制定作战计划的细节。

于是，在充分审视了当前所获得的各类情报的基础上，我们得出结论，即如果从右舷侧翼纵队开始实施单纵队阵列部署，将是极为失策的。狮号和巴勒姆号分别在 6 点 14 分和 15 分向我报告了敌方战列舰队的位置。敌人当前位置犹如一把巨大铁钳的钳柄，向我们袭来。马尔波罗号现在正在朝敌人射击。此举更是为整个大舰队指明了敌人的方位，从而使得大舰队的针对性部署能够更为精确。

我们判断，在 6 点 14 分至 31 分之间，德国舰队以 17 节航速向东航行。由此推断，铁公爵号将在 6 点 31 分之后不久，在其右舷前方接近 21 度角方位，发现德国战列舰队。此时双方距离应为 12000 码。这个判断很快就获得证实。铁公爵号是在右舷 20 度角方位发现了 12000 码开外的德国战列舰队纵队的先导舰，并且立即开火。至于德国战列巡洋舰的行踪，我们通过武士号巡洋舰的观察，获得了某些确切情报。因为该舰当时正位于敌舰右舷方位，并与其交战。根据武士号的观察记录，在下午 6 点至 6 点 16 分之间，德国战列巡洋舰先是

日德兰海战

哈里奇支队驱逐舰

第 13 驱逐舰支队

第 2 轻型巡洋舰中队
南安普敦号

第 5 战列舰中队
巴勒姆号

第 12 驱逐舰支队

第 6 战列舰中队
巴尔波罗号

第 5 战列舰纵队
百眼巨人号

第 4 战列舰纵队
本鲍号

第 3 战列舰纵队
铁公爵号

第 2 战列舰纵队
猎户座号

第 1 轻型巡洋舰中队
无常号

第 1 战列舰纵队
英王乔治五世号
第 11 驱逐舰支队

装甲巡洋舰纵队
来诺陶号

第 4 驱逐舰支队

第 4 轻型巡洋舰支队
声乐女神号

战列巡洋舰纵队
狮号

北

第 3 轻型巡洋舰中队
法尔茅斯号

第 1 驱逐舰支队

德国舰队运动轨迹

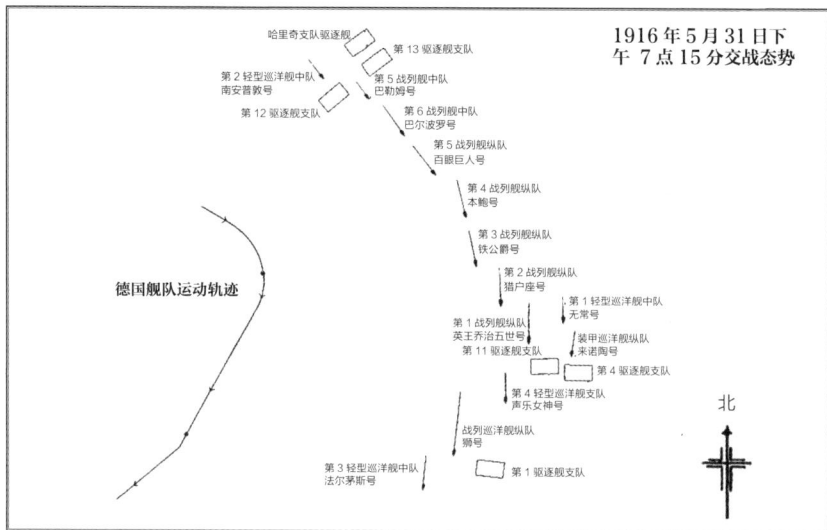

1916 年 5 月 31 日下
午 7 点 15 分交战态势

■ 1916 年 5 月 31 日下午 7 点 15 分交战态势

转过 16 个罗经点，向其战列舰队靠拢。随后又再次转回 16 个罗经点，回到了原航向。此后，我们获得的德方材料也证明了这些观察的准确性。

第 5 战列舰中队指挥官伊文－托马斯少将，于 6 点 06 分发现了行进中的马尔波罗号战列舰。随后，他又陆续发现了跟随在马尔波罗号身后的 3 艘战列舰。但是他并未发现位于马尔波罗号左侧的其他战列舰纵队。所以他判断，马尔波罗正在率领整个英国战列舰队前进。因此，他决定令自己的第 5 战列舰中队占据马尔波罗号前方位置。直至 6 点 19 分，伊文－托马斯少将终于发现了其他各战列舰纵队。他立即意识到，先前发现的马尔波罗号引领的纵队，是位于整个战列舰队的最右侧。而此刻，整个战列舰队正在陆续左转。于是他决定，令自己麾下的中队左转，占据马尔波罗号右舷位置。当该纵队左转之后，第 5 战列舰中队即可尾随在其身后，成为整个单纵队阵列的尾端。必须承认，第 5 战列舰中队的转向动作极为出色。当时德国战列舰纵队中的先头各舰正在对其射击。但效果欠佳。我军损伤轻微。

然而战列舰厌战号是个例外。该舰上的船舵不幸被卡住了。舰体始终处于大角度转向过程中，所以只能原地打转。于是厌战号遭到了敌人的猛烈射击，损伤严重。敌人的部分火力是从原先针对武士号那里吸引过来的。这艘已经丧失了战斗力的巡洋舰当时恰巧向厌战号靠拢过来。由于厌战号现在成为主要目标，武士号得以摆脱危机。

最终，厌战号在其舰长菲利波茨上校的指挥下，摆脱了不利处境，独自向北驶去，并试图修复损伤。最终，根据伊文－托马斯少将的命令，厌战号独自返回罗赛斯港。该舰尾部由于战损导致大量进水，船尾下沉。但是既然能独自返航，说明损坏并非特别严重。

到 6 点 38 分，除厌战号以外的整个第 5 战列舰中队，已经全体位于阿金考特号战列舰（隶属于第 1 战列舰中队）身后位置，从而成为整个战列舰单纵阵的末尾。

而在 5 分钟之前，也就是 6 点 33 分，我军战列巡洋舰已经通过战列舰队的前方位置。现在，战列舰队航速提升至 17 节，并在接下来的战斗中维持这一速度。但是在各纵队左转组成单纵阵期间，舰队航速暂时降至 14 节。由于减速信号无法快速传递，导致阵列尾部舰船出现短暂拥挤现象。直至战列巡洋舰占据了战列舰纵队前方位置，战列舰队才恢复至 17 节航速。

根据以往舰队演习训练中获得的经验，当采取此种较长的单纵队阵型时，应命令各舰保留足够的蒸汽，以便使战舰随时可以增加 3 节的速度。此举绝对必要。当面对敌人的鱼雷攻击时，各舰必须随时调整航向并加速前进，以躲避来袭鱼雷。又或者，为了避免受到烟雾的影响，一些舰船也可能需要随时驶出阵列。基于这些战术理由，再考虑到当时第 1 战列舰中队中的某些舰船，最多能达到 20 节航速，那么当前的战斗速度就只能维持在 17 节。驱逐舰的部署更加困难。截至 7 点 10 分，我军驱逐舰尚未进入战列舰前方阵位。

早在 6 点 14 分，第 1 战列舰中队已经领教了敌人齐射火力射来的近失弹。3 分钟后，我军各战列舰纵队的转向部署正式展开。与此同时，由马尔波罗号领衔的纵队也开始开火还击。其中马尔波罗号，向其右舷后方 20 度角方位的一艘恺撒级战列舰开火，并且在 13000 码距离上准确命中目标。正是因为这次交火，才使得我们能够准确判断出德国战列舰队先头部队所处方位。

并且，这些预计将排列在阵列尾部的战舰，现在也已查明敌人当前的动向。后者同样排列成单纵队阵列，正在向东航行。走在最前面的是敌人的战列巡洋舰,然后是4艘国王级战列舰,接下来依次是恺撒级和赫尔戈兰级。但纵队尾部的舰船仍然无法看见。根据4点48分由第2轻型巡洋舰中队指挥官古德诺夫准将提交的报告,敌方战列舰纵队中打头阵的应该是恺撒级战列舰。那么显然,在此之后,敌人变换了行军序列。尽管这并非重点,但可以肯定的是,当前走在敌人战列舰纵队前列的,是国王级战列舰。这些战列舰正引导着整个德国舰队的作战行动。

截至6点38分,我军第6纵队终于加入了单纵队阵列。这意味着我们的战列舰部署大功告成。

自从6点11分起,由巨人号领衔的第5战列舰纵队,就不断遭到敌人近失弹的攻击。直至6点30分,该纵队舰船才开火还击。但是海面能见度欠佳,很难辨识出敌人的战列舰。

6点20分,铁公爵号发现一艘有三个烟囱的德国军舰。虽然无法识别出它的具体身份,但是桅杆上的德国军旗清晰可见。铁公爵号随即向其打了几轮齐射。3分钟后,这艘德国军舰已经明显驶出队列,将自己置于我军阵列右舷的一个发射鱼雷的理想位置。此时,除了铁公爵号以外,其他多艘战列舰也在向其开火。随后,这艘德国军舰就在我军阵列尾部沉没。

由于浓烟和海雾的影响,此时在战场上辨别敌我已经非常困难。特别是,此时的铁公爵号,与德国公海舰队旗舰一样,将自己置于单纵队阵列的中间位置。站在铁公爵号上,如果要想辨识出出现在右舷的军舰的身份,几乎是不可能的,所以很难决定,究竟是否应该对某个目标开火。直至6点30分,我确信我军战列巡洋舰已经抵达战列舰纵队前方,并且我们右舷侧翼的目标应该是德国海军的国王级战列舰。这时我才下令铁公爵号,向右舷前方20度角方向的敌方国王级战列舰开火。距离12000码。铁公爵号身后的第4战列舰中队各舰也几乎同时开火。而位于我舰前方的各舰(全部隶属于第2战列舰中队)随后也加入进来。它们同时与德国的战列舰和战列巡洋舰交战。在我本人的监督下,铁公爵号的射击也表现出了高度的效率。其第三和第四轮齐射,多次命中敌舰。受能见度影响,从铁公爵号上只能观察到最多三艘或者四艘敌舰。但是所有被我们看到的敌舰,似乎都已在我军的炮火面前遭受重创。我们特别注意到,位于敌军队列中的第二艘军舰,由于损伤严重,船尾下沉,被迫独自离开队列。雷霆号、本鲍号、巴勒姆号、马恩河号、晨星号和魔术号上的观测人员都声称，他们看到这艘敌舰在 6 点 50 分发生爆炸。

站在铁公爵号上朝南方望去，能见度时好时坏，平均 12000 码左右。尽管敌人的视野肯定更糟糕，但是这个数值仍然超出我们的能力。铁公爵号上的测距人员，最多只能对 9000 码外的目标进行精确测定。只是在 7 点 15 分左右，我们幸运地发现了一艘 15000 码外的敌舰，并对其打了四轮齐射。然而后者很快又消失在迷雾中。如此捉摸不定的能见度，首先源于贴近海面的雾气。双方战舰喷吐出的浓烟和炮火烟雾，又使得问题雪上加霜。当前风向为西南偏西。风力 2 级。这也使得敌舰烟囱中喷吐出的烟雾，被吹向我军阵列。

大约 7 点左右，我军阵列尾部的能见度明显改善。这使得敌人集中火力射击我军阵列尾部的舰船。第 1 和第 5 战列舰中队遭到了大量近失弹攻击，但仅有巨人号被命中。

任何时候，我军阵列前部和中部各舰上的观测人员，最多只能看到三到四艘敌舰的踪影。而位于阵列尾部的舰船上的观测人员，有时候竟然能看到八艘敌舰。这使他们能够更好地观察敌人舰队的编成和动向。在平时训练时，我可以通过信号系统，为各舰指定相应目标，进而对全舰队的火力做有效分配。但是当前，由于大多数舰船只能看到少量目标，再加上烟雾的影响，这么做是不可能的。各舰舰长只能自行其是，对其当前所看到的目标拼命开火。

如前所述，根据我原先的计划，我军完成单纵队部署的战列舰队，应朝东南偏东方向前进。但是到 6 点 50 分，走在纵队最前列的英王乔治五世号战列舰发现，它与敌舰的距离明显拉开。于是，不等旗舰发出新的信号，该舰偏离了原定航向，自行向南偏转，以便向敌人靠近。此时我也向全舰队发出信号，各舰不必在先导舰的转向点上依次转向，而是以原先的纵队为单位，集体向南转舵。如此即可令舰队作为一个整体，以更快的速度与敌人接近。

根据这个"以纵队为单位向右转 4 个罗经点"的命令，各纵队几乎同时转向，由此使得前一个纵队的末尾舰船与下一个纵队先导舰船之间，出现了间隙。有那么一个短暂的时段，雷霆号射出的炮弹，从铁公爵号前甲板的上方横穿而过。飞行中的炮弹所引发的气流激荡，一度导致铁公爵号的舰桥内乘员，感到轻微的不适。转向还使得我军部分舰船的炮口，被友邻纵队的舰船遮挡，导致无法射击。然而所有这些不利状况，都是无法避免的。

6点45分，我军阵列尾部舰船发现了一到两条鱼雷的踪迹。其中一条鱼雷被马尔波罗号转向避开。这些鱼雷显然是由敌人的驱逐舰在较远的距离上发射的。也正是因为距离较远,我军阵列尾部的战列舰，只能偶尔瞥见它们一眼。而身处阵列中部的铁公爵号，则完全看不见它们。然而我们也曾怀疑，这些鱼雷也有可能是从敌人的战列舰上或者潜艇上发射的。复仇号战列舰就曾报告称，自己撞沉了一艘敌人的潜艇。敌人射出了一连串鱼雷,但是均未命中目标。各舰上忠于职守的观测人员，总是能及时发现来袭鱼雷的踪迹，然后舰长们就能以高超的技巧操纵军舰，避开这些鱼雷。

直至6点54分，马尔波罗号舰桥前部右舷水下舰体部分发生大爆炸。爆炸摧毁了前部液压机械舱室。灌入舱内的海水导致舰体向右倾斜7度。幸运的是，即便是在爆炸之后，该舰仍处于可操作状态，进而避开了另外三枚鱼雷。而且该舰的火力也未受到多大影响。在7点03分至12分之间，该舰向一艘国王级战列舰连续打了14轮齐射，将其重创，并迫使其转向脱离队列。

塞西尔·伯内利将军随后发来信号，报告其座舰的损伤情况，并且声称，爆炸是由一枚水雷或者鱼雷引起的。我认为，鉴于有许多军舰穿过了刚才马尔波罗号受伤的海域，都未遭到水雷袭击，那么罪魁祸首就是一枚鱼雷。该舰的损伤说明，我军的观测人员，并不能保证及时观察到所有射来的鱼雷的航迹。所以舰长罗斯上校无法及时规避危险。

事实上，到目前为止，我们已经及时发现了如此之多的德军鱼雷的航迹，进而进行了有效规避。这一点真令我惊讶。我相信，其他军官的惊讶程度也不在我之下。因为在这场战斗爆发前，军中一直盛传，德国人已经研发了一种新式鱼雷。当处于水下航行状态时，这种鱼雷几乎不会在水面上留下痕迹。对于我军观测人员发现鱼雷踪迹的具体能力，在整个战斗过程中我都不得而知。直至大舰队返回基地之后，我才获得了一些详细案例。例如，在7点35分，驱逐舰橡树号上的观测人员注意到，一枚鱼雷从铁公爵号的前端横穿而过，然后继续航行了约2000码才消失踪迹。8点30分，本鲍号战列舰上的观测人员也注意到，一枚鱼雷穿越了铁公爵号的前端。对于这两次鱼雷靠近事件，铁公爵号上那些同样接受过特殊训练的观测人员，在当时完全是一无所知。

当全体英国战列舰纵队开始向南转向 10 分钟后，我发出信号，命令第 2 战列舰中队占据铁公爵号前端位置，第 1 战列舰中队占据铁公爵号后端位置。然而这个信号似乎是不必要的。根据平时下发给各中队指挥官的训令，他们完全清楚此刻自己应该所处的位置。所以早在我发出信号之前，我军的单纵队阵型已经得到部分恢复。

此外，在 6 点 47 分发生的一件事情也值得提及。因为它充分反映了我军的高昂士气。对此，无论给予怎样的高度评价，都不过分。当时，我军巡洋舰鲨鱼号正与敌方数艘轻型巡洋舰交战。我军驱逐舰阿卡斯塔号伴随在鲨鱼号左右，因而受到重创，引擎被毁，丧失动力。该舰随后正好漂流到了铁公爵号的右舷侧翼。舰长巴隆少校趁机向铁公爵号报告了军舰损伤情况。而舰员们则向铁公爵号欢呼雀跃。位于铁公爵号身后的三艘战列舰，随后依次通过阿卡斯塔号身边。这艘驱逐舰上的水兵，对每一艘通过其身边的战列舰上的同伴们，都报以欢呼声，从而大大鼓舞了士气。后来，这艘驱逐舰在同伴诺萨奇号的帮助下，被拖回了阿伯丁港。这个结果真是令人欣慰。

6 点 55 分后不久，铁公爵号从一艘沉船旁走过。当时这艘沉船的艏尾部分仍然浮在海面上，而舰体中部已经没入海中。獾号驱逐舰正在捞救海面上的幸存者。一开始，我们认为这是一艘德国轻型巡洋舰的残骸。但是在询问了獾号之后，我们才得知，是无敌号发生了惨剧。当时我们认为它是毁于水雷或鱼雷之手。当然鱼雷的可能性更大一些。直至后来，我们收到了确切情报，才得知，无敌号是被炮弹命中弹药舱，导致弹药殉爆而沉没的。

7 点钟，贝蒂将军发来信号，声称敌人正在转向正西航向。

与此同时，尽管我军阵列仍在向南转向的过程中，但已能将敌人的行进纵队再次纳入视野。在接下来的半小时里，战斗持续不断。在这样的能见度条件下，我们还能清楚区分敌人的战列舰和战列巡洋舰。这真是令人费解的事情。由于敌人正在转向西方，我军阵列前端的舰船，距离敌人 15000 码之遥。但是阵列尾部的舰船，与敌人只有 8500 码距离。

在这半个小时里，尽管能见度不良，我军各舰的火炮射击仍显示出了较高效能。例如，如前所述，铁公爵号在 7 点 15 分向右舷前方 74 度角方位，15000 码开外的一艘敌舰开火。此后，在 7 点 20 分，它又将炮口瞄准了右后方的一艘吕佐型战列巡洋舰。后者最终在驱逐舰施放的烟雾的掩护下逃逸。7
点 17 分，英王乔治五世号战列舰向 13000 码外的敌方战列舰纵队的先导舰开
火。与此同时，由猎户座号领衔的整个纵队，与两艘国王级战列舰交上了火。
圣文森特号战列舰则对准一艘敌方战列舰开火。尽管距离在 10000 码至 9500
码之间飘忽不定，但是圣文森特号始终能准确射击，直至 7 点 26 分才丢失目标。
从 7 点 06 分开始，阿金考特号战列舰就发现了 11000 码外的四艘德国战列舰。
它立即选定其中一艘作为自己的目标，开火射击。根据观测人员报告，至少有
四轮齐射对目标形成了跨射。复仇号则与一艘德国战列巡洋舰交战，至少有
两发炮弹命中目标。同样与敌人战列巡洋舰交火的还有巨人号。在 7 点 12 分
至 20 分之间，它在 10000 至 8000 码距离上多次命中目标。其中至少有两次，
炮弹在舰体水线位置爆炸。这艘敌舰要么是德弗林格号，要么就是吕佐号。
此外，当然还有马尔波罗号。如前所述，它的对手是一艘国王级战列舰。还有
跟随在铁公爵号身后的皇家橡树号战列舰。它于 7 点 15 分向 14000 码之外的
敌方战列巡洋舰纵队的先导舰开火。后者随即被命中，并转向脱离队列。接
着，皇家橡树号又掉转炮口，射击第二个目标。但在几轮齐射之后，目标消失
在浓雾中。很难确切地评估敌方战列巡洋舰的损失状况。但是至少可以肯定，
有一艘德国战列巡洋舰，在先前与贝蒂舰队的战斗中已经遭受重创。现在，它
又遭到我军战列舰队的进一步打击，以至于在 7 点钟左右退出队列。

　　到目前为止，第 1 战列舰中队始终握有比兄弟部队更多的射击机会。对于
手中大把的机会，塞西尔·伯内利中将及其手下当然做了充分利用。在这场战
役中，该中队表现出了极高的火力效能。这当然是其平时刻苦训练的结果。第
1 中队给敌人造成了沉重打击，而其自身损伤相较小。这一结果无疑是这支部
队战斗力的最有力证明。

　　到 7 点 05 分，各纵队都已向右舷转向了超过三个罗经点。这意味着，全
舰队的转向即将完成，且我们正在拉近与敌人的距离。然而就在此时，铁公爵
号前方的两艘战列舰突然报告称，在其左舷不远处发现潜艇踪迹，由此导致
其转向暂时中断。直至 5 分钟后才恢复。此时，从铁公爵号上望去，在西南方向，
一个德军驱逐舰支队在一艘巡洋舰的支援下，正在向我军发起冲锋。我军在
10000 码的距离上，用重炮轰击这个驱逐舰支队。但后者仍然冲到了 6500 码

的距离，并发射了鱼雷，然后转向，通过施放烟雾掩护自己，从我军阵列的尾部撤退。至少有一艘驱逐舰被我军击沉。

德军驱逐舰发射的鱼雷，需要一段时间才能冲到我们面前。这个间隙足以令我发出信号，命令各舰向左舷回转两个罗经点。数分钟之后，我的参谋军官布莱尔中校向我指出，由于发布命令的时间较晚，这个转向动作不足以令舰队躲避鱼雷威胁。于是我下令，再向左偏转两个罗经点。德军在这次鱼雷攻击之后，又紧接着发动了另一次鱼雷攻击。据我们观察，这两次攻击使得至少有 20 枚鱼雷穿越我军阵列。其中大部分鱼雷指向了位于阵列尾部的第 1 和第 5 战列舰中队。幸运的是，由于及时转向，所有鱼雷均未命中目标。我们战列舰的舰长们应该为此受到高度赞扬。不仅是因为他们操作军舰躲过了鱼雷，而且在于，转向过程中没有发生舰船碰撞事故，并且各舰仍能坚守自己在阵列中的位置。当然，各舰上的瞭望员们也是功不可没。没有他们的协助，舰长们不可能顺利完成如此危险的动作。

然而我也怀疑，如果德国人的鱼雷航速能够再快一些，那么我们就不会如此幸运地躲过这些鱼雷了。以往在斯卡帕湾的频繁训练证明，在 8000 码距离上，一次大规模鱼雷齐射能够对一整条战列舰纵队构成很高的命中率。即便后者能够观察到鱼雷航迹，进而做出规避动作，也不会对命中率构成多少影响。一个主要原因在于，鱼雷航行时暴露出的航迹，并不会紧随在鱼雷身后，而是与其保持着相当距离，且具体数值变化不定。所以单凭航迹，很难准确判断来袭鱼雷与自己的距离。所以现在很多舰船都是在千钧一发之际躲过了来袭鱼雷。例如：战列舰大力神号报告，它向左转向六个罗经点，才使得靠近右舷的一枚鱼雷在舰艏 40 码外穿过。还有一枚鱼雷以更近的距离从舰艉穿过。海神号的报告称，发现三枚鱼雷向舰艏袭来，通过及时转向才得以躲避。其中一枚鱼雷以极近的距离从舰艏穿过。阿金考特号报告称，在 7 点 08 分，一枚鱼雷从舰艉穿过。7 点 38 分，又有两枚鱼雷平行杀来，由于军舰及时转向，鱼雷从舰艏前方通过。8 点 25 分，右舷方向再次发现鱼雷航迹，通过全速转舵，鱼雷才从舰艏前方 150 码处通过。复仇号的记录显示，在 7 点 35 分，它转向躲避了两枚鱼雷。其中一枚从舰艏前方 10 码处穿过。而另一枚从舰艉后方 20 码处穿过。8 分钟后，又有两枚鱼雷袭来。该舰再次转向，令鱼雷从舰艉处穿过。

巨人号也报告称，在 7 点 35 分，它发现右舷方位有一枚来袭鱼雷，进而左转避开。巴勒姆号则报告说，至少有四枚鱼雷与其擦身而过。科林伍德号的记录则是，在舷侧后方 20 度角方位发现来袭鱼雷，正笔直朝军舰驶来。只是由于军舰急转弯，一枚鱼雷从舰艉后方极近处通过。另一枚鱼雷从舰艏前方 30 码处穿过。对于德国驱逐舰的鱼雷攻击，科林伍德号舰长评价道："对我而言，这些鱼雷攻击最大的价值在于，充分展现了我军战列舰队的优秀素质。"

我军是在 7 点 23 分开始向左转向两个罗经点的。10 分钟后，舰队又回到了原先的向南航向上，并且比原先向西偏转了一个罗经点，由此导致偏离原先位置 1750 码距离。

第 4 轻型巡洋舰中队，连同第 4 和第 11 驱逐舰支队，它们的行动相对较为迟缓。由于战列舰队转向向西，以靠近敌人，这些轻型舰艇直至 7 点 15 分才占据战列舰队前方位置。根据事先安排，这些轻型舰艇的首要任务，是抵御敌方驱逐舰的冲锋。所以现在正是它们大显身手之际。根据第 4 轻型巡洋舰中队指挥官勒梅热勒准将的报告，他们一直冲到了英王乔治五世号战列舰的前方，也就是整个战列舰纵队之前。尽管这个位置对于抵御德军的第一轮驱逐舰进攻并不利，但是当 7 点 25 分德军发动第二轮驱逐舰进攻时，他们的位置恰到好处。从铁公爵号望去，敌人的驱逐舰出现在右舷 30 度角方位。我军第 1、第 4、第 5 战列舰中队，连同轻型舰艇部队，一齐与之交战。至少有 3 艘德军驱逐舰被击沉。其中一艘应归功于我军第 12 驱逐舰支队。该支队位于我军战列舰纵队尾部，下辖顺从号、奇迹号、警觉号和突击号 4 艘驱逐舰。另外，在此期间，第 2 轻型巡洋舰支队的都柏林号和南安普顿号也击沉了一艘德军驱逐舰。据我军观察，在与德军驱逐舰交战期间，第 4 轻型巡洋舰中队至少遭到了 6 枚鱼雷攻击，但它们全都未能命中。

德军的驱逐舰冲锋，是与其战列舰纵队的撤退同步展开的。德军还施放了大量烟雾，以掩护这次撤退行动。由于受到烟雾和海上雾气的影响，在铁公爵号上无从观察到敌人的撤退行动。所以我是在战斗结束之后才获悉此事的。但是我军阵列尾部各舰还是察觉到了这一切。现引述如下：

勇敢号舰长在其报告中写道："7 点 23 分，敌方战列舰队中止作战行动，施放烟雾以掩护其转向脱离。"

马来亚号的舰长关于这段时间的作战，是这样描述的："当我们在天黑前最后一次看到敌人时，他们正在转向脱离。"

塞西尔·伯内利将军的报告里，是这样描述的："随着敌人的驱逐舰发起冲锋，他们的战列舰至少转了八个罗经点，直至让他们的舰艉对着我们。敌人停止了射击，中止了进一步的行动，消失在了迷雾中。"

圣文森特号的舰长说道："足足 32 分钟，敌人都与我们保持近距离接触。直至 7 点 26 分，他们转向八个或者十个罗经点，消失在迷雾中。与此同时，敌人的驱逐舰也施放了烟雾，掩护转向动作。"

伊文－托马斯少将写道："在加入战列舰队之后，第 5 战列舰中队始终遵循指挥官的命令，与敌方战列舰纵队尾部舰船交战，直至他们转向，并从视野中消失。很明显，敌人施放了烟雾，以掩护转向动作。"

复仇号的舰长则记述道："一队驱逐舰穿过阵列，以极高的效率施放了烟雾。与此同时，敌人的战列舰队向右舷转向八个罗经点，然后消失在视野中。"

我们通过多种渠道获得了德国海军关于这个时间段里的作战记录。记录首先正确指出了，我军战列舰队先是位于德国公海舰队的北方。随后，德军驱逐舰向我军战列舰阵列发起了冲锋。但是关于德军驱逐舰的最后一次冲锋，德国记录显示，他们只看到了东北方向我军的轻型巡洋舰和驱逐舰。鉴于我方战列舰当时能够清楚看到德军驱逐舰的冲锋，这份记录的可靠性值得怀疑。但是接下来的记录显示，德军指挥官令麾下战列舰队向南转向，并最终选择了一条西南航线，成功脱离我军的视野。

概而言之，这份记录首先阐明了我军战舰位于敌人的北方和东北方。敌人随后向南和西南方向逃逸。德国人的记录充分证实了我军当时的观察和判断。

然而那些身处我军阵列后部的舰船，并未及时将他们所看到的关于敌军的动向，向我报告。这主要是因为，人们普遍认为，敌人的消失只是由于烟雾影响带来的暂时现象，而且当时敌人的炮声仍然清晰可闻，所以并不觉得有必要报告。直至 7 点 41 分，敌人从铁公爵号的视野内消失。我随即下令，以纵队为单位，再次右转三个罗经点，即转向西南航向，以靠拢敌人。待转向完成后，各纵队将再次排列成单纵队阵型，前进。

直至各纵队开始转向时，我军阵列尾部的舰船，仍能间歇性的看到一到两艘敌方战舰，并向其开火。这很可能是由于敌方战舰受伤掉队所致。直到 7 点 55 分，交战才暂时中止。

也是在 7 点 40 前后，我收到了一份贝蒂将军发来的报告，称其座舰正在向西南方向前进。而敌人位于狮号西北偏西方向，距离 10 至 11 英里。站在铁公爵号上，我无法目视观察到狮号的状况。但据我估计，该舰应位于战列舰队前方 5 至 6 英里处。我于是在 8 点 10 分下令，作为战列舰队先导舰的英王乔治五世号，应跟随战列巡洋舰前进。但是该舰很快向我回复称，它也看不到这些战列巡洋舰。

就在贝蒂将军向我报告敌舰方位的同时，我麾下的战列舰终于也将其目击报告送到我手中。这些报告声称在西方海面发现敌舰——也就是铁公爵号的右舷舰艏方位。综合这些情报，只能得出结论，即德国舰队发生了分裂，所以才能同时出现在两处。所以为了靠近敌人，我军必须再次右转，同样是以纵队为单位进行。此命令于 7 点 59 分开始执行。

到目前为止，我军的转向，基本上都是以纵队为单位执行。这是因为，如果令阵列中的每一艘战舰，依次通过某个转向点转向，需要花费更长的时间。而且，当前的转向方式能够令舰队更加有序的运动。

保证秩序极为重要。当一支庞大的舰队，身处雾气弥漫的大海上，并且还处于紧张的战斗状态时，令所有舰船同时转向，不可避免地会导致编队出现混乱状况。特别是，当这些舰船已经在波涛中几经周折，竭尽全力保证自己当前在编队中的位置。此时如果各舰同时转向，危险尤其突出。

也是在 7 点 59 分，一些战列舰看到，第 4 轻型巡洋舰中队正在对敌人开火。这支部队此时已经运动到战列舰队的右舷侧翼。它的目标是一支正在发起冲锋的德国驱逐舰支队。勒梅热勒准将的旗舰，史诗女神号被一发大口径炮弹命中，但仍可继续战斗。该舰在 6500 码距离上对一艘德军恺撒级战列舰发射了鱼雷，随后就传来了清晰的水下爆炸声。这艘敌舰随后转向脱离。史诗女神号再未能与其恢复接触。但是在 8 点 22 分至 28 分之间，我军战列巡洋舰对多艘敌舰开火，其中就包括这艘已经受伤的敌舰。直至 8 点 38 分，位于战列巡洋舰纵队末端的法尔茅斯号巡洋舰，仍在与敌人交战。这些敌舰随后同时转向八个罗经点，与法尔茅斯号脱离接触。

也是在 8 点 30 分，我军各战列舰纵队全部完成向西南方向的转向动作，并恢复成单纵队阵型。与此同时，夜幕降临。

以上即为我军战列舰队的作战情况。在此期间，贝蒂将军的战列巡洋舰仍在间歇性地与敌人交战。根据他所提交的报告，现对战列巡洋舰的交战情况简述如下。

一开始，由于公海舰队转向，我军战列巡洋舰丢失了目标。随后，它们加速至 22 节，并从原先的西南偏南航向，向西偏转。到 7 点 12 分，它们已从我军战列舰队的左舷移到了右舷。也是在这时，它们重新发现了敌人，并于 7 点 14 分开火。射击持续了两分半钟。尽管此时这些战列巡洋舰位于战列舰纵队前方 4 至 5 英里处，但是它们隐没在烟雾之中，无从看到。如此糟糕的能见度，部分归因于战列巡洋舰本身喷吐出的浓烟和炮火烟雾，更主要的还在于，它们的身边同样环绕着大量的轻型巡洋舰和驱逐舰。这些轻型舰艇正在奋力前进，试图在战列舰队前方占据自己的阵位。

相比之下，我军战列舰队的能见度更有限。舰船烟囱和炮口喷吐出的浓烟，加上敌方驱逐舰施放的烟雾，使得我们无法观察到敌军战列舰队的动向。

需要指出的是，当前的战场环境对于我军战列舰队的影响特别不利。而身处其前方的战列巡洋舰和轻型舰艇，受到的影响相对较小。它们主要是受到敌方制造的烟雾的影响。但是这些舰艇制造的浓烟，再加上敌人施放的烟雾。这两个因素叠加起来，就严重妨碍了战列舰队的视线。

关于这个问题，马丁·杰拉姆中将在其报告中指出："作为整个战列舰纵队的先导舰，我的视线除了受到大气环境影响外，那些巡洋舰和战列巡洋舰，在通过我们舰艏前方时都会留下大量的炮口浓烟。其他的小型舰船则会通过烟囱制造浓烟干扰我们。爱丁堡公爵号在这方面尤其突出，对我们造成了长时间的干扰。"

关于那些巡洋舰的情况，大体如下。7 点 10 分，坐镇巡洋舰米诺陶号的第 2 巡洋舰中队指挥官希斯少将，向我报告称："他的中队已排列成但纵队阵列，目前正位于英王乔治五世号战列舰的左舷前方 3 至 4 英里处，且正在向其靠拢。在该巡洋舰中队和战列舰队之间，还聚集着大量的驱逐舰。而战列巡洋舰位于米诺陶号右舷前方 4 英里处。由于战列巡洋舰处于高速航行状态，其与战列舰队的距离迅速拉开。两者相距至少 8 英里。"参考其他巡洋舰提交的报告可知，希斯少将所描述的各舰位置并非 7 点 10 分时的状况，而更可能是在 6 点 50 至 7 点之间的状况。

根据同样隶属于第 2 巡洋舰中队的香农号于 7 点 05 分发送的报告，该中队当时航向向南，偏西 10 度，正在进入战列舰队前方阵位。后者正在与敌人交火。而战列巡洋舰暂时停火，且稍稍向左转舵。7 点 22 分，该舰再次发送报告称，爱丁堡公爵号已占据香农号身后位置。战列巡洋舰正在右转，且间歇性地与敌人交战。第 2 巡洋舰中队先导舰，开始从左至右穿越战列舰队的前端。轻型巡洋舰正在率领驱逐舰支队，攻击敌方轻型巡洋舰。而希斯少将也在 7 点 11 分向我报告，战列巡洋舰正在与敌人交战。他的中队则正以 20 节的速度，追赶前方的战列巡洋舰。米诺陶号正在遭到敌人近失弹的攻击。其中一发落在舰艉右舷不远处。其余几发的落点更近。然而即便不断有炮弹在周围爆炸，除了敌人炮口的火光，米诺陶号仍无法看到敌舰的踪影。

此后，香农号又断断续续地传来报告。"8 点钟，战列舰队右转，以靠近敌人。8 点 15 分，战列舰队位于我舰东北方向，但无法观察到。"

"8 点 15 分，尽管已脱离视线，仍可听到战列舰队的炮声。"

"8 点 30 分，发现 9000 码外有灰色舰船。""8 点 45 分，与英王乔治五世号恢复目视接触。后者方位东北偏北，航向西南，估测距离为 10000 码，正在向敌人接近。能见度似乎再次好转。"

7 点 20 分，与我军战列巡洋舰交战的敌舰，转向并消失。一个小时后，在第 1 和第 3 轻型巡洋舰中队的协助下，这些敌舰再次被找到。所以在 8 点 22 分至 28 分之间，我军战列巡洋舰再次与其交火。距离 10000 码。随后敌人又再度消失。8 点 38 分，第 3 轻型巡洋舰中队最后一次看见它们。当时这些敌舰正在向西航行。

这次交火为我军战列巡洋舰部队在白天的作战行动划下了句号。在贝蒂中将的指挥下，在伊文 – 托马斯少将的支援下，战列巡洋舰部队在战斗中表现优异。他们重创了当面的德国战列巡洋舰部队。

以上即为我军战列巡洋舰在 7 点 20 分以后的作战行动记录。当时它们处于战列舰队的前方，且身边的轻型舰艇数量较少，因而能够获得更好的战场能见度。然而即便如此，每当敌人发现自己被定位，就会立即转向脱离。所以我军战列巡洋舰难以准确定位敌人。这是个巨大的困难，以至于真正有效的对敌射击时间只有短短 6 分钟。

当战列巡洋舰最终停火时，海面光线昏暗。能见度已经接近衰竭。现在必须着手夜间战斗行动的部署了。

3. 夜间战斗行动

在 5 月 31 日至 6 月 1 日的这个夜晚，由于在任何时候我只能看到少数几艘我军战舰，所以对于这个晚上的战斗形势，我从未真正有过清晰的了解。根据我所知道的情形，我只能做如下简要介绍：

我军横亘在敌人与其基地之间。无论敌人打算经哈恩礁返回德国，或者直趋赫尔戈兰岛，又或者像以往那样，首先前往西弗里西亚群岛（译注：舍尔上将在其回忆录中提到的泰尔斯海灵岛即为该群岛一部分），然后沿着其海岸线前往英吉利海峡实施扫荡，都要面临我军的拦截。

自从大舰队与敌人交战以来，我军的航向先是向东，然后逐渐转向东南，最终掉转船头向西，总共转过了 13 个罗经点，也就是足足 146 度。我于是得出结论，即敌人正在我军西方海面。通过实施某种内线运动，他们的位置也许比我军先头部队更加靠南。当然，也有可能，某些受伤的敌舰的位置比我军阵列尾部的舰船更靠北。

当然，我深知，在这个夜晚，敌我双方的重型战舰有可能爆发激战。但是基于种种理由，这样的战斗绝非我所愿。

事实上，我有足够的理由反对在夜间与敌人的主力舰展开交战。

首先，如果爆发大规模夜战，我们肯定将面临敌方驱逐舰的持续攻击。而这是任何一位指挥官都不愿面对的事情。我们的战舰已经装备了精良的探照灯，而且我们已经做好充分准备，让这些探照灯为火炮指示黑暗中的目标。然而即便如此，夜战仍然是一件充满了巨大的不确定性的事情。

因为我同样深知，当前我们装备的以探照灯为核心的火控系统仍然很不完善。例如，尽管舰队已经反复提出申请，可是为副炮安装探照灯火控系统的工作才刚刚开始。此项工作的延迟主要是由于生产环节存在瓶颈。而鉴于这些副炮在夜战中起着极为重要的作用，我只能认为，在夜战中我军的炮火不可能充分发挥自己的威力，也就无法指望利用炮火抗击敌人的驱逐舰冲锋。所以，如果令敌方驱逐舰靠近，我军战列舰势必蒙受惨重的损失。我们自己的驱逐舰也不可能有效缓解此种不利状况。因为在夜战中，它们不仅会遭到敌方的攻击，也会遭到友军火力的误伤。

但是，如果完全不考虑驱逐舰的威胁的话，双方重型舰艇之间夜战毕竟也是一个机会。因为在这样的战斗中，双方几乎没有多少发挥自身技巧的余地。战斗肯定会在近距离打响。一旦开打，几分钟之内就会决出胜负。这样一个过程并不令人期待。在日德兰海战中，德国舰队配备了更高效的探照灯，且拥有数量更多的鱼雷发射管。再加上敌人在驱逐舰方面的优势，我认为，大规模夜战一旦开始，就会为敌人制造机会，使其重创我军。

当前首要的问题是仔细掌控舰队航向。此举的首要目的是令自己始终处于敌人与其基地之间的位置，以便在第二天破晓之后重新开战。鉴于光线正在从战场上迅速消散，必须迅速重组战列舰队的阵型。至于驱逐舰部队，也需要重新部署。应将它们置于战列舰队的外围地带，以将其与战列舰队之间的接触降至最低限度。同时这也是给予它们机会，对敌方主力舰实施夜间攻击。当前，大舰队仍在以单纵队阵型向西南偏西方向前进。我考虑让舰队向南航行。此举不仅可以应对当前的战场形势，也可以令我在必要时迅速重整舰队，投入战斗。至于我军的驱逐舰，我认为将它们部署在战列舰队的后方较为合适。首先，考虑到敌人在今晚很可能也会向南航行，以便尽可能向己方基地靠拢，将驱逐舰部署在舰队后方，就使其处于对敌人实施攻击的理想位置。其次，如果敌方驱逐舰试图在夜间搜寻并攻击我方战列舰队，那么我军驱逐舰将处于能够实施有效拦截的位置。最后，将驱逐舰部署在后方，将使其与战列舰队相互分离开来，从而将两者因身份识别困难而相互误伤对方的可能性降至最低。

于是，我于晚上9点发出信号，命令战列舰队以纵队为单位，向南转向，同时通知各战列巡洋舰、巡洋舰、轻型巡洋舰和驱逐舰部队的指挥官，令他们依序前进。稍后，我又指示战列舰队，各纵队依序向左驶出当前的单纵队阵列，重新变换成成多重横向队列。彼此相距1英里。如下图所示：

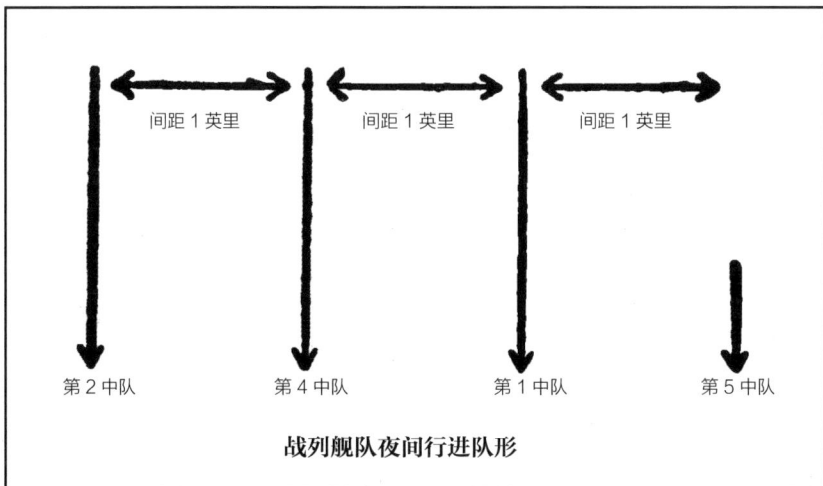

■ 战列舰队夜间行进队形

如此排列的目的是，确保夜间航行时各纵队彼此不会失去目视接触，进而导致误伤。

驱逐舰队被安排在战列舰身后5英里处。9点32分，我向布雷舰支队的旗舰阿布迪尔号发去了一道命令，要求它立即赶往哈恩礁附近海域，布设一个水雷场。如果德国人试图经此返回基地，这个水雷场就会大有用处。阿布迪尔号曾经多次神不知鬼不觉地执行过类似的布雷任务。它是我们舰队中最有价值的小型战舰。这一次，根据停留在哈恩礁附近的潜艇报告，它在6月1日早上2点15分至5点30分之间，多次听到水下爆炸的声音。由此判断，至少有数艘敌舰触雷。

5月31日晚10点整，铁公爵号位于东经5度47分，北纬56度22分的海域。航向向南，航速17节。大舰队当前的航行序列，自西向东排列如下：

贝蒂的战列巡洋舰部队（欠第2轻型巡洋舰中队）；

各巡洋舰中队；

战列舰队；

第2轻型巡洋舰中队位于第5战列舰中队身后；

第4轻型巡洋舰中队位于战列舰队前方；

所有驱逐舰支队全部位于战列舰队身后。第 11、第 4、第 12、第 9、第 10 和第 13 驱逐舰支队，自西向东依次展开。

就在战列舰队转向南方之前，跟随其后的第 2 轻型巡洋舰中队遭遇了一次敌方的驱逐舰攻击。直至 9 点钟之后，我才得知此事。稍后送来的报告声称，敌人已被驱赶到西北方向。

10 点 04 分，身处轻型巡洋舰海狸号上的霍克斯雷准将，发现 2000 码之外有敌舰的身影，经判断是敌方的战列巡洋舰。他立即率领第 11 驱逐舰支队发起冲锋。如果德国人的报告可信，这些目标其实是他们的轻型巡洋舰。其中两艘被确认为汉堡号和埃尔宾号。敌人反应迅速。炮火又快又准。海狸号身受轻伤。但是舰桥和无线电设施被毁，使其无法继续指挥驱逐舰作战。最终，只有海狸号，以及第 11 驱逐舰支队中的魔术号和马恩河号，向敌人发射了鱼雷。其余各驱逐舰，均因为视线不良，无法确认目标，而放弃攻击。在发射完鱼雷之后，我军感受到一次明显的爆炸。敌人随后消失了。

6 月 1 日凌点 15 分，海狸号又在其右舷前方不远处发现一艘德国驱逐舰。该舰立即开火，完全是近距离直射。敌舰随后消失，再未出现。

也是在 5 月 31 日的晚上，第 2 轻型巡洋舰中队于 10 点 20 分发现 5 艘敌舰，明显是一艘巡洋舰加 4 艘轻型巡洋舰。它们很可能就是德军第 4 侦察舰队。敌舰炮火再次表现出了高效率，在近距离射击过程中集中火力攻击走在前面的我军南安普顿号和都柏林号。15 分钟内，这两艘巡洋舰已遭到重创，死伤惨重。其中南安普顿号上至少三处起火。舰员们在消防管道被炮火切断的情况下，及时将火灾扑灭。

在短暂而激烈的交火之后，敌人再次消失。根据战斗结束后德国人公布的战报，他们承认损失了巡洋舰弗洛伦堡号。据判断，该舰就是在这次交战中被击沉的。当时它很可能正身处交战双方之间。

晚上 11 点 30 分，第 4 驱逐舰支队发现了数艘德军巡洋舰。后者正在向东南方向航行。该支队立即发起进攻。而德国人也迅速开火还击。第 4 驱逐舰支队旗舰蒂珀雷受到重创。舰体前部起火。该支队下属的第 2 分队旗舰布鲁克号的舵机被打坏，丧失控制能力，导致该舰与雀鹰号驱逐舰相撞，最终不得不在第二天早上弃舰。当然，该舰乘员获救。跟随在蒂珀雷号身后的喷火号驱逐舰，向一艘有四个烟囱的敌舰发射了鱼雷。随后的观察显示，目标被击中，且正在下沉。但是随后，喷火号与一艘德国轻型巡洋舰相撞，在其舷侧留下来一条长 29 英尺的裂缝。

这场战斗结束后，第 4 驱逐舰支队的其余兵力继续朝东南方向航行，然后于午夜时分与德军第 2 战列舰中队遭遇。一艘德军战列舰被鱼雷击沉，据信很可能是波墨恩号。击沉它的应该是马德森少校指挥的热心号驱逐舰，或者是科利斯少校指挥的伏击号驱逐舰，又或者是高夫少校指挥的花环号驱逐舰。而敌军的炮火也击沉了特里少校指挥的幸运号驱逐舰。

稍后，第 4 驱逐舰支队再次与敌方战列舰交火。热心号再次实施鱼雷攻击，但它自身也遭到敌方的密集火力攻击，因而无法观察战果。最终，该舰高扬战旗，沉入大海。遗憾的是，该舰几乎全员阵亡。只有舰长马德森少校和另一名水兵在水里泡了五个钟头后，终于被一艘驱逐舰救起。

自天黑后，第 12 驱逐舰支队就位于第 1 战列舰中队的后方。而由于该中队的旗舰马尔波罗号无法达到 17 节航速，所以整个中队都落后于友邻部队。进而，第 12 驱逐舰支队与舰队主力之间的距离超过 5 英里。晚上 11 点 30 分，由于该支队右舷的一个身份无法被识别出来的驱逐舰支队的运动，第 12 驱逐舰支队被迫暂时转向至东南航向。结果到午夜时分，该驱逐舰支队身处第 1 战列舰中队的东北方向。两者之间的距离拉大到了 10 英里。然而正是因为这次幸运的转向，使得该驱逐舰支队遭遇了敌人的战列舰中队。

事情发生在凌晨 1 点 45 分。身处福克瑙号驱逐舰上的支队指挥官斯特林上校，在其舰艏右舷前方发现了这个战列舰中队，由 6 艘战列舰组成，航向东南。其中走在前面的被判定是恺撒级战列舰。斯特林上校随即命令部队，转至与敌人平行的航向，并加速至 25 节，以赶到目标前方。他的企图是，待部队抵达德国舰队前方，即转向至西北航向——也就是与敌人相反的航向，以争取机会靠近敌人。2 点钟，所有驱逐舰最终在 3000 码距离上发射了鱼雷。所瞄准的目标是敌方战列舰纵队中的第二和第三艘军舰。后者至少被数枚鱼雷命中，进而发生了猛烈爆炸。爆炸掀起的火焰蹿到了很高的高度，以至于我军驱逐舰相信，这是鱼雷命中弹药舱所致。这艘军舰显然被彻底摧毁了。

随后，伴随在战列舰身边的敌方巡洋舰，成功地将我军驱逐舰逐退。但是挈挨少校指挥的迈那得斯号驱逐舰，并未随战友退往西北方向。因为在刚才的战斗中，该舰错误地以为，将向右舷发射鱼雷，所以并未做好向左舷发射鱼雷的准备，以至于错过了发射机会。所以现在，挈挨少校决定继续维持东南航向，然后再转向180度，向左舷方向的敌舰发射鱼雷。然后，在2点25分，该舰再次转向东南方向，瞄准右舷方向的一艘战列舰发射了两枚鱼雷。目标是排列在战列舰纵队中的第四艘军舰。距离4000至5000码。至少有一枚鱼雷命中，爆炸掀起的火焰几乎与船上的桅杆一样高。随后，尽管其他军舰依然清晰可见，这艘战舰却消失了。

值得注意的是，当斯特林上校发现这个战列舰中队时，他看到了6艘战列舰。25分钟后，当挈挨少校实施攻击时，他只看到了5艘。在此之后，就只剩下4个目标。考虑到这两人分别向我发送了报告，所以挈挨少校不可能知道他的长官最初看到的是6艘战列舰，并使得其中一个目标消失，那么我们有十足的把握推断，这两次驱逐舰攻击至少击沉了敌人一艘战列舰。

当斯特林上校发现敌人的战列舰中队时，他及时通过无线电发出警报。然而遗憾的是，我军中没有任何舰船及时收到了他的电报。这很可能是由于德国人强烈的无线电干扰所致。

第9、第10和第13驱逐舰支队跟随在战列舰队身后。这三个支队围绕第13驱逐舰支队旗舰胜利者号轻型巡洋舰展开。但是第9驱逐舰支队旗舰无恐号轻型巡洋舰，无法有效控制麾下驱逐舰的运动，导致部队散布的到处都是。其中部分舰船失去了与胜利者号的联系。

6月1日子夜零点30分，一艘大型舰船高速穿越我军驱逐舰队尾部，并一头撞上了我军驱逐舰汹涌号。随即爆发炮战。汹涌号连同附近的火花号驱逐舰皆遭到猛烈射击。前者沉没。后者受创。

早上2点35分，隶属于第13驱逐舰支队的莫尔斯比号驱逐舰，发现了4艘德意志级战列舰。莫尔斯比号立即发起冲锋，发射了一枚鱼雷，随即听到一声爆炸声。

在所有这些驱逐舰的鱼雷攻击行动中，要想清楚指出，究竟是哪一艘驱逐舰取得了战果，几乎是不可能的。敌人当然会习惯性地对我军所取得的任何战果竭力否认。但是从战役结束后披露出来的消息判断，至少有4艘无畏级战列舰被鱼雷击中。此外，前无畏舰波墨恩号和轻型巡洋舰罗斯托克号被鱼雷击沉。

驱逐舰支队总是作为一个整体投入战斗。在这方面，第4和第12驱逐舰支队的表现尤其出众。所以驱逐舰部队所取得的骄人战绩，并不能完全归于驱逐舰名下，因为轻型巡洋舰也参与了这些战斗。但是无论如何，这场战役中，我军驱逐舰部队官兵充分展现了他们的勇气和技巧。这种品质使他们能够在最困难的形势下取得优异的成绩。此种杰出的表现贯穿于战争始终。

根本没有必要怀疑，德国人对于夜间战斗的组织和实施，达到了很高的水准。这首先表现在，他们通过发射照明弹来定位我军的驱逐舰。如此即可不暴露自身位置。当时，我们对这种战法尚不熟悉。其次，德国舰船上配备有更优良的探照灯。其功率更大，光照效果更好。而且，无论是控制探照弹的技巧，还是令火炮依靠探照弹的指示实施快速射击的本领，都堪称卓越。最后，德军战舰上的副炮火控系统，也显示出了某种优越性。

尽管德国军舰上装备了这些精良武器，却未能有效阻止我军驱逐舰的夜间攻击行动。当然，敌人的确给我军驱逐舰部队造成了一些损失。其中，第4驱逐舰支队指挥官温托尔上校阵亡。他是一名优秀且经验丰富的驱逐舰军官。他的牺牲是我军的重大损失。此外，还有许多优秀的军官与部下一起阵亡。所以，我们的驱逐舰官兵们，完全有理由，为他们在这场战役中取得的战绩而自豪。

在这个夜晚，枪炮声和水下爆炸声持续不断。有趣的是，走在第5战列舰中队末尾的马来亚号，清楚听到了四到五次水下爆炸声音。这些都被记录在该舰的航海日志上。毫无疑问，这些爆炸源于我军驱逐舰对敌人发动的攻击行动。

从我军战列舰队的角度望去，很明显，我们的驱逐舰在天黑后不久即开始积极行动起来。敌人频繁发射照明弹，同时将自己隐没在黑暗中，避免暴露位置。

5月31日晚11点，跟随在第2战列舰中队身后的轻型巡洋舰积极号，发现其后方有一艘船正在向自己这边驶来。稍后，积极号又发现，在这艘身份不明的船只的右舷方向，出现了探照灯的光芒，并将这艘战舰照亮。紧随而来的就是猛烈的炮火。积极号甚至无法判断，究竟有多少艘军舰正在向这艘船开火。但是后者很明显地迅速沉没了。这艘被击沉的船很可能就是在白天战斗中掉队并与主力失去联系的黑王子号巡洋舰。

随后，积极号又与某种水下物体发生碰撞，导致船舱底部出现了一道15英尺长的裂缝。由于当时附近海面并未爆发战斗，积极号所遇到的不大可能是某艘舰船的残骸。那么剩下的可能性就是敌人的潜艇。11点30分，战列舰巨人号也遇到了类似遭遇，导致右舷的两个螺旋桨推进器损坏。同样的，当时巨人号附近也没有战斗，不可能是舰船残骸，所以我们再度怀疑，该舰究竟撞上了什么。

6月1日早上2点钟，塞西尔·伯内利中将通知我，由于船体外部舱壁无法再承受住当前的水压，他的马尔波罗号最高航速只能限定在12节。我随即指示该舰，绕过德军水雷阵地的南部边缘地带，返回罗赛斯港。轻型巡洋舰无恐号受命靠上马尔波罗号的舷侧，帮助将伯内利将军及其参谋人员转移到复仇号战列舰上，随后再护送马尔波罗号返航。

现在再总结一下我军在日德兰战役期间所移动的距离，以及所涉及的相关区域。

在5月31日下午3点48分至6点17分之间，也就是我军战列巡洋舰队与敌人交战期间，他们总共移动了64英里。随后，当他们加入战列舰队后，截至晚上9点舰队全体向南航行时，又移动了57英里。而战列舰队，自与敌人交战起，直至晚上9点，总共移动了47英里。

而在这个晚上，也就是自5月31日晚9点至第二天早上2点期间，大舰队总共移动了85英里。

6月1日早上2点47分，天色微明。舰队再次排列成单纵队阵型，并转向北方。行进序列为，第2战列舰中队领头，第4战列舰中队居中，第1战列舰中队殿后。但该中队指挥官伯内利中将亲自率领的第6战列舰纵队，暂时未能现身。第5战列舰中队直至3点30分，才与主力汇合，并占据第2战列舰中队前方位置。

此时海面雾气弥漫。能见度只有3至4英里，比前一天更糟糕。身处如此环境，再考虑到我们尚未与我军的巡洋舰和驱逐舰建立接触，那么我就不得不警惕，当前已经排列成单纵队的战列舰，有遭遇潜艇袭击的危险。但是为了做好随时与敌人的战列舰队交战的准备，我不得不接受此种风险。直至天亮后，第6战列舰纵队仍然不见踪影。由于马尔波罗号在夜间航行时的减速，以及随后的换乘旗舰的问题，导致这个纵队落在了主力部队的身后，且航向稳定性亦受到影响。再加上天亮后能见度不良，导致舰队自身定位出现偏差。当他们力求与友邻部队会合时，自然也就较为困难。事实上，难以准确定位自身所处位置的问题，在所有舰船上几乎都存在。但是在驱逐舰部队身上表现得更为明显。这些轻型舰艇承担了夜间作战的大部分任务。频繁的机动与交战，再加上视线不良，仅凭借在海图上的标绘与计算，很难获知自己当前的确切位置。这个问题的确令人尴尬，但不会令我惊讶。直到早上6点，我们才看到我军巡洋舰的身影。要到9点钟，驱逐舰部队才与主力汇合。而一直失去踪迹的第6战列舰纵队，要等到当天晚上才能归队。

显然，基于以上种种原因，舰队的集结困难重重。这使得我军无法按原计划，于黎明时抵达哈恩礁附近，拦截敌人。当前的处境并不复杂。在重新开战之前，我们必须首先完成舰队集结工作。而在此期间，德国舰队已经通过了哈恩礁附近德国人布设的水雷阵地，正在朝他们的港口前进。早上3点30分，一艘齐柏林飞艇出现在舰队附近。我们据此断定，敌人一定已经得知我军当前位置。这就为进一步交战提供了可能性。但是随后，我们的岸基无线电侦听站截获了敌人的无线电通讯，显示敌人已在天亮后通过了哈恩礁。

早上3点钟，驱逐舰雀鹰号正位于东经5度59分，北纬55度54分位置。它发现其东方2英里处有一艘德国轻型巡洋舰，正在缓慢向北航行。5分钟后，这艘德国战舰缓慢下沉。其舰艏首先没入海中。接着，雀鹰号自己也被驱逐舰神射手号发现。后者本想将雀鹰号拖拽回基地，但是终因该舰伤势过重而放弃。神射手号最终为雀鹰号补上一枪，将其击沉。

6月1日早上3点30分，我接到报告，在战列舰队的西侧听到了炮声。8分钟后，第3轻型巡洋舰中队指挥官奈皮尔少将报告称，炮声源于他的中队正在向一艘齐柏林飞艇射击。考虑到这艘飞艇有可能预示了敌方舰队的所在位置，我于3点44分下令战列舰队以纵队为单位，向飞艇所在位置前进。6分钟后，战列舰队已能望见一艘飞艇。但是除此之外，再无发现。舰队一边向飞艇开火，一边回到原航向。然而由于飞艇飞行高度较高，射击并无成效。此后，这艘飞艇移到了舰队的东面，时隐时现。

到4点10分，战列舰队的单纵队阵型已经解散，各纵队重新横向排列。此举有助于扩大舰队正面的视野，同时减少被潜艇袭击的概率。4点25分，巡洋舰都柏林号通过无线电报告称，它发现了敌人的一支小舰队，包括一艘巡洋舰和两艘驱逐舰，并给出了敌人的位置坐标。

5点15分，战列巡洋舰队终于与战列舰队汇合。但他们随即被派往都柏林号报告的敌舰出没的海域。而战列舰队向东南方向搜索前进，寻找一艘德国战列巡洋舰。据判断，这艘军舰身受重伤，应该还在蹒跚返回基地的途中。截至4点45分，战列舰队位于东经6度2分、北纬55度29分海域。驱逐舰部队于5点钟位于东经6度22分、北纬55度48分海域。战列巡洋舰队于5点48分所处位置为东经6度16分、北纬55度45分海域。它们仍在以18节航速向东南方航行。半小时后，又将航向改为正南。截至6点钟，鉴于战列舰队仍未能与驱逐舰部队会合，遂转向东南，航速17节。身边只有巡洋舰伴随。直至7点15分，战列舰队才重新北上。而战列巡洋舰队直至7点30分才掉头指向东北方向，到8点钟，又进一步转为正北方向。

7点55分，巡洋舰都柏林号终于出现在大舰队的视野内。该舰报告称，它先前发现的那支由巡洋舰和驱逐舰组成的小舰队已经消失在迷雾中。敌人最后出现的地点位于东经6度32分、北纬55度28分位置。都柏林号随后提交的补充报告声称，当发现敌方巡洋舰时，后者正在高速航行，显然未受到严重损伤。

8点15分，战列舰队位于东经6度10分、北纬55度54分位置。航向向北，航速17节。8点52分，舰队又转向东南。

在8点至9点之间，我们途径大量舰船残骸附近，其中包括我军热心号驱逐舰的残骸。海面上漂浮着身穿蓝色夹克衫的德国水兵的尸体。随后是大量关于发现水雷的报告。其中夹杂着一两次关于发现潜艇的报告。10点钟，战列巡洋舰队再次出现在战列舰队前方，航向西北。驱逐舰部队此时也已占领自身阵位，组成了反潜屏障。

中午时分，战列舰队位于东经6度25分、北纬56度20分位置。战列巡洋舰队位于东经6度11分、北纬56度32分位置。

截至此时，我们已清楚获悉，敌人的受损战舰，要么已经沉没，要么仍在返回基地途中。自早上以来，从我军的无线电侦听部门传来了确切消息，敌人正在返回他们的基地。而我们自己受损的舰船也在返回基地途中。此刻，我决定大舰队全体返回斯卡帕湾。战列巡洋舰队也已收到我的指示，他们将独自返回罗塞斯港。

6月1日早上，由泰维特准将指挥的哈里奇支队，终于收到我的通知，出海与大舰队汇合。此前一天，这支部队一直遵循海军部下达的命令，在港口待命。但是今天，由于大舰队中的部分舰船出现燃料不足的情况，所以我需要这支生力军。早上7点钟，我通知泰维特准将，要他派遣麾下的4艘驱逐舰，去为马尔波罗号战列舰护航。这些驱逐舰直至下午2点30分才与马尔波罗号相遇，并及时通知了我。此前的10点40分，我还得向海军部报告，大舰队本身并没有要求哈里奇支队提供支援，而只需其为马尔波罗号护航即可。这是他们在今天能做的最有价值的事情。然而无须多言，在当前情势下，对于这支部队的加盟，我深表欢迎。因为我深知，在整个战争期间，哈里奇支队都是一支装备精良、训练有素的部队。

马尔波罗号战列舰于11点钟向我报告，它成功躲过了一次鱼雷攻击。虽然如此，这个消息还是加重了一些人的忧虑。由于天气恶劣，以及船上的排水泵出现故障，这艘战列舰的速度缓慢。它要到6月2号上午才能抵达基地。为了以防万一，已下令拖船尽快出海，准备实施救援。幸运的是，马尔波罗号最终于6月2号早上8点平安抵达亨伯港。

同样在返航途中的还有巡洋舰武士号。截至6月1日早上8点，该舰由水上飞机母舰恩加丹号拖拽，位于东经3度54分、北纬57度18分海域。但是到当天晚些时候，鉴于天气恶劣，且舰船状况不佳，这艘军舰最终被放弃。整个过程中，恩加丹号舰长罗宾森少校表现出色。他指挥自己的军舰，在波涛汹涌的海面上成功靠上武士号的舷侧，以方便后者转运数量众多的伤员。但是当时武士号发送的关于自身状况的报告很不清楚，以至于我担心该舰在被丢弃后仍然漂浮在水面上。这样的话，这艘军舰就存在着被敌人俘获的危险。所以我先后派遣第2巡洋舰中队和第3轻型巡洋舰中队，去寻找这艘船。搜寻工作一直持续到6月23日，一无所获。武士号舰长在随后提交的详细报告中声称，该舰的状况极为糟糕，在被丢弃后不久必定已沉没。在搜寻武士号的过程中，第2轻型巡洋舰中队的一艘巡洋舰，在黄昏时偶然发现了一艘正处于水面航行状态的潜艇。该舰立即开炮，随后再冲上前去，试图将其撞沉。事后，这艘巡洋舰报告称，潜艇确实已被击沉。可事实上，这是一艘英国潜艇，而且因及时下潜，躲过了巡洋舰的撞击，因而未受损伤。尽管类似的事件还有许多，但这个案例最具典型意义。它充分证明，在海上辨识潜艇身份，以及确认相关战果，是多么的困难和不可靠。正因为如此，海军部在战争期间总是非常谨慎地告知公众，自己在反潜战中所取得的战绩。

除了武士号以外，驱逐舰布鲁克号的命运也令人担心。所以它也是第2巡洋舰中队所要寻找的目标。为此还特别向该中队增派了两艘轻型巡洋舰。令人欣慰的是，该舰最终平安抵达泰恩河畔，只是由于天气状况而晚点。另外两艘受损驱逐舰阿卡斯塔号和昂丝洛号，也分别在同伴诺萨奇号和保卫者号的拖拽下，平安返回。

大舰队于6月2日下午5点45分抵达斯卡帕湾基地，并立即补充燃料。四个小时之后，我向海军部报告，舰队已做好再次出海准备。

译后记

如译序中所言，本书所收录的三篇回忆录可以被分为战术和战略两个层次。这就要求读者运用两种方法，对这些故事做深入思考和分析。

首先来看《基尔和日德兰》。作为一名基层军官，作者乔治·冯·哈瑟海军中校的视野并不宽广。他的叙述只能围绕着自己在战役中的具体工作展开。

通读其著作，不难发现，在这位出身贵族的海军军官身上，深深印刻着他所身处的那个德意志帝国的两面性，即在微观层面上所展现出的精湛技术和在宏观层面上对世界的茫然无知。

作为一名职业海军军官，哈瑟中校不厌其烦地向读者详细介绍了德国海军的火控系统和战术原则。字里行间充斥着一种理性的精神和自豪的情感。而以其在斯卡格拉克战役中的出色表现，他也的确有充分的理由，为德国的舰队、自己所服役的战舰以及自身的炮术水平满怀信心与自豪之情。甚至于，即便是在自己所不熟悉的陆战领域，哈瑟中校也能准确预见到，未来的战争模式将会借鉴海战的模式，从堑壕战转向以坦克为核心的装甲对决。这绝对是一种出色的洞察力的体现。

然而，一旦离开自己熟悉的军事专业领域，哈瑟的认识就很肤浅了。在其著作的开头，哈瑟声称，自己拥有两种职业经历，即作为军官的经历和作为水手的经历。可事实上，由于德国海军的战略方针，大部分舰船仅被部署于本土水域。所以绝大多数德国海军军人并不像普通水手那样，能够周游世界，开阔眼界。哈瑟声称，自己曾在英国居住，也曾在远东服役。但是其见识依然有限。也许海上的风浪磨砺了他的意志，但并未增长他的见识。

于是，在其前言中出现了明显的种族主义论调。在正文中，又流露出对犹太人的偏见。这些不经意间的言辞，仿佛都是为日后的纳粹上台做舆论铺垫。

而在关于国际关系的问题上，他和他的同事——驻伦敦海军武官——穆勒中校一样，认识极为肤浅。所以毫不奇怪，哈瑟不可能真正认清，德意志帝国遭受战败和屈辱的原因，而只能一味归咎于同为白人兄弟的英国人的背叛和迫害。

此种认知使得哈瑟在撰写其著作时满怀愤懑之情。其最直观的表现，就是该书的书名——基尔和日德兰。前者是英德友谊的典范；后者是英德敌视的巅峰。将截然对立的两段往事放在一起叙述，意味深长。

今天的读者恐怕已难以体会作者当年的复杂心境。但作者仍在他的著作中留下了线索。不可忘记，在日德兰海战爆发前数小时，在德弗林格号的大副——而不是舰长——的许可下，哈瑟带领其手下官兵进行了炮术训练。这个细节所反映的，与其说是德国战舰上的权力分配，不如说是当时泾渭分明的社会阶层划分。在一艘战舰上，舰长几乎就是神一般的存在。通常情况下，舰长总是待在自己的宽敞舱室里生活和工作。一年当中，只有在少数几个重要的日子里，他才会在军官餐厅里与手下军官共同进餐。至于下层士兵，在其整个服役期间，几乎都不可能看到他的舰长。只有在战斗状态下，舰长才会肩负起他的职责。至于平时与军舰运转的相关事宜，都交由大副负责决定和执行。只有理解了这样的背景，才能真正懂得，当哈托格舰长对哈瑟的工作表示赞许时，后者所感受到的巨大荣耀。也只有在这样的背景下，才能理解，对于与沃伦德将军建立起来的深切友谊，哈瑟是多么的感激与珍视。

然而也正因为如此，才使得日后的敌对情绪充斥着愤恨之情。哈瑟以自豪的口吻叙述了他在日德兰海战中的经历，正是对这种愤恨之情的宣泄。只不过，哈瑟毕竟是一名高傲的贵族和受过严格训练的军官。即便带着情绪的写作，其笔下的记录——至少在细节方面——仍然大体公正可靠。事实上，哈瑟更愿意在陈述时抒发他的自豪情感，以至于他根本不屑于解释，为什么在德国舰队已经转向脱离了英国舰队的半圆形包围圈之后，还要转身杀个回马枪。这样的问题是舍尔上将无法回避的。而哈瑟只需记录下整个过程中的英勇行为，就感到心满意足了。

此举从一个侧面反映了哈瑟的价值取向。在其著作的末尾，这种取向表现的更加直白，即对荣誉和勇气的珍视。这绝非其个人偏好，而是那一代德国军官的共同追求。尽管时间已经跨入20世纪，德意志帝国的军官们——无论陆军还是海军——仍然生活在一种近乎斯巴达式的精神氛围中。作为军官团的一员，哈瑟显然被这个团队的精神氛围所感染，并以此塑造了他的世界观。和所有军官一样，他也会全心全意地追求古老的日耳曼贵族武士所向往的勇气观念，以及由此带来的荣誉感。为了维护这种荣誉感，德国海军当局可谓殚精竭虑。例如，军官在提交结婚申请时，必须附带女方家庭的财产和收入证明，以防与社会下层通婚。而这会被视为不名誉的行为。海军部甚至明令禁止军官参与到任何赌博活动中，以防个别人因欠下赌债而声名狼藉，影响到军官团的声誉。

需要指出的是，对荣誉和勇气的珍视和追求，使得以哈瑟为代表的德国海军军官们，具备了卓越的业务能力，使得德意志帝国能够在一代人的时间里，建立起一支能够挑战世界一流海权国家的舰队。但是，这些人之所以能够被吸收进军官团，并取得如此成就，至少其经济层面的原因在于，他们都是出身于家境殷实的社会上层家庭。其中许多人还是贵族出身。这意味着，这些人从不需要为经济问题操心，因而可以心无旁骛地钻研自己的业务。然而也正因为如此，这些生活在20世纪的古代武士们，其实是生活在一个很小的圈子里。他们在视野上更接近于同时代的技术专家，虽然精于本职工作，却对自身生活以外的世界茫然无知，根本看不到德意志帝国所面临的外部和内部问题。

20世纪初的德意志帝国，至少在其统治阶层看来，其所面临的最大危机是，由于社会的快速变迁，导致的社会阶层的流动。经济的发展和财富的增长，正威胁着传统的容克地主的统治地位。正是为了维护这种地位，作为容克地主重要政治代表的军官团，才会竭力将贫寒子弟挡在门外。

像哈瑟在文中一再提及的瓦尔德泽克准尉，此人显然才华不凡。然而虽然名义上也是军官，但他与哈瑟却是截然不同的两个阶层。哈瑟的人事档案归海军内阁管理。而这个内阁又直接对皇帝负责。所以威廉二世才能在外国人面前自信的宣称，他认识自己的军官。而瓦尔德泽克的档案只能与那些军舰的档案一起，归海军部管理。该部门的首脑提尔疲茨上将，是没有时间、精力和心思来认识这个微不足道的小人物。即便在海军中奋斗一生，瓦尔德泽克顶多能成为一名老资格的下级技术军官。他绝无可能升迁至哈瑟所处的地位。

　　为了维护这道阶层间的鸿沟，容克地主们一再挑起国际争端，试图转移社会内部矛盾，最终将帝国陷于四面树敌的战争中。而一旦战事不利，他们在和平时期所竭力维护的那个社会阶层鸿沟，就会成为舰队叛乱和社会分裂的导火索，最终变成压垮骆驼背的最后一根稻草。而像哈瑟这样的贵族——基于他们狭隘的世界观——对于此问题似乎浑然不觉。即便是在战败之后，也不见他在文中对此问题有多少反省之辞。从这个角度看，德意志帝国的覆灭，实属咎由自取。

　　与哈瑟的回忆录相比，舍尔和杰利科的回忆录都着重于对这场战役的战略层面的回顾。这不可避免地涉及对当事人的许多决策的评价与判断，也就使得他们撰写回忆录的动机变得更加复杂。日德兰海战的结果不可能令他们两人感到满意。所以他们肯定是怀着极为复杂的心情来叙述这场战役的。并希望以出版回忆录的形式，在自己的同僚和后人面前，维护自己的名声和历史地位。

　　同样的动机使得舍尔和杰利科两人的回忆录表现出不少相似性。其中最明显之处就在于，在他们叙述这场战役时，两人不约而同地描述了战役过程中各自舰队的航向和队形变换问题。这些细节对于普通读者而言，显得过于枯燥。但两位作者显然都乐此不疲，以至于不厌其烦。这说明，在他们自己心目中，他们都自视自己是一名熟练的老水手，并为此深感自豪。而且他们唯恐世人未能意识到这一点。

　　至于其他的共同之处，就在于，在叙述过程中，尽管无法对总体过程和结果做任何歪曲，但仍可对诸多细节做某种"修饰"。这些就必须从细节中去寻找了。其中一个较为明显之处在于，杰利科声称，在战役打响之前，他只是率领舰队出海做例行巡逻，最终在不经意间与敌人爆发了战斗。但是根据战后解密的档案，英国人早已在其东海岸建设了一系列的无线电测向站。而德国舰队的任何大规模出击，都涉及必要的水雷清扫工作，由此会带来大量的无线电通讯。5 月 30 日，英国的无线电测向站发现，公海舰队的无线电发送信号来源与前一天相比，偏离了 1.5 度。英国人由此推断，舰队已经离开威廉港，进低杰德河口。这是舰队出击的明显征兆。杰利科遂能赶在希佩尔出发前三个小时，率领他的舰队出海。

杰利科的回忆录出版于 1919 年。写作时间肯定还要靠前。他隐瞒出海的真实原因，显然是为了保护英国在情报领域的优势地位。这当然情有可原。但是在其回忆录中，还有许多处"修饰"，就可以被认为是完全出于私心的"掩饰"了。毕竟，对这位舰队司令官而言，日德兰海战带给他的，与其说是荣耀，不如说是尴尬。早在战争爆发时，皇家海军就将整个大舰队托付于杰利科。整个帝国都对他寄予厚望，希望他能带领皇家海军重现特拉法尔加战役的辉煌。然而作为舰队指挥官的杰里科，其表现远不如纳尔逊般英勇。除了少数几次靠近德国海岸的战斗以外，他的部队大多数时候根本看不到敌人的影子。更有甚者，即便掌握着优势兵力，他的舰队还是无法阻止德国舰队对英国东海岸港口的炮击行动。而最终，在苦等了差不多两年之后，当期待已经的舰队决战来临之际，结局却远不尽如人意。杰利科不仅让敌人从自己的眼皮底下溜走，更是在敌人的打击下蒙受了惨重损失。

杰利科完全清楚，他必须对这一连串令人失望的结果有所交代。所以在文章开头，杰利科花费了不少笔墨，试图阐明，他所身处的环境与百年前的纳尔逊迥然不同。后者当年只是皇家海军中的一支偏师，所以敢于承担风险，勇猛拼杀。因为即便作战失败，皇家海军的主力依然完整无缺。更何况在打败自己的过程中，敌人肯定也会遭受相当损失。他们赢得下一场战斗的机会也就更加渺茫。而他杰利科的处境，类似于面对着诸葛亮的司马懿。由于自己就是主力部队的统帅，不能指望还有更多的预备队，所以肩上的责任更加重大。在此情况下，谨慎就是第一美德。这不仅体现于战斗打响之前，更是贯穿于战斗始终。事实上，在已经取得战略优势的情况下，若非迫不得已，他们并不情愿投入战斗。因为这不仅没有必要，而且可能会给敌人带来逆转战略形势的机会。更何况，从个人角度考虑，杰利科与司马懿一样，既然已经身居高位，对他们而言，更多的战斗就显得风险大而收益小。因为即便又一次赢得胜利，也不会给他们带来明显的收益；而如果失败，则必须由他们承担责任。所以维持现状，就是最佳选择。而他们的部下，往往都还怀有建功立业——进而加官晋爵——的梦想，因而更富有作战积极性。这往往成为令他们头疼的原因。

无论如何，杰利科对于其行事谨慎的解释，尚且可以做到言之成理，自圆其说。但他对英国战列巡洋舰在战斗中表现拙劣的解释，就显得很勉强了。

　　同样是在文中开头部分，杰利科排出了大量的图表，罗列了诸多结论。目的无非是要论证，英国战列巡洋舰在设计上存在瑕疵，以至于防护能力欠佳，从而导致它们在战斗中被屡屡击沉。但只需稍作深思，即可发现，这样的解释是站不住脚的。杰利科声称，由于防护能力不足，德军的炮弹一再命中英国战列巡洋舰的弹药库，导致发生灾难性的大爆炸。可是纵观全文，杰利科从未声称，有任何炮弹击穿大型战舰的甲板，落入舰体内部的轮机舱。后者与舰上的弹药库都位于舰体内部深处，且基本处于同一水平面上。而从顶视角度观察，任何大型舰船上的轮机舱，其所占据的甲板面积要远远高于炮塔所覆盖的甲板面积，所以其被弹率更高。然而，德国人的炮弹一再导致弹药库爆炸，但在命中甲板其他部位时，却无法贯穿到同样深度的轮机舱。由此可见，英国战列巡洋舰的防护能力并不差。弹药库的殉爆并非由德军的炮弹直接引发。后者只有在命中英舰炮塔时才能表现出最大限度的破坏效力。由此推断，德军的炮弹只是引燃了英舰炮塔内部的待发弹药。由此引发的火灾和爆炸冲击波，再通过弹药输送系统，波及下面的弹药库。这与其说是设计问题，不如说是松懈的操作纪律所致。哈瑟在其文章中已经清楚表明，在德国舰船上，弹药的存储和输送都必须遵循严格的条令。所以除了老旧的战列舰波墨恩号以外，德国大型舰船很少发生类似的灾难性事故。而以纳尔逊为楷模的皇家海军，更加强调攻击至上的精神。这导致官兵以牺牲炮塔内部的安全管理为代价，竭力提升火炮的射击速度。理论上，如果能在相同时间里倾泻出比敌人更猛烈的火力，那么就更有可能在敌人命中你之前将其消灭。但实践中，远距离射击时的精确度控制仍然是一个巨大障碍，从而在很大程度上抵消了射程和射速优势。而因此留下的安全隐患却是致命的。

　　如果深究的话，作为大舰队的司令官，杰利科上将无疑对于舰队内部松懈的安全管理负有责任。而他手下的不少军官，很可能因此面临军事法庭的调查。而这是大家都不愿意看到的。在杰利科的心目中，他的回忆录的很大一部分读者，就是他在军中的同僚和部下，所以他必须照顾到这些人的感情。事实上，在其回忆录的扉页上，已经清楚写明，这本书是献给舰队中的各级指挥官的。而在书中也屡屡体现出他对待部下的袍泽情谊。基于这些理由，杰利科无论如何不能将战列巡洋舰损失惨重的责任推到一线官兵的头上，而宁愿让设计部门担下罪责。

如果进一步深究，至少战列巡洋舰不倦号和玛丽女王号的损失，还会涉及各级指挥官的失误问题。毕竟，贝蒂的舰队在拥有明显兵力优势的情况下，仍惨遭劫难，以至于英国的历史学家们必须切换视角，才能摆脱尴尬之情。"There seems to be something wrong with our bloody ships today." 此言的确反映了贝蒂当时的从容镇定，但其中多少也透露出无可奈何之意。

杰利科声称，他的情报来源表明，英国军舰拥有无可置疑的航速优势，所以他"有充分理由相信，贝蒂将军麾下的战列舰和战列巡洋舰可以轻易逃出敌军的火炮射程"。可是，作为一名资深指挥官，他不可能不知道，如果敌人采用迂回前进，分进合击的战术，就能在很大程度上抵消这种速度优势。事实上，这也正是舍尔的打算。果真如此的话，贝蒂的舰队能否逃离公海舰队的魔掌，实在是大有疑问之事。只不过，在最后关头，舍尔因救援心切，放弃了这个想法，使得贝蒂得以逃脱。也就是说，因杰利科的战术安排失当，导致他与贝蒂之间的距离过远，无法及时给予其支援，使得后者一度孤立无援，身陷险境。而他对此提出的解释只是，他相信，英国舰队的速度优势使其足以自行摆脱困境。此种无力的辩词只是为了掩饰，杰利科自己的判断失误。他虽然早已知道德国舰队出海的消息，但根据以往的经验，这一次敌人的兵力应该也不会太多。所以贝蒂的舰队足以自行应付局面。杰利科显然低估了舍尔的决心，未能料到公海舰队此次竟会倾巢而出。

除了要为自己的失误做掩饰之外，杰利科还得费心为他的部下打掩护。他泛泛的宣称，当贝蒂的战列巡洋舰准备与敌人交战时，"伴随贝蒂的第5战列舰中队，此刻仍在朝西北偏北方向航行。它与战列巡洋舰的距离增至10000码。"但却没有对此做出解释。

只需稍加思索，即可明白，这是英军指挥官的一个明显失误。贝蒂中将和伊文－托马斯少将都应该为此承担责任。杰利科一再强调，他的舰队面临着通信技术方面的困难。信息传递不可避免地会有所延误。这是不争的事实。可是另一方面，信息传递方面的人为错误也是一个不可忽视的因素。第5战列舰中队显然未能及时领会上级的意图，因而在初步交战阶段缺席。这对于不倦号和玛丽女王号的损失，负有间接责任。

　　事实上，伊文–托马斯不能及时收到和执行贝蒂命令的例子不止这一处。舍尔将军提供的战场形势图上，清楚地表明，当第5战列舰中队终于投入战斗时，他们明显处于贝蒂的身后。且由于距离尚远，只能与希佩尔舰队中的后部舰艇交战。然而当贝蒂发现公海舰队主力，进而及时转向向北逃遁时，伊文–托马斯少将显然又一次表现迟钝。他的位置原本较为靠北。如果及时收到命令并转向，那么在转向之后，他就会处于贝蒂的前方。可事实是，直至贝蒂转向并与自己拉进了距离之后，他才回过神来。以至于，当第5战列舰中队完成转向时，他们再次处于贝蒂的身后。更糟糕的是，由于时间上的耽误，伊文–托马斯发现，当他的战列舰完成转向之后，自己竟身处德国战列舰和战列巡洋舰的夹击之下。

　　此种失误显然不能归咎于信号传输的技术限制，而只能是当事人的主观错误所致。杰里科暗示，由于第3战列巡洋舰中队前往斯卡帕湾进行炮术训练，所以临时将第5战列舰中队配属给贝蒂。这一临时调配导致双方的协调出现问题。但是无论如何，在日德兰海战前，贝蒂与伊文–托马斯有足足八天时间，强化两支部队的协调。但这段时间显然被浪费了，以至于在战场上屡屡出现失误。幸亏伊丽莎白女王级战列舰船坚炮利。除了厌战号战列舰因伤退出以外，其余各舰损伤不大。如果换做是其他较老式的战列舰，很可能会遭受进一步的损失。

　　尽管英国战列巡洋舰在战役初期损失惨重，但是必须承认，贝蒂还是出色完成了诱敌任务。由于自己的失误，舍尔竟然将整个公海舰队带到了杰里科的大舰队面前。而这是自战争爆发以来德国人一直竭力避免之事。如今竟然晚节不保。更糟糕的是，德国舰队是以不利的态势投入到与大舰队的战斗中的。他们两次以单纵队阵型，冲击已经展开的英国主力舰队，从而令后者两次占据有利的 T 字横头阵位。

　　根据哈瑟中校已经在其著作中对于此种阵型的介绍，英军显然处于有利境地。然而杰里科竟然错失良机，未能全歼敌人。当夜幕降临之后，杰里科再一次表现拙劣，从而令德军成功地从自己的眼皮底下溜回了他们的老巢。

　　这个结局无疑令他倍感压力。所以在其回忆录中，杰里科对于由其亲自指挥的战役后半部分，做了非常详尽的叙述。通读其全文，可以发现，这个结局虽然令人不快，但责任并不在杰里科。他已经表现出了最大限度的明智和审慎。

首先，杰里科面临着指挥方面的困难。以第一次世界大战时期的技术水准，战列舰的主炮射程已经相当可观。这意味着，一旦敌舰的身影出现在远方的海平面上，指挥官就必须迅速做出应对的决定。舰队的规模越大，这方面的压力也就越大。百年前的拿破仑战争时代，由于舰载火炮射程有限，纳尔逊可以在接近敌人的过程中，从容思索，究竟如何排兵布阵。而他杰里科，却必须在敌人出现在视野之内后，立即定下作战方案。如若不然，自己麾下庞大的舰队，不仅无法发挥数量优势，甚至有可能遭到敌人各个击破。这就迫使杰里科，不能依赖自己的观察获取情报，而必须指望舰队外围的警戒兵力，向他通报敌人的位置、航向、航速，以及兵力构成等信息，以此决定自己的应对举措。偏偏英军的信息传递并不顺畅。通信技术限制只是一个因素。杰里科在文中多次提及，他向部下发出询问，要求后者及时反馈信息。由此可见，除了古德诺夫准将以外，英军各级指挥官普遍缺乏主动性。所以杰里科得到的情报总是很零碎，且经常相互矛盾。

与此同时，天色渐晚，夕阳西下。战场上的光线正在急剧衰竭。而战场上的数百艘战舰，都在竭力喷吐出浓烟。此外，战斗中的大炮还会散发出更多的炮口烟雾。随着时间的拖延，战斗的升级，能见度越来越糟糕。这又进一步增加了获取信息的困难性。

面对这些困难，杰里科完全遵循谨慎第一的原则，直至最后时刻，才定下排兵布阵的方案。而一旦战斗开始，他还需要面对德军的鱼雷威胁。这又进一步限制了英国舰队的实力发挥。

总而言之，杰里科所拥有的优势并不像人们想象的那么明显。表面上，他拥有264门12至15英寸口径大炮，对阵舍尔的约200门11至12英寸口径大炮。但是，糟糕的通信系统、恶劣的战场能见度，以及需要时刻提防的德军鱼雷，使得大舰队无法充分发挥自己在主力舰数量上的优势地位。英军的所有大炮不可能在同一时间里清楚观察敌人，所以不可能实施大规模齐射。在烟雾弥漫的海面上，射击只能断断续续地进行，且不时被来袭的鱼雷所打断。

既然如此，那么先使自己立于不败之地就是明智的选择。事实证明，杰里科的小心谨慎换来了明显的回报。尽管德国舰队多次发动鱼雷艇冲锋，但是除了马尔波罗号以外，英军的主力舰全都有惊无险，安然无恙。

在当晚的夜战中，杰里科继续小心翼翼，避免触发主力舰之间的战斗。这是任何一个有理性的人都会做出的决定。由于在夜战中敌我识别极为困难，大规模夜间战斗势必演变成一场彻头彻尾的混战。英军的数量优势无从发挥。损失却必定可观。甚至连一心求战的舍尔都不愿意接受这样的纯粹依赖运气的战斗。杰里科更没有理由接受。这也就意味着，强大的英国舰队在这个晚上秉持较为消极的作战态度。

另一方面，基于克劳塞维茨所定义的"战争迷雾"，杰利科似乎有理由对其部下在这个夜晚的表现，感到满意。他可能真诚地相信，麾下的第12驱逐舰支队击沉了一艘德军的主力舰。正如同德国人真诚地相信，他们击沉了一艘伊丽莎白女王级战列舰。这样的错误在事后不难得到纠正，但在那个晚上，无疑对于决策者产生了巨大的影响。无论如何，应该承认，杰里科带领他的舰队，平安度过了这个危机四伏的夜晚。对他而言，这就是胜利。

持流俗之见的公众，很可能会魅惑于靓丽的数字，因而责备杰里科的无能。毕竟，是他放跑了德国人。但是一个高明的战略家首先要考虑的是总体的战略形势，而不是在具体战绩上锱铢必较。战争初期，戍守阿尔萨斯和洛林的德军第6和第7军团，因过分看重本部队的战绩和荣誉，从而对当面处于进攻中的法军发起了坚决反击，一举将他们赶回了巴黎附近。然而法国人的败退恰好使其得以及时调整部署，迎击自比利时赶来的德军主力。而德军的战术性胜利，恰恰毁掉了他们精心策划多年的施利芬计划。杰里科的高明之处就在于，即便是在指挥舰队做战术运动时，他心里仍然装着战略全局。他从来不曾迷失方向。因而虽然吃了点儿小亏，却始终不曾闯下大祸。与之相对的，德国舰队虽然赢得了战术性胜利，却无法逆转战略形势。从这个结果看，杰利科不曾辜负大英帝国赋予他的职责和使命。正如哈瑟带着苦涩的口吻所承认的那样："一个海军上将，指挥他的舰队在一个荒凉的地方待了四年，并最终以此地名受封爵位。然而这四年间，这支英国舰队施加了决定性的影响力，并且使我们的舰队最终在斯卡帕湾走向终结。这是斯卡帕子爵的胜利。"

与杰利科相比，舍尔面临着更加艰巨的任务。他不仅要为自己辩白，还要为德国舰队正名。而这两者都不是容易的事情。

表面上，舍尔与德国政府的态度高度一致，竭力宣称他所指挥的斯卡格拉克战役是一场胜利。然而在其内心深处，他的想法绝非如此。哈瑟曾简单提及，当舰队返航后，皇帝陛下曾亲临视察，慰问官兵。事实上，前来慰问的绝不止威廉二世一人。包括巴伐利亚国王在内的众多达官显贵都迅速抵达了威廉港。而慰问自然会包括褒奖有功人员。作为巴伐利亚人的希佩尔将军，就从巴伐利亚国王手中接过了贵族称号。从此以后，他可以在签署自己的名字时，堂而皇之地写上"冯·希佩尔"。而当威廉二世向舍尔授予类似荣誉时，却遭到了后者的拒绝。

两名将军的态度差异值得玩味。很明显，德军的战绩大多由希佩尔的战列巡洋舰部队取得，所以他可以坦然接受这个象征着贵族头衔的"冯"。而在舍尔看来，他的主要功绩，与其说是痛击对手，不如说是在踏足陷阱的危险关头，率领部下实现了胜利大逃亡。这样的"胜利"，当然不足以成为接受奖赏的理由。相反，他还必须做出解释，何以将德国人民辛苦打造——并且此前一直细心珍藏——的舰队，带到了英国大舰队的面前，而且差点儿陷于灭顶之灾。

进而，如果斯卡格拉克战役不能算是真正意义上的胜利，那么整个德国舰队的荣誉和意义，也将受到质疑。毕竟，这支舰队花费了德意志帝国巨额的资源，并且成为一战爆发的重要因素。然而现在看来，这一切都显得得不偿失。而正如哈瑟所言，在一战结束之后的这段动荡岁月里，舍尔有义务和责任维护德国海军的荣誉与名声。同时，这也是为了维护他自己的名声。他的回忆录无疑包含了这两个层面的目的。

幸运的是，舍尔是在阅读了杰利科的回忆录之后，才撰写和出版自己的回忆录。这使其处于较为有利的地位。当然，与哈瑟一样，作为一名受过良好教育的德国军官，舍尔无意篡改任何已经发生的事实，甚至不屑于利用杰里科的失误之处。所以在他的回忆录里根本未提及所谓的"由于无线电干扰，导致英国舰队通讯失灵"的事情。但是，对于所发生事件的解释，舍尔必须设法予以修饰。只有这样，才能达到撰写这本回忆录的目的。也正因为如此，他在修饰过程中所暴露出来的"硬伤"，从反面揭示了真实的历史。

在第一阶段的战斗中，尽管英国战列巡洋舰队惨遭重创，但是贝蒂还是达成了诱敌任务。这无疑是舍尔的指挥失误。对此，在回忆录中，舍尔只是轻描淡写的声称"敌人已遭到打击，正在慌忙溃逃"。事实上，这是个严重误判。正是因为舍尔对英国人的举动做了一厢情愿的判断，使得德国舰队在随后的战斗中陷于极端被动的境地。

由于歼敌心切，舍尔做了最大限度的兵力集结，从而导致德军战列巡洋舰队放弃了他们作为侦察舰队的职责，而一心与当前的敌人交战。结果就是，整个公海舰队，在完全无意识的情况下，被带到了英国大舰队面前。

如果舍尔当时保有足够的警觉性的话，当发现贝蒂向北——而不是向西朝着英国本土——逃窜时，就应该引起怀疑。无论当前的形势如何迫切，恢复侦察舰队的本职工作，进而令主力舰队与其拉开距离。这些都是绝对必要的举措。果真如此的话，即便最终仍会与英国大舰队遭遇，舍尔也能提前获得警报，做出应对举措，而绝不至于像后来那样，要依靠危险的全体转向动作，才能摆脱危机。

紧接着，舍尔又犯了第二个错误。当舰队全体转向，逐渐脱离英军的火力范围后，舍尔又一次下令转向，杀个回马枪。在回忆录中，舍尔声称此举是有意为之，以扭转当前的不利形势。但这种事后解释过于勉强，很难令人相信。因为此次转向后，德军很快就陷入了更大的危机，以至于不仅要重复刚才的危险的全体转向动作，还必须令战列巡洋舰队发起敢死冲锋，吸引敌人火力。靠着这两条疯狂的命令，公海舰队主力才最终化险为夷。而战列巡洋舰队也很幸运，最终死里逃生。但在当时，这个结果绝非人力所能预料。毫无疑问，舍尔当时已经做好了牺牲战列巡洋舰队的心理准备。无论怎么看，战列巡洋舰队的悲壮冲锋都不像是一场有计划的战斗，而是危急状况下的不得已之举。其后果也带有很大的偶然性。

由此推断，即便是在与英国大舰队初次遭遇之后，舍尔仍然未能正确判断形势。此时，杰利科的战列舰队已经与贝蒂的部队会合。所有主力舰正在依次展开，排成一个巨大的单纵队弧形阵列。但也许是正在急剧衰减的战场能见度，导致舍尔未能认清形势。他要么是低估了当面敌人的规模；要么就是即便已经准确判断出敌方兵力规模，但对其阵型仍缺乏认识。总而言之，由于误判形势，使得舍尔认为，他刚才所遭遇的敌人已经朝南方驶去。于是他下令第二次反转方向，旨在从英国舰队尾部穿过。如果一切顺利，他可以沿着这条航线一路穿过斯卡格拉克海峡，进入波罗的海。届时，就算英国人发现他的踪迹，也不敢冒险跟踪德国人进入这片狭窄海域。但是令他始料未及的是，已经完全展开的英国大舰队，会排列成一个如此巨大的弧形，以至于再次东进的德国舰队仍然一头撞在了英国舰队的战列线上，险遭覆灭之祸。

在接下来的夜战中，舍尔的表现倒是可圈可点。凭借着他的冷静、坚强和果断，德国舰队在这个危机四伏的夜晚，成功穿越英国舰队的封锁线，实现了胜利大逃亡。

但是这样一场胜利却令舍尔倍感尴尬——甚至感到后怕，以至于他的感情和理智发生了冲突。战斗结束之后，在呈送给皇帝的报告中，舍尔一方面坚持声称"无论是现在还是将来，作为主力舰的战列舰和战列巡洋舰，仍将是海权的基础。"另一方面又承认"即便是公海舰队最成功的作战行动，也不可能迫使英国屈膝投降……如果希望在不久的将来，赢得战争的胜利，唯一的办法就是利用潜艇攻击英国的海上贸易，进而切断这个国家的经济生命线。"

一支无法改善战略形势的战列舰队，如何能成为海权的基石呢？如果必须依靠潜艇战赢得胜利，昂贵的战列舰队的价值又在哪里呢？对于这些问题，舍尔只能选择视而不见。作为一名老兵，他必须维护舰队的声誉；作为一名高级将领，他又必须谋取胜利。两者之间的冲突之处，就只能做模糊处理了。

这一系列的失误与矛盾的背后，事实上隐藏着德国海军的深层次战略困境。德意志帝国从未奢望它能打造出一支与英国相媲美的舰队。但是基于一个基本假设，一旦战争爆发，英国舰队就会冲到德国海岸附近，对德国港口实施近距离海上封锁。这就使得相对弱小的德国舰队，能够依靠潜艇、水雷和鱼雷艇，削弱进犯的敌人，从而为双方的主力舰队决战创造条件。奈何一旦战争爆发，这个脆弱的假设就化为泡影。杰利科谨慎行事，用远程封锁取代了近海封锁。英国大舰队根本无须靠近德国海岸，即可达成同样的战略目的。于是，战前始终专注于打防御战的德国海军，现在被迫成为攻势战略的拥护者。又由于实力不济，发动全面攻势是不可想象的。事实上，德国海军从未想过要与英国大舰队正面对抗。唯一的折中办法就是，以战术性攻击行动作为诱饵，将小股英军引入公海舰队的伏击圈，加以歼灭。如此即可缩小双方的总体实力差距。

从 1914 年底开始，德国舰队屡屡炮击英国海岸。目的皆在于此，但也屡屡落空，令德国人深感沮丧。如此方能理解，当他们面对向北逃遁的贝蒂舰队时，强烈的渴望使他们失去了应有的理智。而一旦遭遇英国大舰队，德国人立即恢复理智，即无心恋战，保船为上。

然而即便是最成功的逃亡，也不可能赢得战争的胜利。于是，德国海军军人陷入了难以自拔的矛盾之中。他们取得的傲人战绩，足以令他们在世人面前自豪的挺起胸膛。与此同时，他们却感到难以说服世人，承认他们所服务的这支海军的价值。

■ 德弗林格号的姊妹舰，吕佐号战列巡洋舰

■ 优雅漂亮的英国第3战列巡洋舰中队，近处的是不倦号；远处的就是无敌号

■ 英国战列巡洋舰玛丽女王号的爆炸瞬间

■ 日德兰海战之后，经过改装的德弗林格号。注意原先的轻型桅杆已经被更换成了重型的三脚桅杆。上面安放着哈瑟所声称的"德弗林格"火控系统。

■ 战列巡洋舰无敌号的爆炸瞬间

■ 日德兰海战之后的狮号战列巡洋舰，内部爆炸导致Q炮塔的顶盖被掀开

■ 日德兰海战之后，蹒跚回家的塞德利茨号战列巡洋舰，舰体前部进水太多，必须将前部炮塔的主炮移除，否则船体浮力不足，无法拖回港内

■ 塞德利茨号的一座主炮塔，英军的一发大口径炮弹，以倾斜角度直接洞穿了炮塔正面装甲板